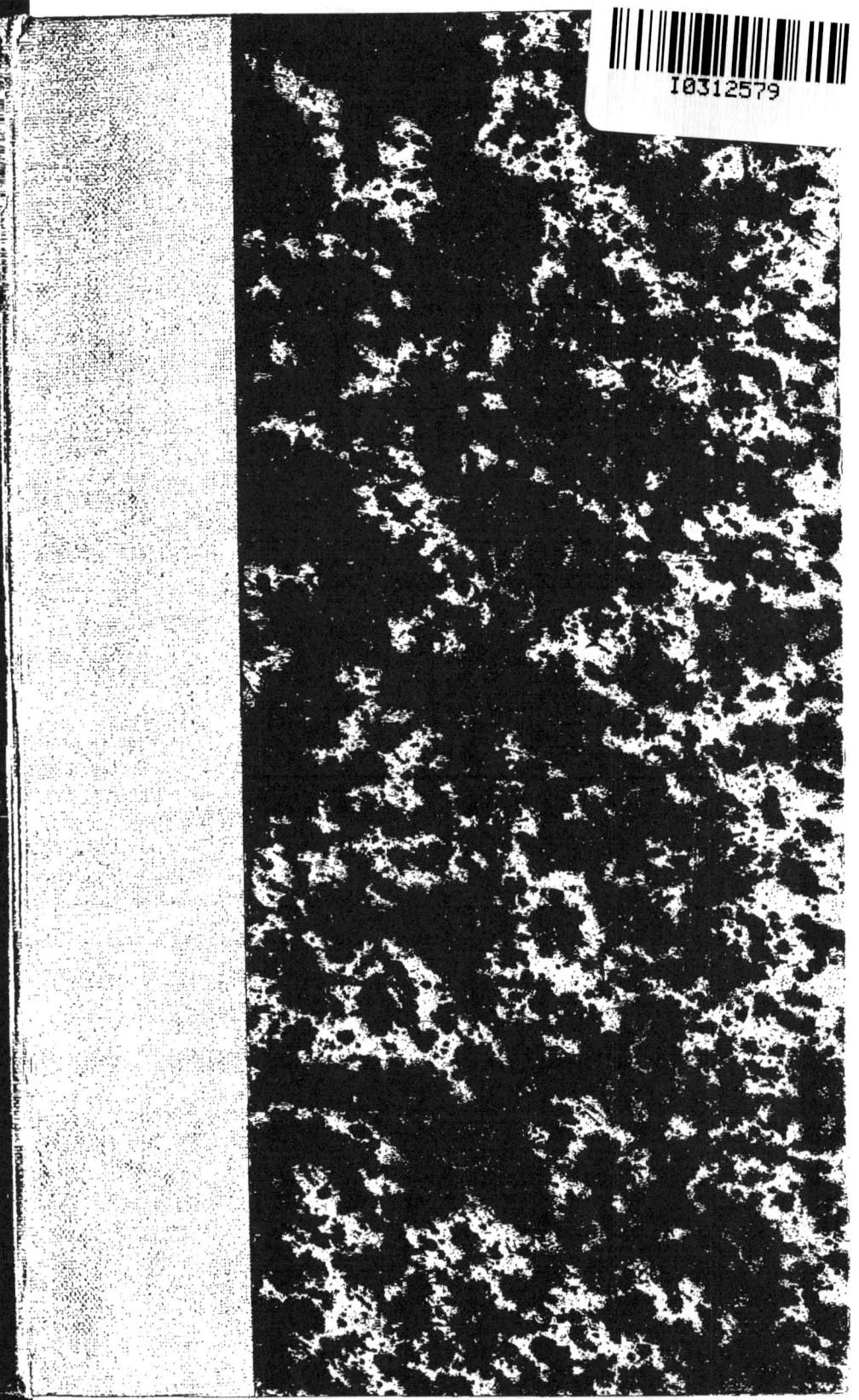

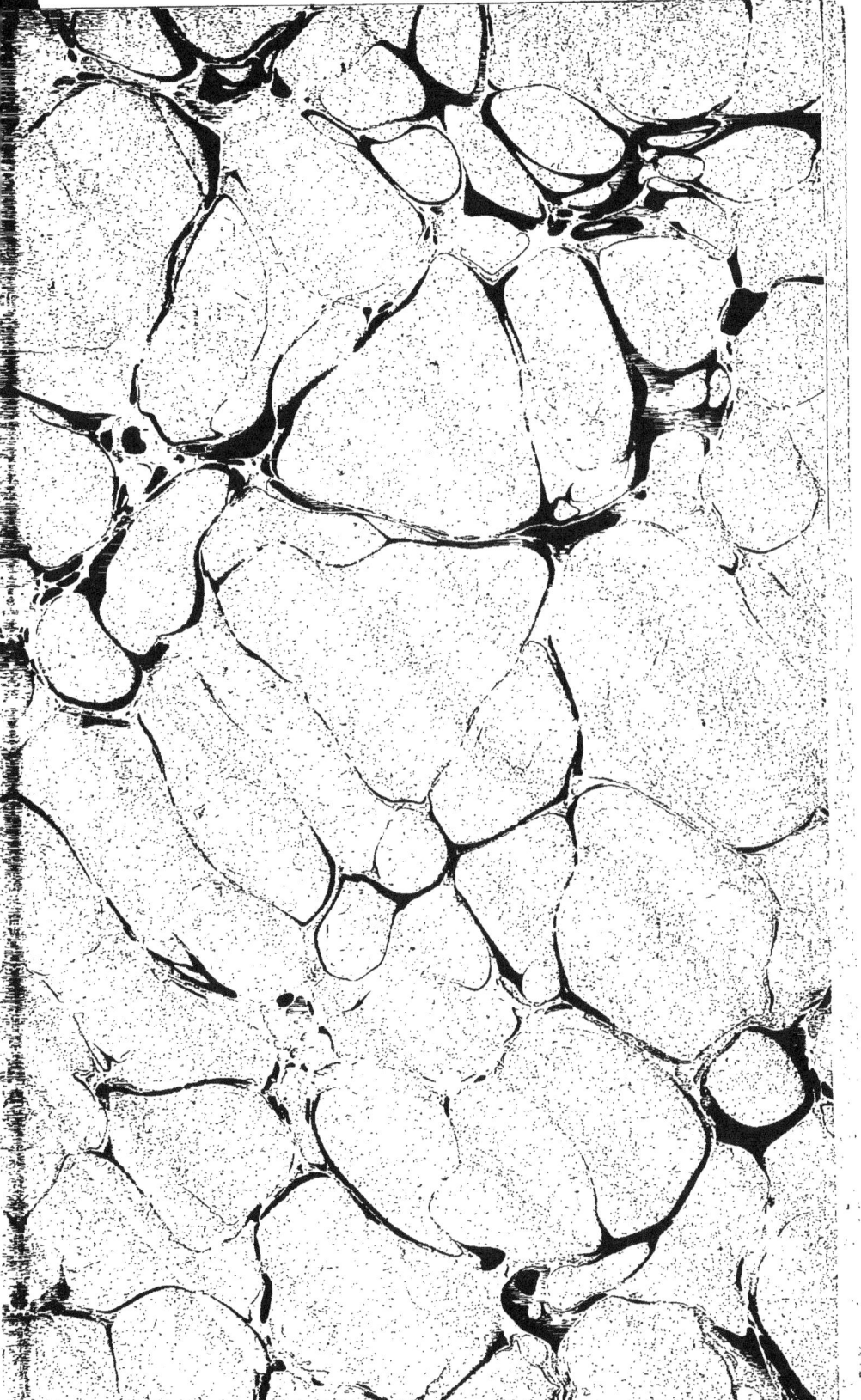

COURS D'HISTOIRE
À L'USAGE
DES ÉTABLISSEMENTS D'INSTRUCTION PUBLIQUE

HISTOIRE
DU
MOYEN AGE
(Classe de 3e)

PAR

M. Th. BACHELET

Ancien élève de l'École normale supérieure,
Professeur à l'École supérieure des sciences et des lettres
et au Lycée impérial de Rouen,
Officier de l'instruction publique
Chevalier de la Légion d'honneur.

PARIS
LIBRAIRIE CLASSIQUE DE A. COURCIER, ÉDITEUR
13, BOULEVARD SAINT-MICHEL, 13

COURS D'HISTOIRE

A L'USAGE

DES ÉTABLISSEMENTS D'INSTRUCTION PUBLIQUE

HISTOIRE

DU

MOYEN AGE

(Classe de 3e)

Meulan, imprimerie de A. Masson.

HISTOIRE

DU

MOYEN AGE

(Classe de 3e)

PAR

M. Th. BACHELET

Ancien élève de l'École normale supérieure,
Professeur à l'École supérieure des sciences et des lettres
et au Lycée impériale de Rouen,
Officier de l'instruction publique
Chevalier de la Légion d'honneur.

PARIS
LIBRAIRIE CLASSIQUE DE A. COURCIER, ÉDITEUR
13, BOULEVARD SAINT-MICHEL, 13

—

(Tous droits réservés.)

INTRODUCTION.

Étendue de l'histoire du Moyen Age. — On donne le nom de Moyen Age à la période de l'histoire universelle qui s'étend depuis la fin du IVe siècle de l'ère chrétienne jusqu'au milieu du XVe. C'est un âge intermédiaire entre la fin des sociétés anciennes et l'organisation régulière des États modernes. Il s'ouvre par trois grands événements : le partage définitif de l'Empire romain entre les fils de Théodose le Grand (l'an 395), présage d'une ruine prochaine; la grande invasion des Barbares, à qui l'on doit la fondation de nouveaux royaumes; le triomphe complet de la religion chrétienne sur le paganisme. Il finit lors de l'établissement des Turcs Ottomans à Constantinople (en 1453), c'est-à-dire, avec la dernière invasion qui a bouleversé l'Europe.

Principales divisions. — L'histoire du Moyen Age se divise en quatre parties.

Dans la première, qui s'arrête au milieu du VIIIe siècle, l'Empire romain d'Occident s'écroule, et sur ses ruines s'élèvent des États barbares, dont plusieurs n'ont qu'une existence éphémère. Ce sont les royaumes des Wisigoths en Espagne, des Vandales en Afrique, des Burgondes et des Francs dans la Gaule, des Saxons et des Angles en Grande-Bretagne, des Hérules, des Ostrogoths et des Lombards en Italie. Bien que l'Empire d'Orient jette encore quelque éclat au temps de Justinien et d'Héraclius, il se forme à son détriment, en Asie et en Afrique, un Empire arabe, que gouvernent les califes Ommiades, successeurs de Mahomet.

La deuxième partie du Moyen Age, entre le milieu du VIIIe siècle et la fin du Xe, embrasse l'histoire de l'Empire carlovingien, et celle d'une seconde dynastie de califes arabes, les Abbassides. La monarchie de Charlemagne se divise en une foule de principautés indépendantes, en même temps que l'Empire arabe succombe par les révoltes des sujets et par des invasions étrangères.

De la fin du Xe siècle au commencement du XIVe s'étend le règne de la Féodalité. Durant cette troisième partie du Moyen Age, les seigneuries formées du démembrement des grands États sont rattachées sans doute les unes aux autres par certains liens; mais elles méconnaissent toute autorité centrale, lorsqu'elle n'a pas l'appui de la force. Le régime féodal, en France, en Allemagne et dans le Nord de l'Italie, naît du développement progressif des mœurs et des institutions apportées par les Germains; dans l'Italie méridionale, en Sicile, en Angleterre, il est imposé par des conquérants venus de la Normandie. Outre l'établissement de ce régime politique, deux faits importants se produisent : les Croisades, et la guerre du Sacerdoce et de l'Empire, des papes et des souverains de l'Allemagne.

Enfin, à partir du XIVe siècle, l'Empire d'Allemagne perd la prépondérance qu'il possédait dans les temps féodaux, et l'influence politique de la Papauté s'affaiblit. Deux puissances nouvelles sont, au contraire, en progrès dans l'Europe occidentale : la royauté et la bourgeoisie.

HISTOIRE DU MOYEN AGE

CHAPITRE I.

LE MONDE ROMAIN
A LA FIN DU IVe SIÈCLE.

ÉTENDUE ET DIVISIONS DE L'EMPIRE. — A la fin du IVe siècle, les bornes du monde romain étaient : au N., la muraille de Septime Sévère en Grande-Bretagne, la mer Germanique (mer du Nord), le Rhin, le Danube, la mer Noire et la chaîne du Caucase ; à l'E., le cours de l'Euphrate ; au S., l'Arabie, la mer Rouge, l'Éthiopie, et les déserts de la Libye ; à l'O., l'Océan Atlantique et la mer Britannique (Manche). Depuis Dioclétien et Constantin, on distinguait un Empire d'Orient et un Empire d'Occident, bien que la séparation ne fût pas encore définitive. La limite des deux Empires était marquée par le cours de la Save et du Drin, par l'Adriatique, la mer Ionienne et les Syrtes.

Chaque Empire était divisé en deux *Préfectures*, subdivisées elles-mêmes en *Diocèses* et en *Provinces*.

L'Empire d'Orient comprenait : 1º la préfecture d'Orient, renfermant les diocèses d'Égypte, d'Asie, d'Orient, de Pont, et de Thrace, avec 53 provinces; 2º la préfecture d'Illyrie orientale, renfermant les diocèses de Macédoine et de Dacie, avec 11 provinces. L'Empire d'Occident comprenait : 1º la préfecture d'Italie, renfermant les diocèses d'Illyrie occidentale, d'Italie, de Rome, et d'Afrique, avec 18 provinces; 2º la préfecture des Gaules, renfermant les diocèses de Grande-Bretagne, de Gaule, et d'Espagne, avec 30 provinces.

ORGANISATION POLITIQUE ET ADMINISTRATIVE. — Dans chaque Empire, le souverain exerçait le pouvoir absolu, avec tout l'appareil des anciennes royautés de l'Asie, et par l'intermédiaire des ministres établis au temps de Constantin (1). Les préfets, les vice-préfets et les gouverneurs des provinces veillaient à l'exécution des décrets impériaux et des lois, à la perception des impôts, au service de la justice, au développement de l'agriculture, du commerce et de l'industrie. Les *Cités* (nom par lequel on désignait les villes principales des provinces et un territoire environnant) avaient un *Sénat* ou *Curie*, conseil formé de citoyens qui possédaient au moins 25 arpents de terre et qu'on appelait *Sénateurs*, *Curiales* ou *Décurions*.

(1) Voyez l'HISTOIRE ROMAINE de notre collection, pages 413 et 416-417.

De ce Sénat étaient tirés par élection : les *Consuls* ou *Duumvirs*, magistrats annuels, chargés de l'administration générale de la cité, et présidents du Sénat; l'*Edile*, qui avait soin des édifices publics et des approvisionnements; le *Curateur quinquennal* (c'est-à-dire nommé tous les cinq ans), qui gérait les finances; le *Défenseur de la cité*, dont la mission était de protéger les citoyens contre les vexations des fonctionnaires, d'instruire les procès criminels, qui devaient être jugés par le gouverneur de la province, et de juger les causes civiles, sauf appel de ses décisions devant les duumvirs, puis devant le gouverneur.

Causes de la chute de l'Empire romain. — Le monde romain, avec son administration régulière, paraissait destiné à une longue existence; il contenait cependant des germes de ruine. Les causes de sa décadence se ramènent à cinq : l'absence de religion, l'affaiblissement de la moralité, la désorganisation des armées, l'épuisement des finances, la misère et la dépopulation générales.

1° *Absence de religion*. — Il est des peuples qui ont accompli de grandes choses par la force du sentiment religieux. Ainsi les Hébreux, resserrés dans un coin de l'Asie, purent résister pendant plusieurs siècles à de redoutables voisins, grâce à l'énergie de leur foi, et conservèrent jusqu'à la venue du Messie le dépôt de leurs traditions sacrées. Au viie siècle de notre ère, les Arabes, fanatisés par Mahomet, sortirent tout-à-coup de la vie patriarcale, et formèrent un Empire qui s'étendit sur l'Asie et l'Afrique, depuis l'Inde jusqu'à l'Océan Atlantique. Plus tard, les chrétiens de l'Europe occidentale, sous l'empire de l'enthousiasme religieux, opérèrent pendant deux siècles les merveilles des Croisades en Terre-Sainte.

Les Romains ne ressentirent jamais cette ardeur. A l'origine, ils avaient adoré les divinités de l'antique Italie; puis, ils avaient adopté les dieux de l'Olympe grec. C'était un principe politique du Sénat de réunir au Capitole les images des dieux des peuples vaincus, afin d'habituer les sujets à considérer Rome, non seulement comme leur capitale, mais aussi comme le centre de leur religion. L'adoption des cultes étrangers ne pouvait engendrer que l'indifférence et l'incrédulité. Sous l'Empire, les Romains, fatigués de leurs vieilles idolâtries, avides de nouveautés, empruntèrent à l'Égypte les cultes de Sérapis et d'Isis, aux Perses celui de Mithras, la pierre noire qui était pour les Syriens l'image du soleil, le baptême sanglant du Taurobole (1), et une foule d'autres cérémonies bizarres. La religion païenne n'avait plus de dogmes, mais des superstitions : les oracles et les moyens de divination s'é-

---

(1) Cérémonie d'expiation qui consistait à recevoir sur la tête le sang d'un taureau.

taient multipliés ; toute dame romaine avait quelque fétiche égyptien ou gaulois ; tout homme riche possédait un astrologue parmi ses esclaves ; on consultait les éclats de la foudre, on évoquait les morts. Le christianisme échoua dans ses efforts pour transformer la société : car, même sous les empereurs chrétiens, l'administration se conservait païenne ; les médailles de Constantin portent d'un côté une croix et de l'autre le quadrige d'Apollon ; le prince était tout à la fois chef politique et grand-pontife du paganisme, et l'on ne pouvait espérer une régénération véritable qu'après la chute du gouvernement impérial.

Quand le monde romain fut attaqué par les Barbares de la Germanie, ce n'était donc pas dans les croyances religieuses qu'il pouvait puiser la force de défendre ses dieux et ses autels.

2º *Affaiblissement de la moralité.* — Un peuple est fort, quand toutes les classes ont la conscience du devoir, le sentiment de la dignité du citoyen, l'amour de l'indépendance nationale. Les prodiges d'héroïsme accomplis pendant les guerres Médiques s'expliquent par la puissance des convictions dont les Grecs étaient animés : les combattants des Thermopyles et de Salamine moururent pour obéir aux lois et sauver la liberté.

On ne trouvait point ces sentiments moraux chez les Romains du temps de l'Empire. Un Sénat servile prodiguait lâchement l'injure aux empereurs tombés et l'adulation aux nouveaux élus. Les consuls, nommés, non plus par le Sénat et par le peuple, mais par le prince et de sa seule autorité, s'applaudissaient d'obtenir un honneur exempt de charges. Quelques hommes des grandes familles avaient adopté les doctrines sévères des Stoïciens; mais les Empereurs s'étaient hâtés de faire disparaître ces censeurs importuns, qui regrettaient la République, et qui protestaient tout à la fois contre le despotisme du gouvernement et contre les mœurs dissolues des sujets. Le Stoïcisme, d'ailleurs, disait à l'homme : *Souffre et abstiens-toi*. Enseigner que l'isolement et l'apathie sont le vrai bonheur, c'était étouffer ce qu'il peut y avoir de spontané et de généreux dans l'âme, éteindre toute activité, produire l'indifférence pour toutes les misères, et, si l'on ne peut conserver ce calme qui est le souverain bien, pousser à sortir de la vie par le suicide. L'Épicuréisme reçut, au contraire, des encouragements; car il enseignait aux hommes exclus de la vie politique la morale du plaisir, et une société, que les richesses enlevées au reste du monde avaient conduite au luxe et à la mollesse, devait perdre au milieu des jouissances le goût des affaires et le souci des libertés publiques. A aucune époque il n'y eut une corruption plus profonde : les liens de famille étaient relâchés ou rompus; on courait après les grossiers plaisirs de la table ; les laines de l'Apulie et de l'Espagne étant trop pesantes, on se vêtissait des soieries transparentes de la Sérique et de l'Inde ; la manie de l'extraordinaire dans les constructions, les ameublements et les parures, s'était emparée de tous les esprits ; une rosée parfumée rafraîchissait les salles de banquets et les théâtres ; il fallait aux convives des roses en hiver et de la neige en été. Les Empereurs donnaient l'exemple : on avait vu Caligula boire des perles liquéfiées, distribuer à ses invités la vaisselle d'or dont ils s'étaient servis, faire construire des navires en bois de citronnier avec des voiles de soie et des proues d'ivoire ornées de perles ; Néron, dépenser des millions pour acheter des tapis babyloniens ou pour faire les funérailles d'un singe, et consumer à celles de Poppée autant de parfums que l'Arabie en pouvait produire dans une année ; Domitien, consacrer soixante millions à dorer le Capitole.

Quant aux classes inférieures, elles s'étaient renouvelées. Les Romains, engagés de bonne heure dans la guerre, avaient semé partout leurs ossements, et il avait fallu, pour les remplacer, affranchir une partie des vaincus réduits à l'esclavage et leur donner le titre de citoyens. Ces hommes ignoraient le passé de Rome ; leurs ancêtres n'avaient pas lutté sur le Forum contre les Patriciens pour obtenir des libertés ; ils ne prenaient aucun intérêt aux institutions de leur nouvelle patrie. Selon le témoignage de Juvénal, la population de Rome demandait aux Empereurs « du pain et des jeux du cirque; » elle n'avait d'autre souci que la satisfaction de ses besoins journaliers et les spectacles dont on amusait son oisiveté. Son goût pour les sensations violentes n'était même pas satisfait par les combats de gladiateurs et de bêtes féroces. Elle voulait, au théâtre, de véritables incendies, de véritables meurtres : Icare devait se tuer en tombant du ciel, Mucius Scævola brûler sa main sur un brasier, les esclaves périr, cloués sur la croix, ou par la dent des lions. Pour les Romains dégénérés, la liberté n'était qu'un vain mot, et l'on ne pouvait en son nom les armer contre les Barbares. Que leur importaient les maux de la patrie, pourvu qu'ils jouissent encore des jeux publics ? Un auteur contemporain des invasions disait : *Le peuple meurt et rit.*

3° *Désorganisation des armées.* — Les Romains avaient dû en grande partie leur puissance à une excellente organisation militaire (1). Dans l'origine, on n'avait admis au service que les possesseurs de terre, qui, tout en soutenant l'État, combattaient pour la conservation ou l'accroissement de leurs propriétés. Depuis Marius, les prolé-

---

(1) Voyez l'Histoire romaine de notre collection, page 306.

taires furent introduits dans les troupes ; ces nouveaux soldats s'attachèrent à la fortune de tous les ambitieux, et devinrent des instruments de guerre civile. Sous l'Empire, on enrôla aussi des Barbares, qui, souvent, se joignirent à leurs compatriotes ou les laissèrent franchir les frontières. La distinction établie par Constantin entre les Palatins, les Légionnaires et les Gardes-Frontières, créa des rivalités et des jalousies dangereuses. Par défiance à l'égard des grandes familles romaines, les Empereurs donnèrent le commandement même des armées à des officiers Barbares.

D'autres modifications graves furent apportées à la composition des troupes. L'unité tactique était la *légion*, primitivement forte de trois à quatre mille hommes, et comprenant des fantassins, des cavaliers, et des soldats affectés au service des machines de guerre. C'était un corps organisé de telle sorte, qu'il pouvait, soit agir seul sur un terrain resserré, soit se réunir à d'autres en rase campagne, et toujours se suffire à lui-même. Auguste porta la légion à 12,000 hommes, ce qui était un embarras pour ses évolutions ; puis, Constantin la réduisit à 1,500, ce qui la rendait impuissante.

Autrefois, les exercices du Champ-de-Mars étaient pour les Romains une utile préparation aux luttes plus sérieuses des champs de bataille. L'habitude de se baigner en toute saison dans le Tibre avait rendu le soldat capable de braver tous les climats. Pendant la paix, on l'employait à la construction des voies romaines, des cirques, des thermes et des aqueducs. Manlius Torquatus punissant de mort son fils coupable d'avoir combattu malgré ses ordres, le maître de la cavalerie Fabius Rullianus traduit devant le peuple pour avoir attaqué et vaincu l'ennemi sans la permission du dictateur Papirius Cursor, le Sénat aimant mieux armer les esclaves que de racheter les citoyens qui s'étaient laissé prendre par les Carthaginois, une foule d'autres exemples attestent avec quelle rigueur on maintenait la discipline. — Les choses étaient bien changées au temps de l'Empire. Jadis Appius Claudius ne consentait à traiter avec Pyrrhus victorieux que si ce prince sortait d'abord de l'Italie; Domitien et Commode rivalisèrent de bassesse pour éloigner les Barbares et obtenir la paix. Rome n'avait plus assez, pour sa défense, de ses vieux remparts et du courage de ses habitants; Marc-Aurèle l'entoura de nouvelles fortifications, qui la rassuraient à peine. Abandonnant à des Barbares le péril de défendre les frontières, les légionnaires romains vivaient dans les villes de l'intérieur, où les tolérances d'une vie facile avaient détruit la discipline. L'eau acidulée de vinaigre, ancienne boisson du soldat, fit place au vin, distribué jusqu'à l'excès. La taille des recrues fut abaissée. Gratien dut substituer aux lourdes armes des aïeux une cuirasse.

un casque et un bouclier plus légers, mieux en rapport avec la faiblesse des Romains de la décadence. On avait pris la guerre elle-même en dégoût : les lois des Empereurs édictent des peines sévères contre ceux qui, pour échapper au service militaire, s'infligent des mutilations ; bon nombre de soldats désertaient. Avec de telles dispositions, il n'était pas possible que l'Empire romain fût sérieusement défendu contre les invasions.

4° *Épuisement des finances*. — Une nation, si elle ne fait pas elle-même la guerre, peut entretenir des soldats : ainsi firent Carthage dans l'antiquité et Venise au Moyen Age. Mais Rome ne pouvait même plus payer ses mercenaires. Les produits de la conquête du monde avaient été promptement dissipés. D'onéreux impôts, ingénieusement multipliés, ne suffisaient pas aux dépenses (1). Des sommes considérables étaient envoyées vers l'extrême Orient, pour payer les riches étoffes et les pierreries, et subvenir à toutes les exigences d'un luxe raffiné ; et les métaux précieux ne revenaient pas de ces contrées lointaines, dont les habitants n'achetaient rien aux Romains. La rareté du numéraire ne tarda pas à se faire sentir. Dès le temps des Antonins, on vendit les ornements impériaux, les vases d'or et les objets pré-

---

(1) Voyez l'Histoire romaine de cette collection, page 417.

cieux du palais, pour subvenir aux besoins publics. On fondit même certaines statues des dieux et des héros. Caracalla donna l'exemple de mêler du cuivre à la monnaie d'or. A l'époque de Philippe l'Arabe, il ne restait plus d'espèces en argent antérieures aux Antonins, et, depuis Gallien jusqu'à Dioclétien, il n'y eut que des pièces en airain, recouvertes d'étain. On en vint à percevoir en nature les contributions des provinces, et à payer de même le traitement des magistrats et la solde de l'armée. L'exagération des impôts ruinant l'agriculture, l'industrie et le commerce, il était impossible qu'une nouvelle richesse se formât.

5° *Misère et dépopulation*. — Les vices du système financier eurent pour résultat d'engendrer la misère. Les nobles, les officiers impériaux, les membres du clergé, les esclaves, échappaient à l'impôt : toutes les charges retombaient sur les classes moyennes. Dans chaque cité, on avait rendu les *Curiales* responsables de la totalité des impôts : à mesure que des familles ne pouvaient plus payer, le fardeau qui pesait sur eux devenait plus lourd, et les administrés les regardaient comme des exacteurs implacables, comme les agents du despotisme. Exposés aux exigences toujours croissantes du Trésor et à la haine publique, ils faisaient tous leurs efforts pour échapper à leurs fonctions, tandis que la loi ne négligeait rien pour les y tenir enchaînés.

S'enrôlaient-ils dans l'armée, on les arrachait au drapeau; se faisaient-ils esclaves, on leur rendait la liberté. Il leur était interdit de s'éloigner de leur ville sans la permission du gouverneur de la province; mais ils s'enfuyaient chez les Barbares. « Le nom de citoyen romain, dit Salvien, autrefois tant estimé et payé si cher, aujourd'hui on le fuit, on le répudie; il n'a plus de prix; il est presque infâme. » La perception des impôts s'opérait avec une rigueur inouïe : on accablait de mauvais traitements les contribuables que leur pauvreté empêchait de payer les taxes. Pour que personne ne s'en affranchît sous prétexte de pauvreté, Galérius faisait embarquer les mendiants, avec ordre, quand ils seraient au large, de les jeter à la mer. Les pères vendaient leurs enfants, afin de se procurer les moyens de satisfaire les collecteurs d'impôts.

Les *habitants des villes* étaient un ramas d'artisans et d'affranchis, foule pauvre et méprisée, vivant de quelque mince trafic ou s'employant à seconder le luxe et les plaisirs des riches, capable de s'agiter encore, non pour ses propres droits ou pour les intérêts de la patrie, mais pour obtenir des distributions de blé, des spectacles, ou le supplice des chrétiens. Les *habitants des campagnes* étaient partagés en *colons* et en *esclaves;* les premiers, attachés au sol qu'ils cultivaient, vendus et partagés avec lui, incapables d'acquérir la liberté, soit par l'affranchissement, soit en entrant dans le clergé ou dans l'armée ; les seconds, de peu supérieurs aux animaux qui les aidaient dans leur labeur, attachés au maître, comme les colons à la glèbe et les artisans au métier. Tous ces hommes n'aspiraient qu'à la délivrance : les Barbares pouvaient arriver, le monde romain était disposé à les recevoir.

L'esclavage était une plaie mortelle pour l'Empire. Traités avec dureté, écrasés de fatigues, mal nourris, les esclaves périssaient en nombre effrayant, et, comme les vides n'étaient plus remplis par la victoire, la dépopulation faisait des progrès toujours croissants. Dès le premier siècle de l'ère chrétienne, l'une des plus belles provinces, la Campanie, aux portes mêmes de Rome, comptait 800 arpents de terre incultes faute de bras.

INFLUENCE DE ROME SUR LES SOCIÉTÉS MODERNES. — Tout en succombant sous les coups des Barbares, Rome n'en a pas moins exercé une influence durable sur les peuples de l'Europe moderne. Ils lui doivent d'abord l'idée et le modèle d'un pouvoir central, qui fait tout mouvoir dans la société politique. Les chefs Barbares furent saisis d'admiration à la vue de l'organisation romaine, et cherchèrent à l'imiter : ainsi, Ataulf, roi des Wisigoths, conçut la pensée de substituer à l'Empire romain un Empire des Goths, avec des institutions analogues ; Clovis, chez les Francs, s'applaudit de recevoir d'un empereur d'Orient le titre de patrice et de porter les ornements consulaires; Théodoric, roi des Ostrogoths, s'efforça de relever l'administration romaine en Italie. L'idée du pouvoir impérial fit son chemin jusqu'à Charlemagne, qui releva la couronne d'Occident, tombée depuis près de quatre siècles. En un mot, c'est des Romains qu'est venue la pensée de l'égalité des sujets sous un monarque absolu.

Le second legs du monde romain aux sociétés modernes est le régime municipal, qui se perpétua principalement dans le nord de l'Italie et dans le midi de la Gaule, et qui put servir de modèle aux institutions communales depuis le XIIe siècle. Même après les invasions germaniques, beaucoup de villes conservèrent leurs Sénats, leurs corps de Notables, leurs duumvirs ou consuls, etc. ; à Toulouse, le lieu de réunion des magistrats conserva le nom de *Capitole*, et les magistrats celui de *Capitouls*.

Les lois romaines ont également survécu à l'Empire. Les codes barbares leur empruntèrent de nombreuses dispositions. Le Droit romain, sous la forme que lui donna l'empereur Justinien au VIe siècle, fut recueilli, étudié, propagé par les jurisconsultes du Moyen Age, et fournit aux souverains les principes sur lesquels ils firent reposer leur pouvoir suprême. Il fut longtemps la loi unique du midi de la France, et bon nombre de nos lois civiles en ont été tirées. Aujourd'hui encore, on commence les travaux de jurisprudence par l'étude du Droit romain.

Enfin, la langue latine, imposée au monde par les Romains, continua d'être parlée pendant plusieurs siècles. Par les altérations qu'elle subit dans la bouche des différents peuples, elle donna naissance aux *langues romanes* (italien, français, espagnol, portugais), qui ont conservé le génie, le vocabulaire, et même une partie des règles du latin. Après que les idiomes modernes ont été formés et que les littératures nationales ont produit leurs premiers monuments, le latin est resté la langue de l'Église et de la science.

CHAPITRE II.

LE CHRISTIANISME.

Origines et prédication du christianisme. — Les sociétés modernes ne se sont pas formées d'éléments romains seulement; elles ont aussi, et avant tout, le caractère de sociétés chrétiennes.

A l'époque où Auguste gouvernait le monde, le mosaïsme était défiguré en Judée par différentes sectes : les *Pharisiens*, plus attachés à la lettre qu'à l'esprit de la loi, affectaient un rigorisme excessif dans l'observation de pratiques minutieuses dont ils surchargeaient le culte, et défiguraient le dogme de la vie future par la croyance à l'astrologie, à la fatalité, et même à la métempsycose; les *Saducéens* niaient l'immortalité de l'âme et la résurrection des corps, et ne servaient Dieu qu'en vue des récompenses terrestres; les *Esséniens*, la plupart voués au célibat, vivaient à l'écart, formaient une société où l'on n'entrait que par initiation, et, jugeant inutile d'aller sacrifier au Temple, recommandaient seulement une vie sans tache, avec l'obéissance et la fidélité au pouvoir. Les temps annoncés par les Prophètes juifs étaient arrivés : le sceptre avait été arraché à la race de Juda, et le bruit courait en Orient qu'un homme destiné à un empire universel allait apparaître. Les Hébreux s'imaginaient voir arriver le Messie en conquérant, pour briser les chaînes de son peuple, étendre partout sa loi, et faire resplendir de nouveau la gloire de David et de Salomon. Mais les Prophètes avaient fait allusion à d'autres chaînes, à d'autres conquêtes, à une autre gloire : il ne s'agissait pas d'une seule nation, mais de l'humanité entière, qui devait être affranchie, non d'une servitude temporelle, mais de l'esclavage originel, causé par une faute première.

Annoncé par l'ange Gabriel à la Vierge Marie, révélé aux Mages par une étoile miraculeuse, le Messie naquit dans une étable à Bethléem (1). Le roi Hérode, à qui les Mages avaient annoncé la venue d'un autre roi des Juifs, ayant ordonné le massacre de tous les nouveau-nés, Joseph et Marie emmenèrent l'Enfant-Dieu en Égypte. De retour en Judée après la mort d'Hérode, il grandit à Nazareth dans une vie obscure, travaillant comme un artisan. La 15e année du règne de Tibère, Ponce-Pilate étant

---

(1) Ce fut dans la nuit du 25 décembre de l'an iv avant l'ère chrétienne. Les anciens chronologistes ont commis sur ce point une erreur, que l'habitude a consacrée.

gouverneur du pays pour les Romains, Jésus reçut le baptême de saint Jean-Baptiste. Puis, il consacra trois années à la prédication de ses doctrines, appuyée de miracles et de bienfaits. Sa Passion, sa mort sur la croix, sa résurrection, furent peu remarquées dans le monde romain ; les disciples de Jésus n'étaient, au dire de l'historien Tacite, que « des malfaiteurs détestés, vulgairement appelés Chrétiens, du nom d'un *Christ* (1) qui, sous le règne de Tibère, fut crucifié par le procurateur Ponce-Pilate. »

Douze Apôtres de la Galilée, pauvres, ignorants, grossiers, avaient été chargés de propager l'*Évangile*, c'est-à-dire la bonne nouvelle ; c'étaient : Pierre ; André, son frère ; Jacques le Majeur, fils de Zébédée ; Jean, son frère ; Barthélemy ; Philippe ; Thomas ; Mathieu ; Jacques le Mineur, fils d'Alphée ; Jude ou Thadée ; Simon ; et Mathias (choisi en remplacement du traître Judas). Abandonnant leurs filets pour devenir *pêcheurs d'hommes*, ils se mirent hardiment à l'œuvre. *St Pierre* convertit, en deux prédications, huit mille habitants de Jérusalem, que la lapidation de saint Etienne ne put intimider, fonda les églises (2) d'Antioche, du Pont, de

---

(1) Ce mot, d'origine grecque, signifie *oint*. On l'appliquait à tout roi, pontife ou prophète, qui avait reçu une onction d'huile et de parfums. Jésus était le roi spirituel de ce monde.

(2) Mot grec qui désigne une assemblée, une société

la Cappadoce, de la Bithynie, et se rendit à Rome, d'où ses disciples et lui devaient propager la foi dans les principales villes de l'Italie. Un persécuteur des premiers chrétiens, Saul, illuminé soudain sur le chemin de Damas, et devenu, sous le nom de *saint Paul*, l'*Apôtre des Gentils* (1), évangélisa, avec l'aide de *Tite* et de *Timothée*, la Syrie, presque toute l'Asie-Mineure, où s'éleva l'importante église d'Éphèse, prêcha ensuite à Thessalonique en Macédoine, fit l'étonnement de l'Aréopage à Athènes, et, après avoir fondé l'église de Corinthe, alla rejoindre S*t* Pierre à Rome. *S*t* André* visita les Scythes, sur les bords de la mer Noire; *S*t* Barthélemy* se rendit en Arménie, *S*t* Thomas* chez les Parthes et peut-être dans l'Inde, *S*t* Jude* en Mésopotamie et en Arabie, *S*t* Simon* dans la Perse, *S*t* Mathieu* en Égypte et en Éthiopie, etc.

Il y a, du reste, quelque incertitude dans les traditions relatives aux prédications apostoliques. De même que les villes de l'antiquité païenne voulaient tirer leur origine des demi-dieux, les Églises chrétiennes aspirèrent à l'honneur d'avoir été fondées par les premiers Apôtres. Quoi qu'en disent les légendes, on ne vit ni S*t* Pierre, ni S*t* Paul, ni S*t* Jac-

dont les membres ont la même foi, pratiquent les mêmes cérémonies et obéissent à la même autorité.

(1) Nom que les Hébreux donnaient à tous les païens.

ques en Espagne; le christianisme ne fut porté dans la Gaule qu'au IIe siècle, et les églises de l'Afrique septentrionale ne peuvent légitimement prétendre à une origine plus reculée.

Quant à la doctrine chrétienne, elle a été conservée par écrit dans quatre *Evangiles* reconnus canoniques, et qui ont pour auteurs les apôtres Jean et Mathieu, Marc, disciple de St Pierre, et Luc, disciple de St Paul.

OBSTACLES QUE RENCONTRA LA RELIGION CHRÉTIENNE. — La propagation du christianisme devait rencontrer des obstacles sérieux. Il venait, en effet, prêcher la paix à une société qui reposait sur le droit de la conquête, l'égalité et la fraternité au milieu d'un Empire où les populations étaient écrasées par le despotisme du souverain et de quelques privilégiés, une morale sévère à un monde profondément corrompu. Alors que les empereurs romains étaient à la fois les chefs de l'État et les grands-pontifes du paganisme, il enseignait la séparation du pouvoir politique et du pouvoir religieux. Les prêtres païens, dont l'influence était menacée, et les philosophes, dont les doctrines plus ou moins étrangères à la foule étaient renversées par un enseignement accessible à tout le monde, excitèrent contre les chrétiens les passions mauvaises. Les disciples du Christ, refusant de s'associer aux joies et aux cérémonies publiques, furent signalés comme des ennemis de l'Empire. Leurs assemblées, qu'ils tenaient secrètement, fournirent un prétexte à des accusations de complots ou de débauches. N'ayant ni temples ni sacrifices, on les proclamait athées.

Toute l'histoire de l'Empire romain est remplie de *Persécutions* contre les chrétiens. Il y en eut dix principales, durant lesquelles la haine inventa les supplices les plus atroces. On revêtait de peaux d'animaux les malheureux *confesseurs de la foi*, pour les livrer vivants en proie à des chiens; on les jetait aux bêtes féroces dans les amphithéâtres; on les crucifiait; on les écorchait vifs; on les écartelait; on les brûlait sur des charbons ou sur des plaques de fer ardentes; on les enduisait de poix pour les enflammer comme des torches, ou de miel pour les exposer sous un soleil brûlant aux morsures des insectes.

La première persécution, qui eut lieu sous Néron, ne paraît pas s'être étendue au-delà des limites de Rome : St Pierre fut crucifié sur le Janicule, et St Paul, longtemps enfermé dans un cachot, fut décapité.

La persécution recommença sous Domitien (en 95), parce que les chrétiens avaient refusé de contribuer à la reconstruction du Capitole dévoré par un incendie. L'empereur avait vu avec effroi la religion nouvelle pénétrer même dans sa famille; il fit périr son cousin Flavius Clemens, dont la femme, Domitilla, dut partir pour l'exil. A cette époque, St Jean l'Évangéliste, plongé à Rome dans une chaudière d'huile bouillante, fut ensuite relégué dans l'île de Pathmos, où il écrivit son *Apocalypse.*

La troisième persécution, ordonnée par Trajan (en 107), coûta la vie à Siméon, évêque de Jérusalem, et à St Ignace, évêque d'Antioche. Sur les représentations de Pline le Jeune, alors proconsul de Bithynie et de Pont, l'empereur, effrayé du nombre des victimes, ordonna de ne plus rechercher les chrétiens, et de ne punir que ceux qui se feraient connaître.

Pendant la quatrième persécution, au temps de Marc-Aurèle, St Polycarpe, évêque de Smyrne, et St Pothin, fondateur de l'église de Lyon, reçurent la mort.

Dans la cinquième, sous Septime Sévère, périrent St Irénée, le pape Victor, et, à Carthage, Ste Félicité et Ste Perpétue.

Maximin, auteur de la sixième (en 235), fit abattre ou livrer aux flammes les édifices que les chrétiens avaient consacrés au culte du vrai Dieu.

Décius, inaugurant la septième (en 250) par le supplice du pape Fabien, employa la violence contre tous les chrétiens qui repoussaient les pratiques de la religion romaine, et contre les magistrats trop indulgents dans l'exécution de ses ordres.

Durant la persécution de Valérien, St Cyprien,

évêque de Carthage, eut la tête tranchée ; S¹ Laurent, gardien des trésors de l'église, refusa de révéler le lieu où ils étaient déposés, et fut grillé sur des charbons ; les papes Étienne et Sixte périrent ; S¹ Denys et ses compagnons, apôtres de la Gaule, versèrent aussi leur sang pour la foi.

La neuvième persécution, qu'ordonna Aurélien, est célèbre par le massacre de la *Légion thébaine*, dont les soldats déposèrent leurs armes pour tendre le cou au fer des bourreaux.

Enfin, la dernière dura plusieurs années. Deux fois Galérius fit mettre le feu au palais de Dioclétien, et accusa de ce crime les chrétiens, pour obtenir un édit de proscription. Toutes les provinces de l'Empire, toutes les classes de la société, fournirent une multitude de martyrs. Une ville entière de Phrygie fut brûlée avec les chrétiens qui l'habitaient. En Égypte, les haches s'émoussèrent, les bourreaux furent obligés de se relayer, le Nil roula des flots de sang à la mer. La Gaule seule fut paisible sous le gouvernement de Constance Chlore.

TRIOMPHE DU CHRISTIANISME. — Malgré l'emploi de la violence, le christianisme faisait des progrès incessants. Dès la fin du premier siècle, Pline le Jeune écrivait à Trajan : « La contagion n'a pas seulement infesté les villes, elle a gagné les villages et les campagnes ; les fêtes de nos dieux sont interrompues, leurs temples sont déserts. » La victoire de la religion nouvelle fut définitive à partir de Constantin, malgré la tentative que fit Julien l'Apostat pour restaurer le paganisme (1). Les Romains avaient beau s'étourdir au milieu des affaires ou des plaisirs ; ils ne pouvaient étouffer en eux le besoin de croire, et l'on raconte que plusieurs fois on vit, dans les rues d'Alexandrie, les philosophes eux-mêmes, en proie au désespoir de ne point trouver la vérité, s'arracher les cheveux et se rouler dans la poussière. Or, le christianisme apportait une doctrine simple, claire, élevée, une solution à tous les problèmes que se pose l'intelligence humaine, une satisfaction à tous les besoins du cœur, des consolations et des espérances pour tous les affligés.

APOLOGISTES ET HÉRÉSIARQUES. — Il y a quelque chose de plus pénible aux propagateurs de la vérité que les persécutions et la mort : c'est la calomnie. Cette rude épreuve ne fut pas épargnée aux chrétiens des premiers siècles : il leur fallut répondre aux mensonges intéressés, qui dénaturaient leurs principes, leurs mystères, leurs cérémonies et leurs mœurs. D'un autre côté, les derniers écrivains qui défendirent le paganisme eurent recours à toutes sortes d'impostures : ainsi, Lucien tournait en dérision les maximes chrétiennes ; Celse altérait la morale de

(1) Voyez l'HISTOIRE ANCIENNE de notre collection, pages 418-419 et 421.

l'Évangile, pour attirer sur les chrétiens les rigueurs des pouvoirs publics; Philostrate opposait aux prodiges opérés par Jésus-Christ les prétendus miracles d'un thaumaturge, Apollonius de Tyane; les philosophes Porphyre et Jamblique soutenaient que Pythagore avait été l'incarnation d'un Dieu, que les miracles de l'Ancien et du Nouveau-Testament étaient des opérations de magie, et qu'il n'y avait rien dans le christianisme qui n'eût été enseigné dans les écoles de la Grèce.

Les hommes qui, au nom du christianisme, répondirent à ces divers adversaires, sont connus sous le nom d'*Apologistes* ou *Apologètes* (1), et leurs œuvres de polémique forment la base de la science appelée l'*Apologétique*. Les plus célèbres de ces écrivains en langue latine furent *St Justin*, de Sichem, qui adressa ses livres à l'empereur Adrien; *Athénagore*, dont le plaidoyer en faveur des chrétiens fut soumis à Marc-Aurèle; *Minutius Félix*, avocat célèbre, dont la discussion a revêtu la forme des dialogues platoniciens; *Tertullien*, de Carthage, contemporain de Trajan, et réputé le Père de l'Église le plus éloquent dans la langue latine; *St Cyprien*, dont la grandeur et la véhémence, au jugement de Fénelon, rappellent Démosthènes; *Arnobe*, africain qui combattit longtemps le chris-

---

1. D'un mot grec qui veut dire *justification*.

tianisme, se déclara vaincu, et employa sa rhétorique un peu diffuse contre l'idolâtrie ; *Lactance*, précepteur des enfants de Constantin, à qui l'on a donné, pour l'élégance de son style, le surnom de Cicéron chrétien. — Au nombre des Apologistes qui écrivirent en grec, on remarque principalement : *Clément d'Alexandrie*, adversaire redoutable des philosophes païens; *Origène*, homme d'une érudition prodigieuse, et que sa science ne préserva pas toujours de l'erreur.

Le christianisme eut à lutter, non-seulement contre les mensonges des païens, mais aussi contre des hérésies (1), dont les auteurs, imbus encore des erreurs du paganisme et de la philosophie antique, ou dominés par l'orgueil de leur raison, modifièrent les dogmes et la morale de Jésus-Christ. Ainsi, dès les premiers temps, quelques Juifs convertis voulurent conserver plusieurs pratiques et cérémonies du mosaïsme ; on leur donna les noms d'*Hébraïsants* et de *Nazaréens*. Un habitant de la Samarie, *Simon le Magicien*, s'imagina pouvoir acheter de St Pierre le don de faire des miracles (2), et se faire adorer

(1) C'est-à-dire en grec *choix*. L'Église catholique qualifie ainsi toute doctrine qui s'éloigne de la sienne. L'*hérésiarque* est le chef de secte, les *hérétiques* sont ses adhérents.

(2) Delà vient que le mot *simonie* désigne tout trafic des choses saintes.

comme le vrai Dieu. — Au IIe siècle parurent les *Gnostiques*, ou possesseurs de la *gnose*, mot qui signifiait, dans les écoles de l'Orient, une science supérieure aux systèmes païens, dont elle expliquait les symboles, à la religion hébraïque, dont elle révélait les imperfections, et aux croyances de l'Église chrétienne. — Au IIIe siècle, *Manès* ou *Manichée* enseigna le dualisme, c'est-à-dire le dogme oriental des deux principes également puissants et nécessaires, le principe du bien et le principe du mal; il attaqua l'incarnation de Jésus-Christ, la résurrection des corps, et le mariage. — Enfin, à l'époque de Constantin le Grand, *Arius*, repoussé du siége épiscopal d'Alexandrie, prétendit que Dieu le Fils n'était pas consubstantiel à Dieu le Père, et fut ainsi conduit à nier sa divinité. Bien que condamné par le concile de Nicée, l'arianisme compta encore des partisans.

CONSTITUTION DE L'ÉGLISE CHRÉTIENNE. — L'une des causes du triomphe de l'Église chrétienne fut son organisation régulière, sa puissante hiérarchie. Cette Église eut un *Clergé* ou réunion de *clercs*, c'est-à-dire d'hommes ayant pris Dieu en partage et se consacrant à son service.

Au premier rang fut placé l'évêque de Rome, successeur de St Pierre. Pendant les premiers siècles, au milieu des persécutions et à cause de la dispersion des chrétiens, sa suprématie était plutôt d'ordre et de dignité que de pouvoir ou de juridiction. Dès le temps de Néron, c'était un usage de concentrer à Rome les aumônes qui devaient servir à soulager les souffrances des chrétiens dans le monde entier. S¹ Ignace, S¹ Irénée, Tertullien, S¹ Cyprien, reconnaissent la supériorité du pontife romain. Celui-ci condamnait les églises d'Asie, qui célébraient la Pâque à l'époque choisie par les Juifs ; il redressait celles d'Afrique, qui pensaient que le baptême conféré par des hérétiques n'était pas valable et devait être renouvelé. Il condamnait donc les erreurs de doctrine. Il présidait les assemblées générales de l'Église, soit par lui-même, soit par ses *légats* ou envoyés. Le titre de *Pape* ou Père des fidèles, donné à tous les évêques, ne tarda pas à lui être exclusivement réservé. Son autorité fut confirmée plusieurs fois par le pouvoir civil ; ainsi, l'empereur Aurélien déclara ne reconnaître comme chrétiens que ceux qui étaient en communion avec l'évêque de Rome ; d'après un décret de Gratien, toute sentence rendue par les évêques put être portée en appel devant le pape, et Valentinien III décida que les évêques seraient tenus de se soumettre aux décisions du pontife romain.

Les *Evêques* (en grec, surveillants, inspecteurs) avaient la direction des fidèles d'une circonscription appelée *diocèse*. Héritiers des Apôtres, qui leur transmirent la doctrine, ainsi que le sacerdoce et la puissance de le communiquer par l'ordination, ils présidaient aux rites et à l'enseignement. A ces attributions spirituelles ils ajoutèrent une certaine autorité dans les matières temporelles : ainsi, ils jugèrent de bonne heure les différends que les fidèles ne voulaient pas porter devant les tribunaux laïques ; Constantin permit aux parties de décliner la compétence des juges ordinaires, pourvu qu'elles recourussent aux magistrats civils pour l'exécution des sentences épiscopales, et reconnut la juridiction des évêques sur leurs clercs. — Bien qu'ils fussent tous égaux en pouvoirs spirituels, les évêques de chaque province, afin d'acquérir plus de force par l'union, se reconnurent *suffragants* de celui qui habitait la métropole romaine ou la ville la plus illustre par la fondation apostolique et par ses martyrs, et qui reçut le nom d'*Archevêque* ou de *Métropolitain*. Les archevêques portèrent comme marque distinctive le *pallium*, sorte de manteau d'hermine. Ils consacrèrent leurs suffragants, révisèrent leurs décisions, veillèrent sur la foi et sur la discipline dans toute la province. Ceux de Jérusalem, d'Antioche, d'Alexandrie, premiers siéges apostoliques, furent appelés *Patriarches*, et eurent, ainsi que les *Primats* d'Occident, établis dans certaines capitales, une supériorité honorifique sur leurs collègues. Pendant plusieurs siècles, il y eut des *Chorévêques* ou évêques des campagnes, délégués pour l'administration des sacrements, mais qui n'avaient pas de juridiction. — Les évêques étaient élus par les fidèles, sur la proposition du clergé ; toutefois, leur nomination ne devenait définitive qu'après avoir été approuvée par les suffragants de la province et confirmée par le métropolitain.

Dans l'origine, les *Prêtres* (1), étrangers au culte et à l'instruction religieuse, étaient des anciens chargés par les évêques de surveiller les mœurs et de régir les biens temporels d'une église ou communauté chrétienne. Plus tard, ayant reçu l'ordination par l'imposition des mains, ils prirent part à l'enseignement de la religion, à la célébration des mystères, et à l'administration des sacrements.

Des *Diacres* (2) et des *Sous-Diacres*, destinés au sacerdoce, aidèrent les Prêtres dans les cérémonies, visitèrent les pauvres, distribuèrent les aumônes des fidèles, et dirigèrent les *Diaconies*, établissements où l'on assistait les indigents et les infirmes. — Durant les premiers siècles, il y eut aussi des *Diaconesses*, veuves qui remplissaient à peu près le même ministère auprès des femmes.

La prêtrise, le diaconat et le sous-diaconat furent appelés les *Ordres majeurs*. On donna le nom d'*Ordres mineurs* aux titres conférés sans emporter d'en-

(1) Mot dérivé du grec et signifiant *vieillards*.
(2) C'est-à-dire en grec, *ministres, serviteurs*.

gagement irrévocable, comme ceux d'*Acolyte*, d'*Exorciste*, de *Lecteur*, et de *Portier*.

Le clergé ordinaire, attaché aux églises, vivant au milieu du monde, est le *clergé séculier;* le *clergé régulier* comprend les religieux vivant dans des bâtiments communs et soumis à une même règle. On avait vu, dès les temps apostoliques, surtout en Égypte, quelques pénitents se retirer dans la solitude, afin de se livrer paisiblement aux pratiques de la piété : les Grecs les appelaient *Thérapeutes* (serviteurs de Dieu). L'usage prévalut bientôt de donner aux solitaires les noms de *Moines* (1), d'*Ermites* (2), et d'*Anachorètes* (3). Au IVe siècle, les moines commencèrent à se réunir dans des *laures*, bâtiments où leurs cellules étaient séparées. Puis, ils vécurent en commun, d'où leur vint le nom de *Cénobites* (4); leurs établissements furent appelés *Couvents* (5), *Monastères* ou *Cloîtres* (6). St Basile, l'un des Pères de l'Église grecque, donna aux religieux d'Orient une règle uniforme : cette règle leur imposait la prière, la méditation, la contemplation des perfections divines, les élans d'amour vers Dieu jusqu'à

---

(1) En grec *seuls*.
(2) D'un mot grec qui signifie *désert*.
(3) C'est-à-dire en grec *retirés*.
(4) De deux mots grecs signifiant *vie commune*.
(5) Mot d'origine latine, signifiant *réunion*.
(6) C'est-à-dire *lieux clos*.

l'extase. Des couvents de l'ordre de St Basile furent fondés dans le midi de la Gaule, celui de St Honorat dans l'île de Lérins, et celui de St Victor à Marseille. Mais les moines qui menaient la vie contemplative furent assez mal accueillis dans tout l'Occident, où le climat fait à l'homme une loi du travail, et les ordres religieux ne devaient y fleurir qu'un peu plus tard, sous la règle de St Benoît.

L'Église eut de bonne heure ses assemblées, appelées *Conciles* et *Synodes* (1), pour fixer la doctrine, régler les rites et la discipline, ou établir des rapports entre les fidèles des diverses contrées. On appelle *Conciles œcuméniques* ceux qui réunissent les évêques de toute la chrétienté, sous la présidence du souverain pontife : eux seuls peuvent décider les questions de dogme, et leurs *canons* ou décrets ont le caractère de l'infaillibilité. Les *Conciles nationaux*, où se rendent les évêques d'une nation, et les *Conciles provinciaux*, qui réunissent seulement les évêques d'une province, les suffragants d'un métropolitain, s'occupent des cérémonies ou observances et de la discipline ecclésiastique; leurs décisions s'imposent seulement à la nation et à la province qui étaient représentées.

CE QU'ON DOIT AU CHRISTIANISME. — Tous les peuples de l'antiquité, à l'exception des Hébreux, étaient

(1) Le premier mot vient du latin, le second du grec.

polythéistes : le christianisme a ramené le monde au *monothéisme*. Les païens attribuaient le gouvernement de la nature et de l'homme à autant de divinités qu'il existait d'êtres et de phénomènes différents ; il y avait des dieux propres à chaque nation et des dieux domestiques, des cérémonies publiques et des rites de famille. Par le christianisme, tous les hommes s'accordent dans la croyance en un seul Dieu, et se réunissent dans une seule Église ; ce sont partout les mêmes solennités, les mêmes prières.

Ce n'est pas seulement par l'unité du dogme, de la morale, des rites et de la hiérarchie que le christianisme est *catholique* ou universel ; il l'est encore, parce que son empire est sans bornes. Les religions et les philosophies antiques étaient exclusives, limitées à certains pays, à certaines écoles : le christianisme appelle tous les hommes à lui, il les admet tous à son enseignement, à ses mystères, à ses sacrements, à son sacerdoce, il n'a pas de priviléges pour des initiés, pas de voiles dans ses temples, pas de secrets pour les ignorants et les humbles.

Le monde romain s'était constitué par la guerre, par l'abus de la force. Ce droit cruel avait pour formule un terrible proverbe : « L'homme est un loup pour son semblable. » On ne voyait dans le genre humain que des ennemis à terrasser, et le plus fort criait : « Malheur aux vaincus ! » Il n'y avait pas de religion qui n'autorisât les violences envers ceux qui la méconnaissaient. Le christianisme ne veut que la conquête des âmes ; c'est une *religion de douceur, d'indulgence et de charité*. Le Christ a passé sur la terre en faisant le bien : il a pardonné à la Chananéenne, à la femme adultère, à Madeleine ; sa dernière parole sur la croix a été une parole de miséricorde, un pardon pour ses bourreaux. Tout son enseignement a ce caractère : « Bienheureux, » dit-il, ceux qui sont doux ; — bienheureux ceux » qui souffrent les persécutions ; — bienheureux les » miséricordieux. — On vous a dit jusqu'ici : *œil » pour œil, dent pour dent;* moi, je vous dis : si » quelqu'un vous frappe sur une joue, de lui pré- » senter l'autre joue. — On vous a enjoint, jusqu'à » présent, d'aimer votre frère et de haïr votre en- » nemi ; je vous ordonne de pardonner, non pas sept » fois, mais soixante-dix-sept fois. Aimez votre » ennemi ; faites du bien à qui vous hait ; priez pour » qui vous persécute, en imitant Dieu qui fait se le- » ver le soleil sur les bons et sur les méchants. »

L'antiquité païenne avait admis comme base de toute société une distinction entre des races qui commandent et des races qui doivent obéir. L'idée de l'*égalité* des hommes est une idée chrétienne. Le Christ proclama que tous les hommes sont fils de son Père : tous ont été souillés d'une faute originelle, qu'il expia également pour tous par son sacrifice; issus d'une même source, ils se dirigent par des sentiers différents vers une même destinée.

Le christianisme condamna toutes les iniquités des institutions païennes, et travailla à les faire disparaitre. Il a enseigné le *respect de la vie humaine*. Dans la famille antique, le père eut longtemps le droit de vie et de mort. A Sparte, la loi condamnait à périr, dès la naissance, les enfants dont la constitution physique ne promettait pas des soldats vigoureux. A Rome, beaucoup de parents abandonnaient leurs enfants nouveaux-nés. Partout les esclaves pouvaient être frappés de mort par leur maître; Cléopâtre essayait sur eux des poisons, et Asinius Pollion les donnait en pâture à ses lamproies; on les jetait dans les cirques pour combattre sous les yeux des spectateurs. — La religion nouvelle reproduisit avec plus d'énergie ce précepte du mosaïsme : « Tu ne tueras point. » Elle enseigna aux parents leurs devoirs, recueillit les enfants exposés, et, condamnant les jeux sanglants des amphithéâtres, ne voulut pas que la mort des hommes fût une volupté publique.

Ce fut encore une œuvre chrétienne de rétablir le *respect de la liberté et de la dignité de l'homme*. Avant l'ère chrétienne, une portion du genre humain était esclave de l'autre. En proclamant que tous les hommes sont frères en Jésus-Christ et égaux devant Dieu, le christianisme modifia l'ordre social.

Il supprima des catégories entières d'esclaves : ainsi, il fit sortir des théâtres païens les mimes et les danseuses, tous les esclaves de plaisir; en fermant les arènes, il affranchit les gladiateurs. Le ciel était promis à ceux qui mettraient en liberté leurs esclaves dans certains jours de fête. Les chrétiens se dépouillèrent eux-mêmes pour racheter leurs semblables. L'esclave païen n'avait ni Dieu, ni famille, ni droits, ni devoirs, ni conscience ; tout lui fut rendu par le christianisme, et il eut droit désormais aux choses sacrées, à l'affection, à l'honneur. Sans doute, il a fallu bien des siècles encore pour que l'esclavage disparût complètement ; mais le christianisme ne pouvait pas briser soudain toutes les chaînes ; il avait contre lui les pouvoirs publics, la force matérielle, et des préjugés enracinés ; comme il a horreur de la violence, et qu'il opère des réformes, non des révolutions, il a dû et n'a pu procéder que par l'enseignement, les exhortations, les conseils, les exemples ; il lui a fallu faire patiemment la conquête des mœurs.

Une autre victoire du christianisme fut la *réhabilitation du travail*. Pour les Anciens, le travail était œuvre servile. Le fondateur du christianisme voulut devoir à un simple artisan sa parenté terrestre ; les Apôtres demandèrent au travail de leurs mains le pain de chaque jour. Saint Basile disait à ses moines : « Si le jeûne vous interdit le travail, il vaut mieux manger, car vous êtes les ouvriers du Christ. » Les corporations d'arts et de métiers du Moyen Age arboreront les bannières des Saints. — La réhabilitation du travail entraînait comme conséquence le *respect de la pauvreté*. Dans l'antiquité païenne, les pauvres étaient méprisés, comme des hommes frappés de la réprobation divine. La religion nouvelle fit du pauvre l'image en quelque sorte du Christ lui-même ; elle enseigna le devoir de l'aumône, ouvrit des hôpitaux à toutes les misères, à toutes les infirmités, alla chercher les douleurs muettes et les souffrances cachées, et créa, pour les servir, d'infatigables dévouements.

L'influence du christianisme sur la *réhabilitation de la femme* n'a pas été moins grande. Dans la famille romaine, la femme ne cessait jamais d'être en tutelle : fille, elle était sous l'autorité du père ; mariée, sous celle de l'époux ; veuve, sous celle de quelque parent. Le divorce s'accomplissait par tous les motifs, incompatibilité d'humeur, lassitude, cupidité, etc. Maintes fois un affranchi venait au nom de son maître ouvrir à la femme les portes de la demeure conjugale, en lui disant : « Prends tes hardes, et va-t-en. » La loi romaine était cruelle : « Le mari, disait-elle, ne pleure pas sa femme, il ne lui doit pas la piété du deuil. » Au temps de l'Empire, les femmes trouvèrent leur vengeance dans un luxe insolent et dans d'effroyables débauches. —

Il semble que le christianisme dût ajouter encore à cette dégradation par le souvenir de la faute originelle, due à la première femme. Mais si Ève fut l'instrument de cette faute, Marie fut l'instrument de la réparation : cette réhabilitation de la femme dans le dogme, le culte de la Ste Vierge l'a fait entrer dans les mœurs. Des femmes pieuses s'étaient montrées au pied de la croix, et le Christ s'entretint avec elles. Des femmes suivirent les Apôtres pour les servir; elles furent admises dans les assemblées, elles participèrent à l'instruction et au culte. Il importait que l'on crût à la vertu des femmes : le christianisme donna le voile et le bandeau à des vierges qui honorèrent, par une profession publique, cette chasteté à laquelle les Anciens ne croyaient pas. Les hommes s'étaient attribué le privilége du courage : les femmes chrétiennes puisèrent dans leur foi la force de subir le martyre, souvent avec l'honneur de mourir les dernières. Le christianisme sanctifia le mariage, et le rendit indissoluble; tout se partagea désormais entre les époux, condition et devoirs, et c'est aux soins de la femme que fut confiée l'éducation de l'enfant. Des femmes chrétiennes, assises sur le trône, comme Ste Clotilde chez les Francs et Ste Théodelinde chez les Lombards, ont aidé à la conversion de peuples entiers. Enfin, la femme a reçu, pour ainsi dire, la magistrature de la charité et des bonnes œuvres dans les sociétés chrétiennes, et, non-seulement la misère qu'elle assiste l'appelle un Ange descendu du Ciel, mais, comme si elle était l'intermédiaire entre la terre et le monde surnaturel, c'est sous les traits d'une femme que la poésie représente la Prière.

CHAPITRE III.

LE MONDE BARBARE.

État du monde barbare au IVe siècle. — Au-delà des frontières romaines en Europe et en Asie, vivaient, dans de vastes solitudes, les tribus qui devaient renverser l'Empire et que les Romains appelaient les Barbares. Ces tribus se rattachaient à trois groupes ou races : 1° la race *Tartare* ou *Scythique*, qui habitait la Haute-Asie, à l'E. du Tigre, et qui touchait vers l'O. au Caucase, à la mer Noire et au Volga ; 2° la race *Slave* ou *Sarmatique*, placée au N. de la mer Noire, entre le Volga à l'E., la Vistule et la Théiss à l'O. ; 3° la race *Germanique* ou *Teutonique*, bornée au N. par la mer Baltique et la mer du Nord, à l'O. par le Rhin, au S. par le Danube, à l'E. par la Théiss et la Vistule.

Race Tartare ou Scythique. — Les principales tribus de race Tartare étaient : les *Alains* et les *Huns*, arrivés, à la fin du IVe siècle, près du Caucase et du Volga ; les *Awares* et les *Bulgares* (1), qui s'éta-

---

(1) Ils tiraient leur nom du fleuve Bolga ou Volga.

blirent en Europe au vi⁰ siècle ; les *Magyars* ou *Hongrois*, qu'on vit arriver à la fin du ix⁰ ; les *Turcs Seldjoukides* (1), conquérants de l'Asie occidentale au xi⁰ ; les *Mongols*, fondateurs de deux vastes empires asiatiques, sous la conduite de Gengis-Khan à la fin du xii⁰ siècle, et de Timour-Link ou Tamerlan au commencement du xiv⁰ ; les *Turcs Ottomans* (2), qui s'établirent à Constantinople en 1453.

Les Tartares étaient les plus grossiers et les plus féroces de tous les Barbares, et leurs mœurs ressemblaient en beaucoup de points à celles des anciens Scythes. Ne se croyant pas en sûreté sous un toit, ils n'habitaient ni maisons ni huttes ; toute enceinte de murailles leur semblait un tombeau ; habitués à la vie nomade, au froid, à la faim, à la soif, ils changeaient de pays quand leurs troupeaux avaient besoin de nouveaux pâturages, et traînaient derrière eux dans des chariots leurs femmes et leurs enfants. Ils n'étaient guère vêtus que de peaux de bêtes, et se nourrissaient de laitage, de racines, de viandes crues ou à peine macérées sous la selle de leurs chevaux. Ils se tenaient presque toujours à cheval, jour et nuit ; c'est dans cette position qu'ils mangeaient, buvaient, tenaient conseil, et, pour dormir, ils se penchaient sur le cou de leur monture. Passionnés

(1) Du nom de *Seldjouk*, l'un de leurs chefs.
(2) Ainsi appelés d'*Othman*, qui les commanda.

pour la chasse et la guerre, ils s'exerçaient de bonne heure au maniement des armes; leurs enfants ne recevaient la nourriture de chaque jour, placée au sommet d'un arbre, qu'après l'avoir atteinte d'une flèche.

Afin de se rendre redoutables à leurs ennemis, les Tartares se tailladaient et se tatouaient le visage, surmontaient leurs casques d'images effrayantes, et poussaient des hurlements en marchant au combat. Leur tête carrée, leur face aplatie, leurs oreilles énormes et écartées, leurs yeux ronds, leurs lèvres épaisses, les firent comparer par les Romains aux figures mal dégrossies qui surmontaient les parapets des ponts ou marquaient les limites des champs. Les Huns furent particulièrement hideux : à peine nés, on leur déformait le crâne; plus tard on leur sillonnait le visage avec un fer rouge pour empêcher la barbe de pousser. L'auteur latin Ammien Marcellin les représente comme des masses de chair informes, assez semblables à des animaux se dressant sur leurs pattes. On disait qu'ils scalpaient les vaincus, faisaient trophée de leur chevelure, et même dévoraient leur cœur.

Les Tartares adoraient le dieu de la guerre sous la forme d'une épée nue, plantée en terre; ils lui sacrifiaient des animaux et des hommes.

RACE SLAVE OU SARMATIQUE. — Les Slaves étaient moins sauvages; ils étaient arrivés à la vie agricole.

et commençaient à avoir des demeures fixes. Ils prirent peu de part aux invasions dans l'Empire romain, et les États modernes qui leur doivent leur origine sont postérieurs à Charlemagne.

Quelques-unes de leurs tribus étaient descendues au midi du Danube, vers l'Adriatique, et on leur donna quelque temps le nom commun d'*Antes*. Les principales étaient : les *Dalmates*, les *Serbes, Sorabes* ou *Serviens*, les *Croates*, les *Bosniens*, les *Esclavons*. Au N. du Danube campaient les *Tchèques* ou *Bohèmes*, les *Polonais*, les *Moraves*, les *Lusaciens*, etc. Vers les rivages de la mer Baltique on distinguait les *Poméraniens*, les *Wiltzes*, les *Obotrites*, les *Wendes* ou *Wénèdes*, les *Boruscs* ou *Prussiens*, les *Esthoniens*, les *Livoniens*, les *Lettons* ou *Lithuaniens*, les *Roxolans* ou *Russes*.

Les Slaves aimaient le travail et la vie domestique. Leur hospitalité était si grande, qu'en s'éloignant de leurs maisons ils laissaient les portes ouvertes, des provisions, et du bois sur le foyer. Malgré leur douceur, ils étaient braves et fiers ; robustes et d'une agilité étonnante, ils pouvaient, pour guetter l'ennemi, rester des jours entiers tapis sous les racines d'un arbre, ou demeurer de longues heures sous l'eau, respirant au moyen d'un roseau qu'ils tenaient à la bouche. Quelques tribus avaient des rois qui juraient fidélité aux coutumes du pays, et qu'un parjure eût exposés à perdre l'autorité et la vie. Mais partout l'influence des guerriers le cédait à celle des prêtres, qui prélevaient un tiers du butin fait dans les expéditions, et frappaient chaque individu d'un impôt pour subvenir à leur entretien et à celui des temples.

Le dieu suprême des Slaves, *Swantewit*, dieu de la guerre, armé de l'arc et du glaive, avait son principal autel à Arkona, dans l'île de Rugen. Il laissait le soin de régir les événements terrestres à des dieux subalternes, issus de lui. On reconnaît l'influence de l'Asie sur la religion slave, non-seulement aux images des divinités, qui avaient, comme celles de l'Inde, un grand nombre de têtes, de bras et de jambes, mais encore à la croyance en deux principes, *Bielbog* (le dieu blanc) et *Czernebog* (le dieu noir), la lumière et les ténèbres, le bien et le mal. Les Slaves offraient des bœufs, des moutons et des fruits. Ils croyaient à la résurrection après la mort, à l'immortalité de l'âme, aux peines et aux récompenses de la vie future.

RACE GERMANIQUE OU TEUTONIQUE. — La race Germanique joua le principal rôle dans les invasions. Elle comprenait : 1º sur les bords de la Baltique, les *Vandales* (de *wand*, eau), les *Lombards* ou *Longobards*, hommes aux longues lances ou aux longues barbes, les *Saxons* (de *sachs*, épée courte), et les *Angles ;* 2º le long de la mer du Nord, les *Frisons* et les *Bataves ;* 3º dans la vallée inférieure du

Rhin et sur la rive droite de ce fleuve, les *Francs* (1), confédération qui comprenait les anciennes tribus des Bructères, des Cattes, des Chamaves, des Chérusques, des Attuariens et des Sicambres, et que l'on commençait à diviser en *Saliens* ou habitants des bords de la Sala (Yssel), et *Ripuaires* ou riverains du Rhin près de Cologne; 4° sur le haut Rhin et le haut Danube, la confédération des *Alémans* (2), comprenant les Suèves ou Souabes, les Marcomans, les Boïares ou Bavarois, etc., et la tribu des *Hérules;* 5° au centre de la Germanie, les *Thuringiens*, les *Burgondes* ou *Bourguignons;* 6° du côté de l'E., les *Goths*, très-puissante tribu, originaire de la Scandinavie (3), et qui, ayant imposé sa domination aux *Gépides* et à une partie des Slaves, était partagée par le Borysthènes (Dniéper) en *Ostrogoths* ou Goths de l'Est et *Wisigoths* ou Goths de l'Ouest.

MŒURS DES GERMAINS. — A la fin du IV° siècle, trois caractères assuraient la supériorité des Barbares sur les Romains, l'*esprit guerrier,* le *sentiment de la liberté individuelle,* et la *moralité.*

I. *Esprit guerrier.* — En Germanie, la vie est

---

(1) On a fait venir ce mot de *franke*, lance. Selon d'autres, il signifie *hommes libres.* On lui donne encore pour étymologie *frek* ou *frech*, dur, âpre, farouche.

(2) C'est-à-dire *hommes de toutes tribus.*

(3) On trouve encore en Suède une province de *Gothie* et une île de *Gothland.*

toute guerrière. Le jeune Germain s'exerce de bonne heure à franchir des enceintes de lances, formées autour de lui par ses compagnons. Quand on le juge digne d'être admis parmi les hommes, il reçoit, de son père ou de quelque illustre guerrier, un bouclier et une lance. Désormais il ne déposera plus ses armes; il les portera aux banquets, aux jugements, aux assemblées, aux jeux, aux sacrifices; il jurera sur elles comme sur une chose sacrée, et elles seront déposées, avec son cheval, dans sa tombe. Le nom même du Germain (*heermann*) signifiait *homme d'armes*.

La vie des Germains était surtout remplie par la guerre, et par la chasse qui en est l'image. Parfois ils faisaient des chasses lointaines, durant lesquelles ils parcouraient les vastes espaces compris entre la mer Baltique et le Danube. Sur le champ de bataille, ils aimaient à combattre près de leurs parents, ou sous les yeux de témoins qui attesteraient leur valeur et célébreraient leurs louanges. C'était une honte que d'abandonner son bouclier; la lâcheté et la trahison étaient punies de mort. Ils voulaient lutter de près, se confiant surtout en leur vigueur; ils attaquaient avec une impétuosité furieuse, et en poussant le *bardit* ou cri de guerre. Au dire d'un auteur du ve siècle (1), il leur arrivait d'éprouver,

---

(1) Sidoine Apollinaire.

au milieu de la mêlée, des accès d'extase frénétique, durant lesquels ils paraissaient insensibles à la douleur et animés d'une puissance de vie vraiment merveilleuse; atteints de plusieurs blessures, dont une seule eût suffi pour terrasser d'autres hommes, ils restaient debout, et combattaient encore.

Les institutions des Germains portaient l'empreinte de leur esprit guerrier. Ils n'obéissaient, comme nation, à aucun chef commun; mais ils étaient divisés par tribus, dans chacune desquelles l'autorité provenait de deux sources différentes, la noblesse d'origine, et la force physique et morale. D'une part, ces tribus reconnaissaient des rois, tirés d'une famille que l'on croyait issue des dieux, comme les Mérovingiens chez les Francs, les Amales chez les Goths. De l'autre, les guerriers se réunissaient volontairement, pour quelque expédition, autour d'un chef vigoureux et brave, non comme sujets, mais comme compagnons. — Dans les assemblées des tribus, les Germains prenaient séance tout armés; s'ils désapprouvaient l'avis proposé, ils faisaient entendre des murmures; ils donnaient leur assentiment en frappant avec leur hache d'armes sur leur bouclier.

Enfin les idées guerrières se retrouvent dans la religion des Germains. Le premier des dieux est *Odin*, qui, dans sa vie mortelle, a voulu enseigner aux hommes le mépris de la mort et s'est percé d'une flèche. Il est le dieu des batailles et de la victoire, et les combattants lui vouent les âmes de ceux qu'ils tuent. Traversant les airs sur un cheval, il passe invisible à travers les armées, mais l'ardeur qu'il inspire aux héros les avertit de sa présence. Il s'éloigne des vaincus, et prête sa lance aux vainqueurs. La bataille finie, les *Walkiries*, belles et grandes nymphes qui président aux combats, conduisent vers lui ceux qui sont tombés en braves. Ces guerriers entrent dans le *Walhalla* ou paradis d'Odin : là, leur suprême bonheur est de combattre tout le jour, de se couvrir les uns les autres de blessures aussitôt guéries que reçues, et, le soir, ils se repaissent d'un sanglier toujours renaissant, et boivent de l'hydromel (1) dans un crâne.

II. *Sentiment de la liberté individuelle.* — Le second caractère des tribus germaniques est la conscience de l'indépendance qui appartient à tout homme en état de porter les armes. En Grèce et à Rome, on aima la liberté, et l'on soutint des luttes terribles pour la défendre. Mais il s'agissait de la liberté publique ; l'État était tout, l'individu n'était rien ; la faculté pour chacun d'agir à son gré, tant qu'il n'y a pas préjudice pour autrui, était inconnue ; l'autorité publique pouvait empêcher tel ou tel acte privé, et sacrifiait l'homme au citoyen. — Au con-

(1) Breuvage fait avec de l'eau et du miel fermentés au soleil.

traire, le Germain ne fait que ce qu'il a délibéré et résolu ; maître de lui-même, à peine se croit-il tenu de respecter les vieilles coutumes de sa tribu. Nulle raison n'existe pour lui de soumettre sa volonté propre à celle d'autrui ; aussi, l'ancienne Germanie n'eut pas la notion de l'État, et ne connut ni aristocratie ni gouvernement. Le pouvoir des rois et des chefs de bande provenait du choix indépendant des guerriers, et, même après les invasions dans le monde romain, l'exemple de Childéric Ier chassé par les Francs, celui de Childéric II assassiné, prouvent que les Germains vengeaient les atteintes portées à leur dignité ou à leur indépendance. Ils se pliaient difficilement à la discipline militaire.

Les Germains ne comprirent pas de longtemps qu'une force publique et supérieure doit contenir les écarts des libertés individuelles, et que toutes les volontés doivent être réglées par une loi, sans laquelle il n'y a pas de vie sociale. Chez eux, toute injure était vengée par l'offensé, par ses proches ou ses amis. En matière de délit ou de crime, la pénalité n'était qu'un rapport d'homme à homme : la partie lésée composait avec le coupable, sans que la tribu exerçât de poursuites au nom de la vindicte publique, et il ne s'agissait ni d'emprisonnement ni de peines corporelles, mais d'une compensation pécuniaire, même comme prix du meurtre. Car la peine de mort n'était applicable qu'aux crimes d'impiété, de lâcheté et de trahison; et encore la sentence ne pouvait être prononcée que par les prêtres, représentants de la Divinité qui seule est l'arbitre de la vie humaine.

La liberté individuelle se fût encore mal accommodée de la vie de cité. Sans être nomades, en effet, les Germains ne vivaient pas dans des villes : « Leurs demeures, dit Tacite, ne sont pas rapprochées; ils s'arrêtent ici près d'une source, là près d'un bouquet d'arbres. » La guerre et la faim poussaient souvent les tribus les unes contre les autres; mais elles s'arrêtaient, dès qu'elles avaient trouvé une terre fertile, bien défendue par la nature. — L'esclavage était également incompatible avec l'idée de la liberté. Aussi trouvait-on peu d'esclaves chez les Germains, seulement des prisonniers de guerre, ou des hommes qui payaient de leur liberté quelque dette, et ils pouvaient toujours se racheter.

III. *Moralité*. — Au point de vue de la moralité, sans doute les Germains étaient loin de posséder toutes les qualités. Ils eurent les vices des peuples barbares : la vengeance implacable; l'amour des banquets, où ils luttaient de voracité et qui se terminaient par des rixes sanglantes; un goût effréné pour les boissons fermentées; une passion du jeu assez furieuse pour leur faire risquer leurs biens, leurs femmes, leurs enfants, ou quelque partie de leur propre corps. Mais à côté de ces brutalités de la vie sauvage, on trouve une franche et cordiale hospitalité, une pureté relative dans la vie domestique, un respect pour la femme à peu près inconnu aux Romains. La femme n'apportait pas une dot à son mari ; elle n'était obtenue, au contraire, qu'au prix de certains dons, une paire de bœufs, un cheval harnaché, une lance et un bouclier, etc. L'adultère était sévèrement puni ; la polygamie n'était permise qu'aux chefs, comme attribut honorifique. La femme a grandi dans la vie guerrière : compagne des dangers de l'homme, elle le suit sur le champ de bataille, excite son courage, et panse ses blessures. Les Germains attribuaient à certaines femmes la faculté de sonder l'avenir : l'une d'elles accompagnait d'ordinaire chaque troupe de combattants, pour en régler les mouvements par ses oracles, et plus d'une Velléda (1) fut l'objet de leur vénération, comme remplie de l'esprit divin. Ils se représentaient la femme idéale, avec une couronne d'étoiles, et le pied posé sur la tête de l'homme.

Les Germains étaient donc des peuples rudes, grossiers, mais pleins de sève et d'énergie, capables de régénérer le monde romain en lui infusant un sang jeune et vigoureux.

(1) Prophétesse qui prit part à la révolte de Civilis contre l'Empereur Vespasien.

CHAPITRE IV.

LES INVASIONS.

Causes des invasions des Barbares. — Il ne faut pas attribuer les invasions qui renversèrent l'Empire romain à la surabondance des habitants dans les contrées occupées par les Barbares, ni se les représenter comme des torrents qui emportèrent tout sur leur passage, comme des inondations qui engloutirent la vieille société et apportèrent des flots de population nouvelle. En général, les Barbares, même quand ils vinrent par tribus entières, étaient peu nombreux : lorsque Clovis entreprit la conquête de la Gaule, il n'avait que cinq à six mille guerriers Francs ; les Burgondes étaient au nombre de 50,000, et les Vandales de 40,000.

Sans parler de l'esprit belliqueux et de la passion des aventures qui entraînèrent toujours les Barbares, l'influence du climat doit être considérée comme une cause déterminante des invasions. L'ancienne Germanie semblait plus propre à recevoir des bêtes fauves que des hommes. Ses fleuves parcouraient des bassins marécageux, et débordaient sur les plaines environnantes, La forêt Hercynienne, dont il n'existe plus que de faibles restes, couvrait les deux tiers du pays; la Saxe, en particulier, était encore si bien boisée à l'époque de Charlemagne, qu'au témoignage d'un contemporain un écureuil aurait pu la parcourir tout entière sans toucher la terre. Les élans et les bisons, confinés aujourd'hui en Suède et dans le N. de la Pologne, se multipliaient partout. Les animaux domestiques étaient maigres, les céréales peu abondantes, les arbres à fruit assez rares. Grande était donc la tentation qui poussait les Germains à chercher des contrées plus heureuses, un sol plus fertile, un ciel moins rigoureux; le pays abandonné ne devait laisser ni souvenirs ni regrets à des hommes qui emportaient avec eux leurs biens, leurs familles et leurs Dieux. Les productions du Midi ont eu, de tout temps, un vif attrait pour les hommes du Nord : au IVe siècle avant Jésus-Christ, les Gaulois Sénonais envahirent, dit-on, l'Étrurie, pour conquérir la région d'où provenaient les beaux raisins qu'on avait portés chez eux; au IXe siècle de l'ère chrétienne, les Normands allèrent s'établir dans l'Italie méridionale et la Sicile, séduits par la vue des oranges ou pommes d'or rapportées par des pèlerins; dans la langue des Islandais, un violent désir s'exprime à l'aide d'une figure caractéristique, « un désir de figues. »

Les traditions religieuses n'ont pas été non plus sans influence sur les migrations des Barbares. Elles parlaient aux Germains d'une ville sainte, l'*Asgard* ou ville des Ases (1), patrie sacrée d'où leurs aïeux avaient été chassés, et qu'ils devaient retrouver dans leurs courses à travers le monde. Au IXe siècle encore, des Normands allaient à la recherche de Rome, dont on leur avait vanté les richesses et la gloire, et qu'ils croyaient être la cité sainte : arrivés à Luna, dit la légende, ils rencontrèrent un vieillard chaussé de souliers de fer, qui allait à Rome; mais la ville était si loin, que ce vieillard avait déjà usé une pareille paire de souliers, et les Barbares découragés retournèrent dans leur pays. La recherche de l'Asgard a pu n'être pas étrangère aux mouvements des peuples du Nord, comme une autre ville sainte fut plus tard le but des Croisades.

Les chefs des Barbares ont eu, d'ailleurs, une sorte d'instinct de la mission providentielle qui était réservée à leurs guerriers; ils se crurent les instruments des volontés divines, les agents d'une force supérieure qui voulait châtier la société romaine. Un ermite voulut arrêter en Italie Alaric, roi des Wisigoths, en lui disant que c'était au ciel à venger les injures de la terre : « Je ne puis m'arrêter, lui dit le Barbare; Dieu me pousse en avant. » Au moment

(1) Nom de la famille d'Odin.

où Genséric, roi des Vandales, s'embarquait pour une expédition, le pilote lui demanda : « Maître, à quels peuples veux-tu faire la guerre ? — A ceux-là, répondit-il, contre qui Dieu est irrité ; suis les vents et les flots, ils te porteront vers les lieux désignés par la colère divine. » Attila, roi des Huns, disait : « L'étoile tombe, la terre tremble, je suis le marteau de l'univers ; » et il acceptait le titre de *fléau de Dieu* que lui donnaient les peuples épouvantés.

§ I.

Premier âge des invasions.

ENTRÉE DES HUNS EN EUROPE (376 ap. J.-C.). — La grande invasion des Germains dans l'Empire romain fut déterminée par l'entrée des Huns en Europe. Deux jeunes gens de cette tribu, chassant une biche, arrivèrent sur les bords du Palus-Méotide (1), qu'ils croyaient être la limite du monde : ils la suivirent sur cette mer alors glacée, et arrivèrent en Dacie. Ils racontèrent à leurs compagnons ce qu'ils avaient vu, et toute la tribu, entraînant les Alains, se mit en marche vers la contrée nouvelle, sous les ordres de Balamir. Les Ostrogoths essayèrent d'arrêter les Huns, furent écrasés, et leur roi Hermanric se donna

(1) Mer d'Azow.

la mort pour ne pas survivre à la honte de sa tribu. Les vainqueurs étendirent leur domination sur la Sarmatie méridionale.

Premiers mouvements des Wisigoths. — Les Wisigoths, rudement éprouvés à leur tour dans un combat, firent demander à Valens, empereur d'Orient, par l'évêque Ulphilas qui les avait convertis à l'Arianisme, la permission de s'établir au S. du Danube, sur les terres de l'Empire. Les deux Mœsies (1) leur furent ouvertes, à condition qu'ils livreraient leurs armes et donneraient leurs enfants comme otages. Mais les agents chargés de les désarmer se laissèrent corrompre. Les Barbares, irrités du prix exorbitant et de la mauvaise qualité des vivres qu'on leur vendait, accusèrent Valens de vouloir les affamer, et envahirent la Thrace sous la conduite de Fritigern et d'Alavivus. Valens fut vaincu près d'Andrinople (378), et brûlé dans une chaumière où il avait cherché un asile. La victoire des Wisigoths fut si complète, qu'un de leurs chefs disait : « Je suis las de tuer, et je m'étonne qu'un peuple fuyant devant nous comme un troupeau de moutons ose encore nous disputer ses provinces. » L'Empire d'Orient semblait perdu, lorsque Gratien, qui commandait en Occident, envoya des troupes et son meilleur officier, le comte Théodose. Celui-ci releva le courage des Romains par des es-

---

(1) Servie et Bulgarie actuelles.

carmouches heureuses, refoula vers le Nord les bandes des envahisseurs déjà dispersés pour le pillage, gagna plusieurs de leurs chefs, et leur fit accepter un traité par lequel ils s'engageaient à défendre l'Empire sur les bords du Danube, moyennant des terres, des bestiaux et des grains.

Théodose. — Lorsque Gratien mourut et fut remplacé par son frère Valentinien II, Théodose prit le titre d'empereur (383). Les lois qu'il promulgua sont un de ses principaux titres de gloire : il défendit de solliciter les biens des condamnés, et réfréna ainsi les délations intéressées; il ne voulut pas que les enfants d'un homme ayant subi la peine capitale fussent déshérités de ses biens, ni que le trésor public s'appropriât la fortune des exilés; il enjoignit aux geôliers de traiter les prisonniers avec douceur, aux juges de les visiter pour recevoir leurs plaintes. Il ne donna les emplois et les récompenses qu'à ceux qui en étaient le plus dignes, interdit de poursuivre ceux qui l'attaquaient en paroles, et, faisant grâce de la vie à des gens qui avaient conspiré contre lui, il disait : « Que ne puis-je de même rendre la vie aux morts ! » S'étant fait baptiser lors de son avènement, il protégea le christianisme contre les Ariens, prohiba les mariages entre proches parents, et permit, sans restriction, d'affranchir les esclaves. Les habitants d'Antioche, révoltés contre les impôts, abattirent les statues de l'empereur, et les traînèrent par les rues : Théodose, cédant aux prières de l'évêque Flavien, leur fit grâce. On peut lui reprocher d'avoir ordonné, dans un accès de colère, le massacre de plusieurs milliers de personnes à Thessalonique, pour venger le meurtre de quelques-uns de ses officiers : mais il expia noblement sa faute, à la voix de St Ambroise, archevêque de Milan, en subissant une pénitence publique.

Dans ses rapports avec l'Occident, Théodose secourut Valentinien II contre l'usurpateur Maxime, qu'il prit dans Aquilée et mit à mort. Plus tard, il le vengea en prenant les armes contre le Franc Arbogast, qui l'avait assassiné, et, par la mort de ce barbare et du rhéteur Eugène qu'il avait revêtu de la pourpre, devint seul maître du monde romain.

INVASION DES WISIGOTHS EN ORIENT. — Après la mort de Théodose (395), ses États furent partagés entre ses deux fils : *Arcadius* eut l'Orient, et *Honorius* l'Occident, le premier sous la tutelle d'un Gaulois nommé Rufin, le second sous celle de Stilicon, officier Vandale au service de l'Empire. Alaric, roi des Wisigoths, profita des querelles de Rufin avec l'Arménien Eutrope, premier chambellan, et avec le Goth Gaïnas, commandant des troupes impériales, pour se jeter sur la Thrace et la Macédoine. Rufin, accusé de l'avoir appelé pour s'emparer du trône, fut massacré par des soldats, qui portèrent dans les rues de Constantinople sa tête et sa main, faisant mine avec celle-ci de demander l'aumône, pour rassasier, disaient-ils, le ministre insatiable (397). Les Wisigoths, inhabiles dans l'art des siéges, s'éloignèrent de Constantinople, « parce qu'ils ne faisaient pas la guerre aux murailles », passèrent en Thessalie et dans la Grèce centrale, et mirent tout à feu et à sang. Ils n'épargnèrent qu'Athènes, protégée, dit un auteur païen, par l'intervention de Minerve. Honorius envoya des secours à son frère; mais Stilicon, en se livrant au plaisir, laissa s'échapper les Barbares, qu'il avait cernés en Arcadie, près du mont Pholoé. Eutrope, pour lui ravir l'honneur d'une victoire, suscita la révolte de Gildon, commandant des forces romaines en Afrique, et, quand les troupes d'Honorius furent parties pour la comprimer, il détermina Arcadius à traiter avec Alaric. Ce chef reçut le titre de maître général de la milice et la préfecture d'Illyrie orientale.

Devenu tout puissant à la cour de Constantinople, Eutrope accumula d'énormes richesses, trafiqua de la justice et des emplois, et commit de nombreuses violences qui provoquèrent une insurrection. Il fut contraint de se réfugier dans une église ; l'évêque St Jean Chrysostome arrêta la fureur de la multitude, en prononçant le célèbre discours qui a pour texte cette parole de l'Écriture : « Vanité des vanités, tout n'est que vanité. » Mais bientôt, l'impératrice Eudoxie, qu'Eutrope avait insultée, le fit rappeler de l'île de Chypre où il était en exil, et obtint sa mort (399). Gaïnas, l'un des agents de la ruine du ministre, voulut favoriser l'arianisme; après avoir vu la population de Constantinople massacrer sept mille de ses soldats, il s'enfuit vers le Danube, où les Huns le mirent à mort (401). Quant à St Jean Chrysostome, il ne tarda pas à être chassé, pour avoir attaqué les dérèglements d'Eudoxie, qu'il comparait à Jézabel, et succomba à la fatigue et aux mauvais traitements dans la ville de Cumana (Pont).

Pendant ce temps, Alaric, impatient du repos, franchissait les Alpes Juliennes, et se jetait sur le Nord de l'Italie. Le lâche Honorius, qui s'amusait dans Milan à nourrir des poussins, se retira dans Asti, où il fut assiégé. Mais Stilicon, ayant appelé des légions d'Espagne, de Gaule, de Grande-Bretagne et d'Afrique, le délivra, tailla les Barbares en pièces à Pollentia (Ligurie), détruisit encore quelques-unes de leurs bandes près de Vérone, et les rejeta complètement en Illyrie. Honorius alla recevoir le triomphe à Rome, où l'on vit, pour la dernière fois, les jeux sanglants du cirque.

INVASION DE RADAGAISE EN ITALIE. — Effrayé du danger qu'il avait couru, Honorius alla résider à Ravenne, que protégeaient des marais impraticables. L'événement justifia sa prudence. Sous la pression des Slaves chassés vers l'Ouest par les Huns, une foule de Germains franchirent le Danube et les Alpes, et pénétrèrent jusqu'en Toscane. Stilicon parvint à les envelopper près de Florence, dans les rochers de Fésules (406). Leur chef Radagaise, contraint par la famine de se rendre, eut la tête tranchée ; les prisonniers furent vendus comme esclaves, en si grand nombre, qu'on en avait plusieurs pour une pièce d'or.

Les Barbares en Gaule et en Espagne. — Les Burgondes, les Suèves, les Vandales, renforcés d'un corps d'Alains et des débris de l'armée de Radagaise, pénétrèrent dans la Gaule dégarnie de troupes romaines, et la livrèrent pendant deux ans au pillage. Puis, les Burgondes se fixant dans la vallée de la Saône (1), les trois autres tribus passèrent en Espagne (408). Les Suèves prirent possession de la partie septentrionale de ce pays, les Alains s'établirent au centre, et les Vandales dans le midi, qui prit d'eux le nom de Vandalicie (d'où Andalousie).

Nouvelles invasions des Wisigoths. — Au moment où l'Occident commençait à être démembré par les Barbares, Honorius se privait de son meilleur défenseur. Stilicon, accusé par des envieux de vouloir le tenir perpétuellement en tutelle ou de préparer

---

(1) Voyez, pour les détails, l'Histoire de France de notre collection.

l'élévation de son propre fils à l'empire, de méditer le rétablissement du paganisme, et d'entretenir des relations secrètes avec Alaric, fut égorgé avec un certain nombre de Germains mercenaires. Ceux qui purent échapper à ce massacre invoquèrent la vengeance du chef wisigoth. Celui-ci rentra en Italie, et, dédaignant d'attaquer Ravenne, marcha sur Rome (409). Les habitants de cette ville, manquant de vivres, essayèrent d'obtenir de bonnes conditions : « Ne vois-tu pas, disait l'un d'eux à Alaric, combien il y a encore de monde dans Rome ? — Plus l'herbe est épaisse, répondit-il, mieux on la fauche. » Il exigea 5,000 livres d'or, 30,000 d'argent, 4,000 robes de soie, 3,000 pièces de pourpre fine, et la mise en liberté de tous les esclaves d'origine barbare. « Que nous laisses-tu donc ? demandèrent les Romains. — La vie, » repartit Alaric.

Les Wisigoths allèrent passer l'hiver en Toscane, et entrèrent en négociation avec Honorius : Alaric demandait, outre le commandement des troupes impériales, qu'on lui cédât la Vénétie et le Norique. Irrité d'une surprise tentée sur son camp, il donna la pourpre au préfet de Rome, Attale ; puis, renversant ce fantôme d'empereur, il attaqua Rome une seconde fois, et la saccagea pendant six jours (410). Les églises seules furent respectées. De là les Wisigoths se rendirent dans l'Italie méridionale ; leur dessein était de passer en Sicile, puis en Afrique.

Mais la mort de leur chef les arrêta (411). Voulant soustraire ses restes aux injures des vaincus, ils détournèrent le Busentin, près de Cosenza, enfouirent le cadavre dans le lit de cette rivière, rendirent ensuite aux eaux leur cours accoutumé, et s'assurèrent le secret en tuant les esclaves qu'ils avaient employés à ce travail.

Ataulf, beau-frère et successeur d'Alaric, conçut le projet de faire de tout l'Occident un vaste Empire barbare, en substituant le gouvernement des Wisigoths à celui des Romains. Mais il comprit bientôt que ses guerriers n'étaient pas suffisamment préparés à recevoir des lois et des institutions régulières, et il se contenta d'une partie des provinces romaines. D'après un traité conclu avec Honorius, il épousa Placidie, sœur de ce prince, sortit de l'Italie, et, tandis que les Burgondes, étendant leur joug jusqu'à la Durance, adoptaient Lyon pour capitale, alla combattre quatre usurpateurs qui avaient pris la pourpre en Gaule. Constantin, l'un d'eux, fut pris dans Arles, envoyé en Italie, et mis à mort; Jovin et son frère Sébastien furent décapités à Narbonne; Gérontius, après avoir tué Constant, fils de Constantin, se frappa lui-même pour ne pas être livré au supplice. Ataulf occupa la partie de la Gaule comprise entre la Loire et les Pyrénées, et en forma un royaume, dont Toulouse fut la capitale (412). Il avait entrepris la conquête de l'Espagne, lorsqu'il périt à Barcelone sous les coups d'un assassin (415). Wallia, qui le remplaça, extermina les Alains, contraignit les Suèves de se réfugier au milieu des montagnes de la Galice et des Asturies, et refoula les Vandales dans le voisinage des Colonnes d'Hercule.

Les Vandales en Afrique. — A la mort d'Honorius (424), le titre d'empereur passa à un enfant de six ans, *Valentinien III*, que Placidie avait eu de son second mariage avec le comte Constance. Aétius, préfet des Gaules, et Boniface, gouverneur de l'Afrique, se disputèrent le pouvoir à la cour. Le premier rendit son rival suspect à Placidie, et, tout en la poussant à priver Boniface de son gouvernement, prévint celui-ci en secret qu'il serait exposé à payer de sa tête son obéissance. Boniface prit le parti de se révolter dans sa province, et d'y appeler les Vandales (429). Genséric, chef de cette tribu, saisit l'occasion qui se présentait de sortir sans honte de l'Espagne, où il était vivement pressé par les Wisigoths.

L'Afrique septentrionale était alors une des contrées les plus florissantes de l'Empire : on y comptait quatre cents villes ou bourgades ; c'était le grenier de Rome, et on l'appelait « la merveille de l'univers. » L'invasion des Vandales l'eut bientôt changée en désert. Ces Barbares massacrèrent tout, sans distinction de rang, d'âge, ni de sexe, arrachèrent les vignes et les oliviers, et poussèrent l'atrocité jusqu'à égorger leurs prisonniers sous les murs des villes assiégées, afin d'infecter l'air. Le mot *vandalisme* est resté dans les langues modernes pour désigner tout acte d'aveugle et sauvage destruction. Boniface eut horreur de ses alliés : instruit, d'ailleurs, de la perfidie d'Aétius, il essaya de réparer sa faute ; mais il fut vaincu et blessé mortellement sous les murs d'Hippone (Bone). Cette ville fut prise par Genséric, après un long siége durant lequel mourut St Augustin, son évêque. En dix années, toute la côte d'Afrique fut subjuguée, grâce au concours que donnèrent les Donatistes (1) aux envahisseurs. Le royaume vandale, dont la capitale fut Carthage, s'étendit de l'Atlantique aux Syrtes, et s'accrut bientôt des îles Baléares, de la Corse, de la Sardaigne et de la Sicile. Pour le fonder, Genséric avait fait périr plus de cinq millions d'hommes.

ENTRÉE DES FRANCS DANS LA GAULE. — Au règne de Valentinien III appartient encore le commencement de l'invasion franque. Les Saliens, conduits par Clodion, franchirent le Rhin, traversèrent la Belgique, et occupèrent la région de Tournai et de

(1) Partisans de Donat, évêque schismatique des Cases-Noires (Numidie) au ive siècle, par qui les *traditeurs* (ceux qui avaient livré aux païens pendant la persécution les livres et les vases sacrés) avaient été repoussés de la communion.

Cambrai. Mais, quand ils voulurent pénétrer jusqu'à la Somme, ils furent battus, en 448, près du bourg d'Héléna (Hesdin ou Lens), et rejetés au-delà des Ardennes (1).

Invasions des Huns. — L'invasion la plus formidable fut celle des Huns, qui s'étendit sur les deux Empires. Attila commandait à cette tribu depuis l'an 434. Un pâtre lui ayant apporté une épée dont la pointe, sortant de terre, avait blessé l'une de ses génisses, il affecta de la recevoir comme un présent du Dieu de la guerre et un signe de domination universelle. En 448, il envahit l'Orient, où régnait, sous la tutelle de sa sœur Pulchérie, le fils d'Arcadius, Théodose II le Jeune, prince vertueux, mais insouciant des affaires, occupé de choses frivoles, aimant surtout à copier des livres, ce qui lui valut le surnom de Calligraphe. Les deux Mœsies et l'Illyrie furent horriblement saccagées; Attila, qui disait que « l'herbe ne croissait plus là où son cheval avait passé, » s'avança jusqu'aux faubourgs de Constantinople, et l'on put craindre qu'un tremblement de terre, qui renversa 28 tours, ne lui livrât la ville. Théodose II acheta la paix en payant, outre 6,000 livres d'or pour les frais de la guerre, un tribut annuel de 1,000 livres, et en cédant aux Huns un vaste territoire au S. du Danube. Marcien, son suc-

(1) Pour les détails, voy. l'Histoire de France de notre collection.

cesseur, refusa ce tribut, et répondit aux envoyés d'Attila cette parole digne des anciens Romains : « J'ai de l'or pour mes amis et du fer pour mes ennemis. » Mais ce ne fut pas sur lui que tomba la colère du Barbare.

Attila, en effet, était appelé en Occident par Genséric, qui avait à craindre une attaque simultanée des Wisigoths et d'Aétius, et, selon d'autres, par la sœur de Valentinien III, Honoria, expulsée à cause de ses désordres, et qui lui envoya un anneau nuptial. Il remonta la vallée du Danube, descendit celle du Rhin, incendia Bâle, Strasbourg, Trèves, et pénétra dans la Gaule par le Nord. Deux villes seulement échappèrent à ses coups, Troyes et Paris, sauvées l'une par les prières de St Loup, son évêque, l'autre par l'intercession de Ste Geneviève, bergère de Nanterre. Les Huns mirent le siége devant Orléans, dont l'évêque St Aignan encouragea la résistance; mais, à l'approche d'Aétius, à l'armée duquel s'étaient joints les Francs, conduits par Mérovée, et les Wisigoths, sous les ordres de leur roi Théodoric Ier, ils rétrogradèrent jusqu'aux plaines Catalauniques (Châlons-sur-Marne). Rudement éprouvés en cet endroit par une bataille de deux jours (en 451), ils rentrèrent en Germanie (1).

(1) Pour les détails, voy. l'HISTOIRE DE FRANCE de notre collection.

L'année suivante, Attila envahit l'Italie, et ruina Aquilée, dont les habitants se réfugièrent dans les lagunes de l'Adriatique, où leurs descendants devaient fonder Venise. Il fit éprouver le même sort aux villes de Vicence, Padoue, Vérone, Bergame, rançonna Pavie et Milan, et, ayant vu, dans un palais de cette dernière ville, un tableau représentant l'empereur assis sur son trône et les chefs des Huns prosternés devant lui, ordonna au peintre de mettre le roi des Huns sur le trône et l'empereur à ses pieds. Il se disposait à marcher vers Rome, mais il s'arrêta tout à coup : des légendes racontent que St Pierre et St Paul lui apparurent, et le menacèrent du courroux céleste. Ce fut le pape Léon Ier qui lui offrit des sommes considérables pour détourner ses coups. Attila voyait, d'ailleurs, ses guerriers décimés par des maladies, incapables de résister aux longues fatigues d'un siége, et menacés par l'approche d'Aétius ; peut-être encore fut-il saisi d'une terreur superstitieuse au souvenir d'Alaric, frappé de mort après avoir pillé Rome. Il retourna dans son camp des bords de la Théiss, et périt de ses excès pendant les fêtes de son mariage (453). Son corps, placé dans un triple cercueil de fer, d'argent et d'or, fut exposé entre deux files de tentes de soie. En signe de deuil, les Huns coupèrent leurs cheveux, se balafrèrent le visage, arrosèrent de sang humain la tombe de leur chef, et y précipitèrent les esclaves qui l'avaient creusée.

Avec Attila finit la puissance des Huns; trente mille d'entre eux périrent dans une bataille que leur livrèrent les peuples tributaires (Ostrogoths, Alains, Hérules, etc.); les autres furent ramenés en Asie par Irmak, l'un des fils d'Attila.

Fin de l'Empire d'Occident. — Depuis la mort d'Attila, l'Empire d'Occident marcha rapidement vers sa ruine. Valentinien III, à qui l'on avait rendu Aétius odieux, le perça de son épée, « semblable, lui disait un Romain, à un insensé qui de la main gauche se couperait la main droite. » Il périt lui-même de la main de deux soldats d'Aétius, armés par le sénateur Pétrone Maxime, dont il avait insulté la femme (455). *Maxime* se fit proclamer empereur, et, devenu veuf peu de temps après, voulut épouser Eudoxie, femme de son prédécesseur. Mais celle-ci eut horreur du meurtrier de son époux, et réclama la protection de Genséric. Les Vandales vinrent débarquer à l'embouchure du Tibre; méprisant les prières du pape Léon, ils livrèrent Rome au pillage pendant quatorze jours, emmenèrent 70,000 captifs avec Eudoxie, et chargèrent sur leurs navires un immense butin, dans lequel se trouvaient le toit en bronze doré du temple de Jupiter Capitolin, la table d'or et le chandelier à sept branches que Titus avait autrefois rapportés de Jérusalem.

Maxime avait été lapidé et jeté dans le Tibre par

les Romains indignés de sa lâcheté pendant cette invasion. Ce furent des Barbares qui disposèrent désormais de l'Empire. Un rhéteur gaulois, *Avitus*, qui reçut le pouvoir des mains de Théodoric II, roi des Wisigoths, fut renversé (457) par le Suève Ricimer, chef des Germains cantonnés en Italie sous le nom de *fédérés*. Ricimer proclama *Majorien*, qu'il fit tuer le jour où il voulut être indépendant, puis *Sévère III* (461), après la mort duquel il gouverna seul (465). L'empereur d'Orient, Léon le Thrace, ayant donné la pourpre à *Anthémius*, l'un des grands de sa cour (467), Ricimer livra ce rival à la fureur de ses soldats, et plaça encore sur le trône *Olybrius*, qu'une mort prématurée enleva, et *Glycérius*, dont on fit ensuite un évêque.

A la mort de Ricimer (472), Léon le Thrace essaya encore d'imposer à l'Occident *Julius Népos*. Mais un nouveau chef des fédérés, le Pannonien Oreste, ancien secrétaire d'Attila, chassa cet étranger, et mit à sa place son propre fils *Romulus Augustule*, qui, par une singulière dérision de la fortune, portait les noms du fondateur de Rome et du fondateur de l'Empire. Ce fut le dernier empereur d'Occident. Comme il refusa des terres aux Hérules auxiliaires, Odoacre, leur chef, fit périr Oreste à Pavie malgré l'évêque St Épiphane, et envoya Romulus Augustule finir obscurément ses jours en Campanie, dans une ancienne villa de Lucullus (476), avec une pension de 6,000 pièces d'or. L'Italie entière passa sous la domination des Hérules.

§ II.

Deuxième âge des invasions.

Les Saxons et les Angles en Grande-Bretagne. — Lorsque les légions romaines avaient été rappelées de Grande-Bretagne, les Pictes et les Scots de la Calédonie, franchissant la muraille de Septime Sévère, s'étaient précipités sur les Bretons. Vainement ceux-ci, énervés par une longue servitude, adressèrent à Aétius, leur préfet, une lettre qui est restée célèbre sous le titre de *Gémissements des Bretons*. Vainement ils lui disaient : « Les Barbares nous poussent vers la mer, et la mer nous repousse vers les Barbares ; il ne nous reste que le choix entre deux genres de mort, être submergés ou massacrés. » On ne put leur donner de secours. Quelques-uns se soumirent aux Pictes et aux Scots ; plusieurs se réfugièrent dans l'Armorique, qui prit d'eux le nom de Bretagne ; les autres, réunis sous un *pentcyrn* ou chef suprême, appelé Wortigern, tentèrent de défendre leur territoire.

Les Logriens ou Bretons du midi appelèrent à leur aide deux pirates Saxons, Hengist et Horsa (448), et réussirent à refouler les Pictes et les Scots. Mais leurs alliés ne se contentèrent pas de l'île de Thanet, qui leur avait été promise; ils arrachèrent à Wortigern le pays situé au Sud de l'embouchure de la Tamise, et en formèrent le royaume de *Kent* (capitale, Cantorbéry), en 455. Le succès d'Hengist encouragea d'autres bandes saxonnes à venir en Grande-Bretagne. Trois nouveaux États barbares furent érigés aux dépens des Logriens : le *Sussex* ou Saxe du Sud (capitale, Chichester), fondé par Ella, en 491 ; le *Wessex* ou Saxe de l'Ouest (capitale, Winchester), par Cerdic, en 516; l'*Essex* ou Saxe de l'Est (capitale, Londres), par Erkenwin, en 526.

Les Cambriens ou Bretons de l'Ouest, plus aguerris que les Logriens, se défendirent avec succès dans le pays de Galles, où les Saxons ne purent les forcer. Les légendes racontent que leur chef le plus fameux, *Arthur*, prince de Caërléon, défit les Barbares dans douze batailles. La poésie s'est emparée plus tard de ce héros (1); Arthur n'est pas mort, dit-elle, il a été enlevé miraculeusement au ciel, et doit reparaître un jour sur le mont Snowdon pour chasser les Germains.

La Grande-Bretagne subit une seconde invasion germanique, celle des Angles. Idda, surnommé *le*

---

(1) Arthur figure dans les romans du Moyen Age au milieu des chevaliers de la Table ronde.

Tison de feu, partit avec ses douze fils des bords de la Baltique (547), et fit la conquête du pays situé entre le Forth et l'Humber; ce fut le royaume de *Northumbrie* ou *Northumberland* (capitale, Edimbourg). Offa fut le fondateur du royaume d'*Est-Anglie* (capitale, Dunwich), en 571. Enfin, le royaume de *Mercie* (1), fondé par Crida, en 584, sur les confins du pays de Galles, eut pour capitale Lincoln.

Les quatre États saxons et les trois États angles ont formé l'*Heptarchie anglo-saxonne* (2). Confédérés entre eux par l'intérêt commun, ils envoyèrent leurs représentants à une assemblée générale appelée *Wittenagemot* (conseil des Sages); ils élurent un *bretwald* ou chef de leurs forces nationales, nommé à vie, mais qui n'étendait pas en temps ordinaire son pouvoir sur les rois, et que l'on choisissait d'ailleurs parmi ces derniers.

Conquête de la Gaule par les Francs (3). — L'État le plus important et le plus durable que fondèrent les Germains, fut celui des Francs Saliens. Cette tribu, après avoir chassé le fils de Mérovée, Childéric, à cause de ses débauches et de ses violences,

(1) De l'allemand, *merk* ou *mark*, frontière.
(2) De deux mots grecs signifiant *sept* et *pouvoir*.
(3) Cette partie, très-succinctement exposée, a son complément nécessaire dans l'Histoire de France de notre collection.

s'était mise momentanément au service du préfet des Gaules, Égidius, successeur d'Aétius; puis, ne voulant pas supporter les impôts dont cet officier la frappait, elle avait rappelé son roi. Clovis, fils et successeur de Childéric, fut le véritable fondateur de la puissance des Francs. Partant de Tournai, il franchit les Ardennes, battit le préfet Syagrius près de Soissons (486), et occupa le pays jusqu'à la Loire, où les Romains s'étaient maintenus depuis la chute de l'Empire d'Occident. Son mariage avec Clotilde, princesse catholique de la tribu des Burgondes (493), sa conversion après la victoire qu'il remporta près de Tolbiac sur les Alémans (495), lui concilièrent tout le clergé de la Gaule, qui avait à se plaindre des Burgondes et des Wisigoths ariens. A l'instigation de leurs évêques, les villes Armoricaines se soumirent à lui (500). Gondebaud, roi des Burgondes, fut battu près de Dijon, assiégé dans Avignon par les Francs, leur paya tribut, et promit d'abjurer l'Arianisme (501). Alaric II, roi des Wisigoths, ayant été vaincu et tué à Vouillé ou Vouglé, près de Poitiers (507), Clovis étendit son Empire jusqu'aux Pyrénées, et ne laissa aux vaincus, rejetés en Espagne, qu'une petite province de la Gaule, la Septimanie. Mais ses guerriers essuyèrent un échec, lorsque, sous la conduite de son fils aîné Théodoric ou Thierry, ils voulurent enlever aux Ostrogoths, établis depuis peu d'années en Italie, le pays situé entre la Durance et la mer : ils furent battus sous les murs d'Arles (508). Clovis souilla ses dernières années par des crimes : afin de réunir sous sa loi toutes les bandes des Francs, il frappa traîtreusement et fit assassiner Sigebert, Cararic et Rignomer, qui campaient à Cologne, à Thérouane et au Mans.

Le partage du territoire des Francs entre les quatre fils de Clovis n'empêcha pas le développement de leurs conquêtes. Théodoric subjugua les Thuringiens (530). Clodomir attaqua Sigismond, l'un des fils de Gondebaud, l'arracha du couvent de St Maurice dans le Valais, où il s'était réfugié, et le précipita dans un puits près d'Orléans, mais fut vaincu et tué par Gondemar, frère de Sigismond, à Véseronce (524). Clotaire et Childebert reprirent cette lutte dix ans après : Gondemar fut pris, et mourut captif; tout le royaume des Burgondes fut réuni à l'Empire franc (534). Depuis cette époque, les Saliens n'ont eu aucun accroissement de territoire : de toute la Gaule, il ne leur manquait que la Septimanie et la Provence.

Domination des Hérules en Italie (476-493). — Quand Odoacre était parti des bords du Danube pour se mettre au service de l'Empire d'Occident, un ermite des environs de Vienne, St Séverin, lui avait prédit en ces termes un brillant avenir : « Tu te rends en Italie vêtu d'une étoffe grossière ; mais, avant peu, tu seras l'arbitre des plus hautes fortunes. » La déposition de Romulus Augustule n'amena aucun bouleversement, car il y avait longtemps déjà que le pouvoir était entre les mains de chefs Barbares. Les formes de l'ancienne administration se perpétuèrent; le Sénat de Rome, déclarant qu'un seul empereur suffisait pour gouverner le monde, sollicita de Zénon, qui régnait à Constantinople, le titre de patrice et le gouvernement de l'Italie en faveur d'Odoacre. Ce chef n'éleva point de prétentions sur les provinces enlevées à l'Empire d'Occident, ne fit pas frapper de monnaies à son effigie, et se contenta de prendre des terres, que les Italiens cultivèrent au profit de ses guerriers. Quoique arien, il ne persécuta pas les catholiques.

Cependant les Ostrogoths, redevenus indépendants après la destruction de l'empire des Huns, inquiétaient Zénon, qui les éloigna de ses États, en leur cédant l'Italie. Conduits par Théodoric, ils franchirent les Alpes Juliennes (489), battirent Odoacre sur les bords de l'Isonzo, puis à Vérone, et le bloquèrent dans Ravenne. La résistance de cette ville dura près de trois ans, et, dans cet intervalle, Théodoric soumit toute la péninsule. Enfin, Odoacre, abusé par un traité qui lui assurait le partage de l'autorité avec son rival, sortit de Ravenne, et fut égorgé par lui dans un festin (493).

DOMINATION DES OSTROGOTHS : THÉODORIC. — Théodoric fut le plus puissant prince de son siècle, et mérita le surnom de Grand. Des guerres heureuses lui livrèrent la Dalmatie, la Pannonie, le Norique et la Rhétie, et son royaume eut ainsi, du côté du Nord, la double barrière du Danube et des Alpes. Thrasimond, roi des Vandales, à qui il accorda sa sœur en mariage, lui fit abandon de la Sicile. Protecteur des Alémans contre Clovis après la bataille de Tolbiac (495), il se réunit au chef franc, dont il épousa une sœur, pour enlever à Gondebaud la Provence (500), qu'il défendit plus tard avec succès contre Thierry, fils de son allié (508). Il maria ses filles à Sigismond, fils de Gondebaud, et à Alaric II. Lorsque ce dernier eut péri à Vouillé, il prit la tutelle d'Amalaric, son fils, et gouverna les Wisigoths d'Espagne. Les Bavarois se reconnurent ses tributaires. Il fit construire mille bâtiments légers sur l'Adriatique, afin de protéger les côtes orientales de l'Italie contre les Grecs. Telle devint sa réputation, que les chefs des tribus de la Germanie lui envoyèrent des présents, armes, chevaux, fourrures; les Livoniens sollicitèrent son alliance, les Esthoniens lui envoyèrent tout l'ambre qu'ils recueillaient sur les rivages de la Baltique, et un roi Scandinave dépossédé se réfugia auprès de lui.

Lors des premiers rapports de sa tribu avec l'Empire d'Orient, Théodoric, jeune encore, avait été envoyé comme otage à Constantinople. Il y avait pris le goût des mœurs romaines et l'admiration pour les formes du gouvernement impérial. Dans son royaume d'Italie, il laissa sur les monnaies l'effigie des empereurs, et, tout en conservant la puissance absolue, il affecta de soumettre ses décrets à un Conseil d'État siégeant à Ravenne, puis au Sénat de Rome. Il forma trois préfectures, celles de Rome, de Ravenne et d'Arles, plaça des ducs ou chefs militaires sur les frontières et des présidents dans les provinces de l'intérieur, maintint les anciennes magistratures et l'administration municipale. Les impôts restèrent ce qu'ils étaient chez les Romains, ainsi que l'organisation judiciaire. Théodoric choisit même ses ministres et conseillers parmi les vaincus : de ce nombre étaient le préfet Symmaque, son gendre Boëce, l'historien Cassiodore, et Ennodius, évêque de Pavie. Il fit réparer les voies romaines et assainir les marais Pontins, ranima l'agriculture et l'industrie, pourvut à la conservation des anciens monuments. Enfin il quitta le costume germanique pour la pourpre impériale.

Bien qu'attaché à l'arianisme, Théodoric respecta les croyances des Italiens, et fournit même de l'argent et des ornements précieux à leurs églises. Mais, n'ayant pu obtenir de l'empereur Justin Ier que les Ariens fussent traités avec la même modération en Orient, il se vengea par des persécutions contre les catholiques de ses États. De là des complots, dans l'un desquels Boëce fut impliqué. Il écrivit dans sa prison un traité célèbre, *la Consolation de la philosophie*. Son supplice fut horrible : on lui serra le front avec une corde jusqu'à lui faire sortir les yeux, et on acheva de le tuer à coups de bâton. Symmaque osa plaindre son sort, et, dans la crainte qu'il ne voulût le venger, on le condamna également à mort.

Théodoric reconnut bientôt l'innocence des victimes, et fut en proie aux remords. Un jour il crut voir, dans la tête d'un poisson qu'on lui servait, la figure menaçante de Symmaque; et il en fut tellement saisi de terreur, qu'il mourut peu d'heures après (526). Son tombeau existe encore à Ravenne. La vengeance de ses ennemis le poursuivit après la mort : ils répandirent le bruit qu'il avait été entraîné par les démons vers le volcan de Lipari, et précipité de là dans les gouffres de l'Enfer.

La puissance des Ostrogoths déclina rapidement après lui. Cette tribu était restée en Italie comme dans un camp, sans se mêler à la population : elle se réservait l'usage exclusif des armes, abandonnant dédaigneusement aux vaincus les arts de la paix ; les usages, la langue, les croyances religieuses, les tenaient séparés. Les successeurs de Théodoric ne purent compter, au moment du péril, sur le concours de leurs sujets.

§ III.

Réaction byzantine contre les invasions.

État de l'Empire d'Orient. — L'Empire d'Orient,

protégé du côté du Nord par la chaîne des Balkans, couvert de forteresses que les Barbares pouvaient difficilement enlever d'assaut, éloigné d'ailleurs de la Germanie d'où sortirent la plupart des tribus destinées à bouleverser le monde romain, put subsister durant tout le Moyen Age, mais en donnant le spectacle des faiblesses et des vices ordinaires aux États tombés en décrépitude. De fréquentes révolutions de palais n'altérèrent pas la forme du gouvernement : les empereurs que l'on renversait étaient enfermés dans un cloître ou mis à mort, sans que la machine administrative s'arrêtât, et sans que le peuple, étranger au changement de souverain, eût l'idée d'en profiter pour obtenir quelque liberté. La société byzantine, dite du *Bas-Empire*, s'engourdit dans le repos du despotisme, dernier refuge des nations corrompues ; les spectacles, surtout les courses du cirque, sont son unique passion ; l'esprit chez elle a perdu toute vigueur ; il raffine, il subtilise sur des questions théologiques, et s'agite au milieu d'hérésies sans cesse renaissantes.

L'Empire s'est relevé par moments ; mais ses élans ressemblèrent aux efforts d'un malade, qui le laissent de plus en plus épuisé. Ravagé par les Wisigoths sous Arcadius et par les Huns sous Théodose II, plus calme au temps de Marcien, inquiété sur mer par les Vandales d'Afrique pendant le règne de Léon le Thrace, préservé de l'invasion des Ostrogoths par

Zénon, il rencontra sous Anastase et sous Justin 1er deux nouveaux ennemis, les Bulgares au N., et les Perses à l'E. Les premiers se jetèrent sur la Thrace, et Anastase jugea nécessaire de protéger les abords de Constantinople par une forte muraille garnie de tours, depuis la mer de Marmara jusqu'à la mer Noire. Les seconds imposèrent aux Byzantins une contribution de 11,000 livres d'or.

Justinien (527-565). — Le plus célèbre empereur d'Orient fut Justinien. Cependant on ne saurait voir en lui un grand homme, un génie supérieur : il eut seulement de l'habileté, il profita de circonstances favorables, et il fut assez heureux pour trouver des serviteurs éminents, qui contribuèrent à la gloire de son règne. Plusieurs de ses prédécesseurs, entrant en relation avec les chefs barbares de l'Occident, leur avaient envoyé les insignes de patrice et de consul, ou cédé les droits qu'ils prétendaient avoir comme héritiers de Romulus Augustule. Il voulut, au contraire, reconquérir les provinces occupées par les Germains, et restaurer la puissance romaine.

Destruction du royaume des Vandales. — Un jeune Thrace, Bélisaire, qui avait été complice des débauches de jeunesse de Justinien, et dont la femme, Antonine, était liée avec Théodora, que ce prince avait élevée de la plus vile condition à l'empire, fut mis à la tête de 15,000 hommes à peine, pour attaquer les Vandales. Cette tribu n'avait pas tardé à perdre son énergie sous le climat énervant de l'Afrique ; elle était affaiblie par les attaques fréquentes des montagnards de l'Atlas, et par les révoltes des catholiques qu'elle persécutait. Il circulait dans le pays une prophétie conçue en ces termes : « Le G a chassé le B, le B chassera le G. » C'était le souvenir de Genséric vainqueur de Boniface, et l'annonce des succès de Bélisaire sur Gélimer, dernier roi des Vandales. Gélimer fut, en effet, vaincu à Tricaméron, près de Carthage, et se retira vers les montagnes. Cerné sur le mont Papua, il ne tarda pas à se rendre ; il demandait trois choses à Bélisaire, du pain dont il n'avait pas mangé depuis plusieurs jours, une éponge pour laver ses yeux malades, et une lyre pour chanter ses malheurs. Amené en présence de son vainqueur, il éclata de rire, soit qu'il pensât à la vanité des grandeurs humaines, soit que l'infortune eût troublé sa raison. Il suivit le triomphe de Bélisaire à Constantinople, et alla finir ses jours dans un domaine qui lui fut assigné en Asie-Mineure. L'Afrique fut réunie à l'Empire grec (534).

DESTRUCTION DU ROYAUME DES OSTROGOTHS. — Bélisaire fut ensuite envoyé contre les Ostrogoths d'Italie. Amalasonthe, fille du grand Théodoric, avait gouverné cette tribu au nom de son fils Athalaric, et avait fait élever cet enfant par des maîtres romains. Les Ostrogoths voyaient avec colère l'abandon de leurs mœurs nationales, et disaient de leur chef :

« Peut-il être vaillant sur le champ de bataille, lui qui apprit à trembler sous la férule d'un pédagogue? » Athalaric, enlevé à la tutelle de sa mère, périt bientôt victime de ses excès. Amalasonthe ressaisit alors le pouvoir, et, pour se ménager un appui, donna sa main à Théodat, fils d'une sœur de son premier époux. Théodat la fit mettre à mort, et s'empara du trône. C'était le moment où Bélisaire, après s'être rendu maître de la Sicile, pénétrait dans Naples, se présentant comme le vengeur d'Amalasonthe. Théodat, au lieu de défendre l'Italie, offrit de l'abandonner moyennant un revenu de 1,200 livres d'or, et les Ostrogoths, indignés de sa lâcheté, le massacrèrent (536).

Vitigès, qu'ils proclamèrent à sa place, ne put empêcher la prise de Rome, fut bientôt réduit à s'enfermer dans Ravenne, et appela les Francs à son secours. Théodebert, fils de Thierry, accourut dans la vallée du Pô, battit tour à tour les soldats de Vitigès et ceux de Bélisaire, mais, épuisé par la famine et les maladies, fut obligé de retourner en Gaule. Le roi des Ostrogoths capitula bientôt, et fut envoyé captif à Constantinople (540); quand les Grecs, en petit nombre et de petite taille, entrèrent dans Ravenne, les femmes des Goths crachèrent au visage de leurs maris qui s'étaient laissés vaincre par de tels ennemis.

Bélisaire ne put recueillir le fruit de ses succès:

accusé par des envieux d'aspirer à l'indépendance, il dut retourner auprès de Justinien. Les officiers qui le remplacèrent ayant été battus près de Faenza (542) par Totila, nouveau roi des Ostrogoths, la cour de Constantinople se hâta de rendre le commandement à Bélisaire ; mais ce général, qu'on laissa manquer d'hommes et d'argent, ne put empêcher l'ennemi de reprendre Rome et Naples, et, saisi de découragement, demanda lui-même son rappel (547).

On lui donna pour successeur un officier du palais, Narsès, qui n'avait jamais eu l'occasion de montrer de grands talents militaires, mais que l'on pourvut de toutes les ressources nécessaires. Il vainquit et tua Totila dans une bataille à Lentagio, près de Rimini (552), et extermina les derniers Ostrogoths, commandés par Téias, frère de Totila, aux environs de Cumes. Après avoir détruit à Casilinum une bande de Francs amenée par Leutharis et Bucelin, il prit possession de l'Italie entière, qui devint, comme l'Afrique, une province de l'Empire byzantin (554).

Administration de Justinien. — L'administration intérieure de Justinien ne mérite pas tous les éloges que certains historiens lui ont décernés. Sous ce prince, l'agriculture et le commerce languirent ; souvent l'Empire souffrit de la disette, fruit de l'incurie des gouverneurs de provinces ; les impôts furent excessifs, et un contemporain en compare les effets destructeurs à ceux de la grêle. Justinien est encore blâmé d'avoir porté atteinte à la liberté de la pensée, en ordonnant la fermeture de l'école d'Athènes, où avaient été recueillies les traditions de la philosophie alexandrine. Passionné pour les jeux du cirque, il soutint la faction des *Bleus* contre celle des *Verts*, et provoqua ainsi la *sédition Nika* (1), qui ensanglanta Constantinople pendant cinq jours, et coûta la vie à trente mille personnes. On lui reproche enfin d'avoir disgracié Bélisaire et confisqué ses biens; mais c'est au XII° siècle seulement qu'on a inventé la légende d'après laquelle ce général aurait été privé de la vue et réduit à mendier son pain.

Ce qu'on peut louer sans restriction, c'est la protection que Justinien accorda aux lettres et aux arts. Il fit bâtir à Constantinople l'église de Ste-Sophie, type de l'architecture byzantine, et elle lui parut à lui-même si merveilleuse, qu'il s'écria, par allusion au Temple de Jérusalem : « Salomon, je t'ai vaincu ! »

Il doit plutôt à ses travaux législatifs qu'à ses conquêtes la gloire de son nom. Sous la République romaine, les *sénatus-consultes*, les *plébiscites* et les *édits des préteurs* avaient été les principales sources

---

(1) Ainsi appelée d'un mot grec adopté par les insurgés comme cri de ralliement, et qui signifie : *Sois vainqueur !*

du Droit. Le pouvoir législatif avait ensuite passé du Sénat et du peuple aux empereurs, dont les *constitutions, édits* ou *décrets* furent résumés dans l'*Edit perpétuel* d'Adrien. Au IVe siècle, Grégorius et Hermogène avaient, en recueillant les constitutions des successeurs d'Adrien, attaché leurs noms au *Code grégorien* et au *Code hermogénien*. Enfin, Théodose II avait fait rédiger le *Code théodosien* par un conseil de légistes sous la présidence d'Antiochus. Justinien entreprit de refondre tous les recueils et de les réunir en un corps de lois. Une commission de jurisconsultes, dirigée par Tribonien, effectua ce travail, et publia successivement : le *Code*, collection des constitutions des empereurs romains; le *Digeste* ou les *Pandectes*, compilation méthodique des décisions des grands jurisconsultes; les *Institutes*, sorte de manuel du Droit, à l'usage des écoles; les *Novelles* ou *Authentiques*, constitutions de Justinien qui s'ajoutent aux précédentes ou qui les modifient.

INVASION DES LOMBARDS EN ITALIE (568). — Lorsque Justinien fut mort, ses conquêtes ne tardèrent pas à échapper à ses successeurs. Narsès, qui avait reçu le gouvernement de l'Italie sous le nom d'*Exarchat de Ravenne*, fut disgracié par Justin II. L'impératrice Sophie lui ayant envoyé une quenouille et des fuseaux, avec ces mots : « Reviens filer avec mes femmes, » il répondit : « Je te filerai une trame dont l'Empire aura peine à se dégager, » et appela, dit-on, les Lombards en Italie.

Cette tribu, après avoir habité une partie des vallées de l'Elbe et de l'Oder, était venue, au commencement du vi^e siècle, s'établir du côté de la Théiss et de la Morawa. Justinien l'avait autorisée à occuper le Norique et la Pannonie, où les Gépides avaient pénétré sans sa permission. Les Gépides venaient d'être écrasés, lorsque les Awares arrivèrent de l'Asie. Leur khan Baïan menaçait Alboin, roi des Lombards ; celui-ci saisit l'occasion offerte par Narsès, et passa les Alpes. Il occupa d'abord la Carniole, le Frioul et la Vénétie ; puis, tournant vers l'Ouest, il s'empara de Milan. Pavie, qui lui résista plus de trois années, devint sa capitale. Son empire s'étendit jusqu'à Spolète. Les terres conquises furent distribuées en duchés pour les principaux chefs lombards ; chacun de ces chefs s'établit avec ses guerriers sur la portion du territoire qu'on lui assigna ; l'armée d'invasion s'affaiblit en se divisant, et l'élan de la conquête fut amorti dès le principe. Les Lombards, étrangers à la navigation, ne purent subjuguer les côtes. Il en résulta que les empereurs Grecs conservèrent encore en Italie : 1° l'exarchat de Ravenne proprement dit, depuis le Pô jusqu'à Ancône ; 2° la Pentapole, comprenant Rimini, Sinigaglia, Fano, Pesaro et Ancône ; 3° Gênes et l'ancienne Ligurie ; 4° les territoires de Rome, de Gaëte, de Naples, de Bénévent et d'Amalfi ; 5º la partie méridionale de la péninsule, sous les noms de Pouille et de Calabre ; 6º la Sicile, la Corse et la Sardaigne.

Alboin eut une mort tragique. Il avait fait faire une coupe avec le crâne de Cunimond, roi des Gépides, tué de sa main, et avait contraint la fille du vaincu, Rosamonde, à l'épouser. Fêtant à Vérone le succès de son entreprise, il demanda la coupe, et voulut que Rosamonde la vidât à son tour. Celle-ci se vengea en assassinant son époux (572), et s'enfuit, avec son complice Helmichis, à Ravenne. Longin, successeur de Narsès, fut épris de sa beauté. Rosamonde, séduite par l'espoir d'une brillante fortune, tenta de se débarrasser de son compagnon importun ; elle présenta du poison à Helmichis, qui s'en aperçut et la contraignit d'achever le breuvage mortel.

HÉRACLIUS (610-641). — Dans la série des empereurs grecs qui, depuis Justinien, soutinrent, contre les Awares et les Bulgares sur le Bas-Danube et contre les Perses sur l'Euphrate, des guerres peu glorieuses et sans résultat, un seul nom brille de quelque éclat, celui d'Héraclius. Il était gouverneur de l'Afrique, lorsqu'il fut appelé avec ses troupes pour délivrer Constantinople du tyran Phocas. Les commencements de son règne ne furent pas heureux : il laissa les Awares pénétrer jusqu'à Constantinople et emmener 260,000 prisonniers, tandis que Chosroès, roi de Perse, s'emparait de la Mésopotamie et de la Syrie, pénétrait dans Jérusalem, et en enlevait la vraie Croix. Dans un accès de découragement, il voulut transporter le siége de l'Empire à Carthage ; mais le patriarche de Constantinople, Sergius, le détourna de cette faute, et mit à sa disposition tous les trésors de son église pour continuer la guerre.

Afin de n'avoir qu'un seul ennemi à combattre à la fois, on acheta la paix des Awares. L'empereur marcha ensuite contre Chosroès, et, par la victoire d'Issus (622), le rejeta de l'Asie-Mineure où il avait pénétré. L'année suivante, reprenant le plan que Trajan avait autrefois suivi dans sa guerre contre les Parthes, il traversa la mer Noire, alla débarquer à Trébizonde, et, à travers les montagnes de l'Arménie, pénétra au cœur des États de son ennemi : les villes de Tauris et d'Ourmia furent prises. Après une grande victoire près des ruines de Ninive, les troupes grecques poussèrent jusqu'à Ctésiphon. Vainement Chosroès avait excité les Awares à reprendre les armes ; ses alliés échouèrent devant la résistance de Constantinople, et il allait être forcé lui-même dans sa capitale, lorsqu'il fut détrôné par son fils Siroès. Celui-ci, traitant avec Héraclius, renonça au tribut annuel que les Grecs payaient aux rois de Perse depuis plus d'un siècle, reconnut l'Euphrate comme limite occidentale de ses États, et restitua tout ce qui avait été enlevé des provinces romaines (627). Quand l'instrument de la Passion de Jésus-Christ eut été rapporté à Jérusalem, on institua la fête de l'Exaltation de la Sainte-Croix.

Durant les dernières années de sa vie, Héraclius tomba dans la mollesse. Il laissa les Arabes prendre à l'Empire la Babylonie, l'Assyrie, la Mésopotamie, la Syrie et la Palestine, provinces auxquelles, sous ses successeurs, les conquérants devaient ajouter l'Égypte et toute la côte d'Afrique.

§ IV.

Décadence des Etats barbares.

HEPTARCHIE ANGLO-SAXONNE. — La réaction tentée par les empereurs d'Orient contre l'invasion germanique avait été incomplète et impuissante : excepté les royaumes des Vandales et des Ostrogoths, les États fondés par les Barbares sur les ruines de l'Empire d'Occident ne devaient point périr sous les coups des Grecs. D'autres causes amenèrent leur décadence et leur ruine.

Pendant deux siècles et demi, les sept États anglo-saxons furent occupés à des guerres obscures et sans intérêt, soit entre eux, soit contre les Bretons du pays de Galles et les Calédoniens. Cette situation violente ne se modifia que lorsqu'un roi de Wessex, Egbert le Grand, eut étendu sa suprématie sur l'heptarchie entière, et constitué ainsi le royaume d'Angleterre (827).

Royaume des Wisigoths. — Depuis la défaite d'Alaric II à Vouillé (507), les Wisigoths, ne possédant plus en Gaule que la Septimanie, furent resserrés en Espagne. La dynastie de leurs rois s'étant éteinte en 531, la couronne devint élective ; ce fut une cause de guerres civiles, un principe d'affaiblissement rapide. Un des rois élus, *Léovigild*, subjugua le pays des Suèves en 585 ; ce fut la dernière conquête des Wisigoths.

Sous *Récarède*, en 587, les Wisigoths abjurèrent l'arianisme ; mais, depuis leur conversion au catholicisme, ils laissèrent prendre au clergé une grande influence dans les assemblées et dans le gouvernement. Les Juifs, que l'on contraignit par force à recevoir le baptême, devinrent des artisans de complots. Les évêques ne prétendirent pas seulement jouer un rôle considérable dans l'élection des rois, ils se soulevèrent encore contre ceux qui entreprirent de limiter leurs priviléges : pour avoir ordonné que les ecclésiastiques fussent astreints au service militaire comme les autres possesseurs de terres, le roi *Wamba* fut endormi au moyen d'un breuvage, et, pendant son sommeil, on lui coupa les cheveux, on le revêtit d'une robe de moine, et on l'enferma dans un couvent (680). Ce fut un archevêque de Tolède, Oppas, qui appela les Arabes contre *Roderic*, dernier roi des Wisigoths (711), et fournit ainsi le prétexte de la conquête de l'Espagne par les Musulmans.

Royaume des Lombards. — Après leur établissement dans la partie de l'Italie qui a conservé leur nom, les Lombards ont fait peu de progrès. *Cleph*, fils d'Alboin, ayant été assassiné (575), sa tribu, considérant comme achevée l'œuvre pour laquelle elle s'était soumise à un seul chef, abolit la royauté : trente-six ducs formèrent une sorte d'État fédératif pendant dix ans. Mais l'anarchie qui en résulta et les craintes qu'inspiraient les attaques des Francs et des Grecs firent comprendre la nécessité de rendre au pouvoir son unité et sa vigueur (585). *Autharis*, fils de Cleph, obligea les ducs au service militaire, et leur assura l'hérédité de leurs terres, dont ils devaient partager avec lui les revenus. La concentration de l'autorité entre ses mains rendit aux Lombards l'énergie qu'ils avaient perdue ; il put enlever aux Grecs le territoire de Bénévent, et pénétra même jusqu'à Reggio, sur les bords du golfe de Tarente. Sa veuve, Théodelinde, épousa et fit proclamer *Agilulfe*, duc de Turin, pendant le règne duquel les Lombards embrassèrent le catholicisme (590). Ce fut alors qu'on bâtit la cathédrale de Monza, où fut placée la *couronne de fer* qui servit depuis au couronnement des souverains d'Italie : cette couronne était en or pur, avec un petit cercle de fer formé d'un clou de la vraie croix. Parmi les derniers rois, on remarque : *Rotharis*, qui prit aux Grecs la Ligurie et fit rédiger en un corps les lois des Lombards (643); *Luitprand*, qui profita d'une insurrection contre l'exarque Paul pour s'emparer de l'Exarchat et de la Pentapole (728); *Astolphe* et *Didier*, dont les agressions contre le Saint-Siége attirèrent sur eux les armes des Francs (1) et causèrent la destruction du royaume Lombard (774).

Les Francs Mérovingiens (2). — Les Francs Saliens, que les qualités guerrières de leurs premiers chefs, leur conversion au catholicisme et l'appui du clergé avaient rendus maîtres de la Gaule, déclinèrent rapidement comme les autres Barbares. Il faut l'attribuer aux partages qui s'effectuaient à la mort des chefs entre leurs enfants et qui étaient une source de guerres civiles, à l'incapacité d'un grand nombre de rois Mérovingiens, à la corruption de la tribu tout entière qui passa brusquement de la barbarie aux excès de la civilisation raffinée des Romains, enfin à l'hostilité du clergé, que mécontentèrent les débauches et les violences des conquérants.

(1) Voyez l'Histoire de France dans notre collection.
(2) Pour les détails, voyez l'Histoire de France dans notre collection.

A la mort de Clovis (511), ses États furent partagés en quatre royaumes, ceux d'Ostrasie, de Neustrie, d'Orléans, de Paris ou d'Aquitaine, pour ses fils Théodoric, Clotaire, Clodomir et Childebert. On vit bientôt les effets déplorables de cette coutume germanique : lorsque Théodoric attaqua les Thuringiens (530), il obtint le secours de Clotaire, et cependant il essaya de le faire assassiner ; après que Clodomir eut péri dans la guerre des Burgondes, Clotaire et Childebert égorgèrent ses enfants pour les dépouiller de leur héritage (532). Quand le troisième roi d'Ostrasie, Théodebald, fils de Théodebert, mourut sans héritier direct (555), Clotaire s'empara de ses terres ; Childebert, qui en voulait une part, prit les armes, poussa Chramne, l'un des fils de Clotaire, à se révolter, mais mourut avant la fin de cette guerre (558).

Clotaire, après avoir fait périr Chramne, resta seul maître de l'Empire franc. Sa mort, en 561, amena la formation des quatre royaumes d'Ostrasie, de Neustrie, de Bourgogne, de Paris ou d'Aquitaine, pour Sigebert, Chilpéric, Gontran et Caribert. Ce dernier prince mourut en 567, et son royaume fut partagé entre les autres chefs, à l'exception de la ville de Paris qui demeura propriété indivise et commune. Gontran fut occupé à repousser les attaques des Lombards vers les Alpes, et à réprimer une révolte excitée par Gondovald, qui se disait fils de Clotaire, et servit de médiateur dans les querelles de l'Ostrasie et de la Neustrie. La lutte de ces deux pays eut pour causes : 1º l'antagonisme des Saliens, qui dominaient en Neustrie, et des Ripuaires, que l'extension de l'Ostrasie à l'Est du Rhin avait englobés dans cet État; 2º les excitations de Brunehaut, femme de Sigebert, dont la sœur Galswinthe, femme de Chilpéric, avait été étranglée à l'instigation de Frédégonde; 3º les attaques de Chilpéric contre l'Ostrasie, tandis que son frère était allé repousser les Awares du côté de la Bohême. La Neustrie fut conquise par les Ostrasiens, et Chilpéric était menacé dans Tournai, lorsque Sigebert périt sous les coups de deux émissaires de Frédégonde (575). Brunehaut, prise par sa rivale, et conduite à Rouen, y épousa Mérovée, fils de Chilpéric et d'une première femme. Le jeune prince fut réduit à se faire donner la mort par un serviteur fidèle, afin d'échapper à la fureur de Frédégonde; Brunehaut parvint à s'échapper de Rouen et à regagner l'Ostrasie; mais l'évêque Prétextat, qui avait béni le mariage, subit d'abord un exil de sept ans, puis fut assassiné dans sa cathédrale. Frédégonde ne respecta même pas Chilpéric, qui reçut la mort dans une partie de chasse (584).

L'intervention de Gontran détermina les Neustriens à accepter pour roi le jeune Clotaire II, sous la tutelle de sa mère Frédégonde. Elle servit également à empêcher Childebert II, successeur de Sigebert, d'attaquer cet enfant. Mais, lorsqu'en vertu du traité d'Andelot (587) la mort de Gontran (593) eut amené la réunion de la Bourgogne à l'Ostrasie, les hostilités recommencèrent. Childebert II fut battu par les Neustriens, et mourut avant d'avoir réparé sa défaite (595) : deux ans après, Frédégonde le suivit au tombeau. Brunehaut n'en devait pas moins poursuivre ses projets de vengeance. Chassée de l'Ostrasie, où elle voulait exercer l'autorité au nom de son petit-fils Théodebert II, elle se réfugia en Bourgogne auprès de Théodoric II, frère de ce prince, et suscita la guerre entre eux. Par les batailles de Toul et de Tolbiac et par la mort de Théodebert II, Théodoric II devint maître de tout l'héritage paternel ; sur son refus de prendre les armes contre la Neustrie, Brunehaut l'empoisonna. Mais les troupes qu'elle voulut conduire la livrèrent à Clotaire II, qui l'envoya au supplice (613).

L'unité de l'Empire franc fut alors rétablie. A Clotaire II succéda Dagobert (628-638). A part une guerre peu glorieuse contre les Wendes descendus vers le Danube, et quelques combats contre les Basques ou Gascons au Sud de la Garonne, le règne de ce prince fut paisible, sous l'administration de St Éloi et de St Ouen. Après lui, la monarchie fut démembrée : l'Aquitaine (1) prit des ducs particu-

(1) Ce nom désignait alors tout le pays situé au S. de la Loire.

liers, qui devaient conserver leur indépendance jusqu'au temps de Charlemagne ; la Neustrie et l'Ostrasie eurent des rois distincts. L'histoire personnelle de ces *Rois fainéants* n'offre aucun intérêt, et ce sont les *Maires du palais* qui gouvernent en leur nom.

Les maires d'Ostrasie cherchèrent à se substituer aux rois Mérovingiens. Après Pepin de Landen, considéré comme la tige de la famille carlovingienne, Grimoald essaya de donner la royauté à son fils (656); cette tentative échoua par l'intervention armée des Neustriens. Mais, en 677, Pepin d'Héristal fit décider dans une assemblée l'abolition de la royauté, et gouverna désormais l'Ostrasie avec le titre de duc. — En Neustrie, les maires défendirent la royauté tout à la fois contre l'insubordination des guerriers devenus propriétaires de terres et contre les ducs d'Ostrasie. Le plus célèbre, Ebroïn, renversé par une insurrection que dirigeait St Léger, évêque d'Autun (670), se vengea, trois ans après, en faisant mettre à mort ce prélat. Une nouvelle révolte fut soutenue par Pepin d'Héristal : la défaite des Ostrasiens à Leucofao (679), et l'assassinat de Martin, frère de Pepin, dans une entrevue avec Ebroïn, mettaient l'Ostrasie en péril, lorsqu'Ebroïn lui-même tomba sous les coups d'un meurtrier (681). La victoire de Pepin d'Héristal à Testry (687) sur Berthaire, maire de Neustrie, rendit les Francs Ripuaires maîtres de toute la Gaule, et il la gouverna jusqu'en 714, sans interrompre la suite des rois Mérovingiens.

Plectrude, veuve de Pepin, ne put défendre les droits de son petit-fils Théodoald : les Saliens de la Neustrie ayant secoué le joug et donné la mairie à Ragenfred ou Rainfroi, les Ripuaires mirent à leur tête Karl ou Charles, fils naturel de Pepin. Celui-ci rétablit la domination de sa tribu par la victoire de Vincy, près de Cambrai (717), et par celle de Soissons (719). Eudes, duc d'Aquitaine, qui avait soutenu Rainfroi, fut attaqué à son tour : il eut l'imprudence d'appeler à son aide les Arabes, qui venaient de conquérir l'Espagne sur les Wisigoths. Charles sauva la Gaule de l'invasion musulmane à la bataille de Poitiers (732), qui lui valut le surnom de Martel ou Marteau. A sa mort (739), deux de ses fils se partagèrent le gouvernement : Pepin le Bref prit la Neustrie et la Bourgogne, Carloman l'Ostrasie. Un troisième, Griffon ou Grippon, protesta contre l'exclusion dont il était frappé : mais, quoique soutenu par les Saxons et par Hunald, fils d'Eudes, il succomba dans la lutte. En 746, Carloman renonça au pouvoir, et se retira au monastère du mont Cassin. En 752, Pepin le Bref déposa le roi Childéric III, qui fut enfermé dans un couvent, et avec qui finit la dynastie mérovingienne.

§ V.

Résultats des invasions.

Résultats généraux. — Au premier coup d'œil, les invasions des Barbares n'ont amené que des bouleversements et des malheurs. L'unité du monde romain a été brisée, et, sur ses ruines, se sont élevés autant d'États distincts qu'il y eut de tribus d'envahisseurs ; tout le système d'administration qui rattachait le centre aux extrémités a été détruit, tous les liens sociaux sont relâchés, et l'Europe traverse plusieurs siècles d'instabilité, de trouble et d'anarchie. Il n'y a pas de sécurité dans le présent, pas de confiance dans l'avenir. Dans un temps où les populations sont massacrées, les campagnes livrées à la dévastation et les villes au pillage, l'agriculture, l'industrie, le commerce et tous les arts de la paix sont délaissés. Rome avait soumis le monde entier à la même législation ; après l'invasion germanique, chaque tribu fit prévaloir ses usages et ses lois dans les pays qu'elle occupait. Avant le ve siècle, on ne parlait dans le monde romain qu'une seule langue, le latin : depuis l'arrivée des Barbares, cette langue s'altéra, se corrompit dans les diverses régions qui n'avaient plus de littérature commune.

et les idiomes germaniques s'implantèrent auprès d'elle.

Mais aucune révolution ne s'opère dans le monde sans qu'à côté des désastres qu'elle amène, il y ait des progrès pour l'humanité. Les invasions ont apporté au milieu de la société romaine un ensemble d'idées, de mœurs et de coutumes qui devaient la modifier profondément, et dont se dégagèrent plus tard les institutions caractéristiques du Moyen Age, les institutions féodales.

ÉTAT DES PERSONNES. — Toute conquête a pour effet d'établir une distinction profonde entre les vainqueurs et les vaincus : ainsi naquirent les castes de l'Inde et de l'Égypte, et la servitude que firent peser les Spartiates sur les Laconiens et les Hilotes. Les Germains, enlevant aux habitants du monde romain tout ou partie de leurs biens, ainsi que les droits politiques et les fonctions du gouvernement, formèrent une aristocratie militaire, une noblesse guerrière. Beaucoup moins nombreux que les vaincus, ils les dominèrent cependant, avec autant de facilité que, dans les temps modernes, les deys d'Alger et leurs douze cents soldats régnèrent sur trois millions d'Africains, ou une poignée d'Anglais sur 160 millions d'Indiens. La séparation des Germains et de leurs sujets fut le principe de celle qui exista plus tard entre les nobles et les roturiers, entre les seigneurs féodaux et les manants.

Parmi les conquérants, on distingua deux classes d'hommes : 1° les *Ahrimans* ou hommes de guerre, Germains qui avaient participé à l'invasion, mais qui, après la lutte, se détachèrent du roi ou du chef qu'ils avaient suivi momentanément, et qui vécurent sur le pays conquis, dans une complète indépendance ; 2° les *Leudes* ou fidèles (1), guerriers attachés à la fortune d'un chef, même pendant la paix, et qui, en retour de certains avantages par lui concédés, demeurèrent sous sa dépendance, astreints envers lui à certains devoirs ou services.

Il exista aussi plusieurs catégories parmi les vaincus. Au premier rang étaient les *Convives du roi*, personnages d'ailleurs peu nombreux, que leurs richesses, leur instruction, leurs fonctions avant la conquête, ou leur haute position dans le clergé, mirent naturellement en relation avec les chefs Germains, et qui, employant à leur service ce qu'ils avaient de talents, d'habileté et d'influence, leur servirent d'intermédiaires auprès des populations soumises, les aidèrent dans l'administration, furent ambassadeurs, ministres, etc., comme St Éloi et St Ouen en Gaule, Boëce, Cassiodore et

---

(1) Appelés aussi *Antrustions*, parce qu'ils restèrent dans la *trust* ou compagnie du chef. On les nommait *Thanes* chez les Anglo-Saxons, *Masnadieri* chez les Lombards.

Symmaque en Italie. Les rois les reçurent à leur table, leur donnèrent des titres de ducs et de comtes, et les placèrent sur le même rang que leurs Leudes (1). — Venaient ensuite les *Tributaires*, à qui l'on avait laissé la liberté personnelle et des terres, moyennant une redevance annuelle; les *Colons*, libres encore, mais sans propriétés, cultivant celles d'autrui pour un salaire, appelés *Fiscalins* quand ils dépendaient du fisc ou trésor royal, et dans les rangs desquels paraissent s'être confondus les *Lètes* ou *Lides*, débris de tribus vaincues, traînés à la suite des conquérants; enfin les *Serfs*, un peu moins malheureux déjà que leurs aïeux esclaves, et divisés en *serfs domestiques*, employés à un service personnel et dans les maisons, et *serfs de la glèbe*, attachés à la terre qu'ils cultivaient et se transmettant avec elle.

ÉTAT DE LA PROPRIÉTÉ. — La propriété territoriale, comme l'état des personnes, subit des modifications importantes par suite des invasions. Les Germains, transportés au milieu de contrées riches en comparaison de celles qu'ils avaient habitées, songèrent à se fixer sur le sol : la conquête les fit passer de la vie errante à la vie sédentaire. La quantité des

---

(1) Certains Grecs appelés *Fanariotes*, parce qu'ils habitaient le quartier de Constantinople nommé *Fanar* (fanal), ont joué un rôle analogue dans l'Empire ottoman.

terres enlevées aux vaincus ne fut point partout la même : les Hérules, les Ostrogoths et les Lombards prirent le tiers des propriétés; les Burgondes et les Wisigoths s'en adjugèrent les deux tiers; les Anglo-Saxons dépouillèrent complètement les Bretons; les Vandales agirent de même en Afrique; on ignore dans quelle proportion les Francs s'associèrent à la propriété. En général, les Germains s'établirent rarement dans les villes; la vie dans une enceinte de murailles et au milieu de rues étroites n'eût point convenu à leurs habitudes : ils préféraient les campagnes, où l'on pouvait courir et chasser. Aussi, la prépondérance qui, dans l'Antiquité, appartenait aux villes, passa aux campagnes pendant le Moyen Age; à la place de la vie municipale, qui avait développé les libertés publiques et la civilisation, on eut la vie du manoir, le règne des châteaux seigneuriaux, qui tint le paysan courbé sur son sillon, et l'artisan des villes sur son métier.

Des terres enlevées par les Barbares aux vaincus, on fit deux sortes de propriétés, les *Alleux* et les *Bénéfices*. Les *Alleux* étaient les terres distribuées par la voie du sort à tous les Ahrimans après la conquête; ils étaient francs de redevances, entièrement indépendants, et on les possédait en toute propriété (1). La seule condition à laquelle l'Ahriman

(1) Le mot *Alleu* vient, selon les uns, de deux mots

se trouvait soumis, était de concourir à la défense du sol ou aux guerres nationales : voilà pourquoi, chez les Francs, les femmes, incapables de combattre, étaient exclues de tout héritage territorial.— On appelait *Bénéfices* (1) les terres que le roi ou le chef de bande prenait sur la part plus large qui lui avait été faite dans la répartition du territoire conquis, pour récompenser ses Leudes, à la place des armes et des chevaux qu'il leur distribuait autrefois en Germanie. Ces terres, dont les donataires purent à leur tour détacher des parcelles en faveur d'autres guerriers, n'étaient concédées qu'à la condition du service militaire à toute réquisition, de redevances dans des circonstances déterminées, et même de certains devoirs dans la maison du donateur ; elles étaient un don temporaire et révocable.

Quant aux propriétés laissées entre les mains des vaincus, on les appelait *Terres censives*, parce qu'elles étaient frappées d'un cens ou tribut.

Royauté dans les temps barbares. — Une des institutions germaniques dont la conquête modifia la nature, fut la royauté. De chefs de bandes errantes qu'ils étaient, les rois devinrent chefs de peuples attachés à la terre, et, par la dispersion des guer-

---

germaniques signifiant *tout* et *propriété* ; selon les autres, d'un mot qui avait le sens de *sort*, de *partage*.

(1) D'un mot latin signifiant *don, présent, bienfait*.

riers, ils restèrent seuls chargés de maintenir l'unité du territoire et de veiller sur les intérêts généraux. Par suite, ils firent tous leurs efforts pour se substituer au pouvoir central que l'invasion avait brisé; ils se regardèrent comme les successeurs des empereurs, et mirent leurs soins à conserver les formes de l'ancienne administration. Le principe de l'hérédité pour la transmission du pouvoir prévalut peu à peu.

Toutefois, la royauté conserva longtemps encore ses caractères germaniques. La force physique et le courage, s'ils ne firent pas sa légitimité, lui donnèrent du moins l'influence : vigoureux et braves comme Clovis et ses fils, les rois commandaient le respect et l'obéissance; faibles et pusillanimes, comme les Rois fainéants, ils étaient méprisés. — La royauté fut encore limitée dans l'exercice de son pouvoir : elle n'était absolue qu'en temps de guerre et sur le champ de bataille. Clovis, après la victoire de Soissons, ne put détourner du butin destiné à être partagé entre ses guerriers un vase précieux que réclamait St Remi; mais, plus tard, il brisa la tête du soldat qui s'était opposé à son désir. Clotaire Ier fut maltraité par les Francs, qu'il refusait de mener contre les Saxons. Gontran pria un jour, en pleurant, ses Leudes réunis dans une église, de le laisser vivre deux ou trois années encore, pour qu'il eût le temps d'élever ses neveux, et, lorsqu'il intervint dans les affaires de la Neustrie, les guerriers de ce pays lui adressèrent ces paroles menaçantes : « Souviens-toi que la hache qui a frappé tes frères est suspendue sur ta tête. » Les Leudes ostrasiens chassèrent Brunehaut en lui disant : « Retire-toi, femme, si tu ne veux être foulée aux pieds de nos chevaux. » — Enfin, les rois conservèrent leurs habitudes grossières, et il n'y eut autour d'eux aucun appareil de cour. Ils vivaient dans des métairies, où la hache seule avait façonné les ustensiles de première nécessité ; des bancs à peine dégrossis avaient remplacé les lits somptueux des Romains, et les viandes cuisaient dans la vaste cheminée de la salle même du repas. Pour se transporter d'un lieu à un autre, les rois montaient sur un chariot traîné par des bœufs. On comprend, d'après cela, que Frédégonde ait pu se plaindre à son époux Chilpéric qu'on lui eût volé des jambons dans l'office, et que plus tard Charlemagne ait inséré dans ses lois des prescriptions relatives aux poulets de sa basse-cour, à la vente de ses œufs et de ses légumes.

Assemblées. — L'autorité des rois n'était pas seulement contenue par les souvenirs de son origine germanique, mais aussi par les *Malls* ou assemblées que les tribus barbares continuèrent de tenir après la conquête. Ces assemblées décidaient de la paix et de la guerre, décrétaient ou abrogeaient des mesures d'intérêt général, et jugeaient quelques causes importantes. On les appelait *Champs-de-Mars* chez les Francs, à cause du mois de leur réunion. Les Lombards tenaient les leurs à Pavie, les Wisigoths à Tolède.

Deux causes rendirent bientôt les assemblées assez rares. D'une part, à une époque où les communications étaient peu faciles, surtout après la destruction des voies romaines, les guerriers, disséminés sur un vaste territoire, eurent peine à se rendre à la convocation de leurs chefs. De l'autre, un certain nombre de Convives du roi, d'évêques et d'abbés, ayant été admis aux assemblées, ils y prirent, par la supériorité de leurs lumières, une grande influence dans les délibérations, et, en faisant usage de la langue latine, assez peu intelligible pour les Germains, ils les éloignèrent peu à peu.

Administration publique. — Les Barbares n'étaient guère en état de comprendre les institutions de centralisation. Les *finances*, principal ressort de l'administration moderne, n'étaient point organisées. Les rois n'avaient pas de fonctionnaires à rétribuer. Ils vivaient du revenu de leurs domaines propres; leur trésor était alimenté par le pillage pendant la guerre, par les dons des Leudes, par les amendes et les confiscations pendant la paix. Les rois avaient quelque ressemblance avec les chefs des tribus de l'Afrique, qui portent toujours avec eux leurs richesses dans un coffre-fort. D'ailleurs, aucun impôt n'était levé sur les Germains, qui n'eussent pas souffert cette atteinte à leur indépendance : quand Chilpéric voulut établir chez les Francs la fiscalité romaine, ils déchirèrent les registres et lapidèrent les collecteurs d'impôts. Les vaincus seuls payaient des contributions en nature, c'est-à-dire du blé, de la viande, du vin, de l'huile, etc.

L'*organisation militaire* était aussi imparfaite que le système financier. On distinguait deux sortes de guerre, et, par suite, deux sortes de service : la guerre générale ou de défense nationale (*landwehr*), à laquelle tous les guerriers, Ahrimans et Leudes, étaient appelés au moyen de l'*hériban* (1) ; et la guerre d'intérêt privé (*fehde*), à laquelle chaque chef ne pouvait emmener que ses Leudes. — L'art de la guerre en lui-même ne fit pas de progrès : les Germains continuèrent de ne se fier qu'à leur force physique, de combattre sans équipement et sans exercices uniformes, sans ordre de bataille médité, sans règles de discipline.

Dans l'administration locale, les Barbares cherchèrent à conserver ce qui restait des institutions romaines. L'ancienne division par provinces et cités subsista généralement : chaque province fut administrée par un *graf* ou comte pour les affaires civiles, et par un *herzog* ou duc pour les affaires mili-

---

(1) De *heer*, armée, et *bann*, convocation, appel, ordre.

taires. Il y eut des *Plaids* (1), ou assemblées locales, où l'on appelait tous les hommes libres de la circonscription ; c'est là qu'on rendait la justice, qu'on faisait les convocations militaires, les ventes, les affranchissements, et la plupart des transactions civiles. Les municipalités se maintinrent dans un grand nombre de villes, surtout en Gaule et en Italie : seulement l'organisation de la Curie ne fut point partout conservée, et, des divers magistrats municipaux, un seul, le Défenseur de la cité, conserva quelque influence, le plus souvent parce que c'était l'évêque qui s'était chargé de cette fonction.

La justice était rendue par le *graf*, assisté ordinairement de douze hommes libres, qui lui formaient une sorte de jury, et qu'on appelait, dans l'exercice de leurs attributions judiciaires, les *Rachimbourgs*, c'est-à-dire les hommes de la vengeance ou du droit.

Législation. — Inutile en Germanie, où les coutumes traditionnelles étaient connues de tous ceux dont elles protégeaient les intérêts, la rédaction des lois devint nécessaire après la conquête. Tandis qu'on appliquait aux ecclésiastiques les décisions des conciles et à tous les sujets la législation romaine, les vainqueurs eurent leurs codes particuliers, rédigés cependant en latin, c'est-à-dire dans la langue des vaincus.

(1) Du latin *placitum*, assemblée.

La loi des Francs Saliens, dite *Loi salique*, était déjà rédigée avant le baptême de Clovis ; on en a retrouvé le texte primitif. Elle subit trois révisions successives, sous Childebert Ier, Dagobert et Charlemagne.

La loi des Francs Ripuaires est attribuée à Théodoric, fils de Clovis, qui la promulgua dans une assemblée à Châlons-sur-Marne ; mais la rédaction que nous en avons ne paraît pas remonter au-delà de Dagobert.

La loi des Burgondes porte le nom de *Loi Gombette*, parce qu'elle fut promulguée en 502 par Gondebaud ; Sigismond, fils de ce prince, la compléta. On y trouve bon nombre de prescriptions empruntées à la législation romaine.

Il en est de même des lois des Wisigoths. Sous le règne d'Alaric II, une commission de jurisconsultes fit un abrégé du Code Théodosien et d'autres travaux romains, qui fut appelé *Bréviaire d'Anianus*, du nom du référendaire ou chancelier qui le contresigna. Plus tard, les conciles ou assemblées de Tolède travaillèrent à une compilation connue sous le nom de *Forum judicum* (règle des juges) et qui fut publiée en 688 ; on la traduisit en espagnol au XIIIe siècle sous le titre de *Fuero juzgo*. — L'*Édit* de Théodoric le Grand, qui servit de code aux Ostrogoths, était la loi romaine presque pure.

Les lois des Lombards furent rédigées sous le roi Rotharis, en 643. On a conservé aussi celles des Bavarois, des Saxons, des Frisons, des Alémans. Les Anglo-Saxons en reçurent d'Ina, roi de Wessex, et d'Offa, roi de Mercie (VIIIe siècle).

Tous les codes des Barbares présentent certains caractères communs. D'abord, une large place y est donnée au droit criminel ou pénal, plutôt qu'au droit politique et au droit civil. C'est l'indice d'une société où règne la violence. — Ensuite, les lois des Barbares sont *personnelles*, et non *territoriales*, c'est-à-dire qu'un Germain coupable de délit ou de crime était jugé, en quelque pays qu'il fût, selon la loi de sa tribu, qu'il portait pour ainsi dire avec lui et dont il pouvait invoquer les dispositions et les priviléges. Chez les modernes, au contraire, les coupables, quelle que soit leur nation, subissent la loi du territoire où le fait s'est accompli.

La procédure était aussi la même chez tous les peuples Barbares. Des hommes qui écrivaient peu, et qui n'avaient pas assez d'habileté pour apprécier la valeur des témoignages, ne pouvaient guère admettre en justice la preuve par titres ou par témoins que dans le cas de violation d'une obligation contractée avec les formalités légales ou dans le cas de flagrant délit. Aussi, quand un Germain était accusé, il se présentait avec un nombre de parents ou d'amis variable selon la gravité de l'affaire et le rang de la personne (de 12 à 300), lesquels venaient attester, non pas la vérité ou la fausseté du fait, mais la véracité de celui qui les appelait en témoignage, non pas que tel crime avait été commis ou non à leur connaissance, mais que l'accusé était moralement incapable de le commettre. Le serment de ces témoins, qu'on appelait *co-jurants*, montre l'importance que les Barbares attachaient à la dignité de l'homme, l'autorité qu'ils accordaient à sa parole.

Les *Épreuves judiciaires* ou *Ordalies* (du saxon *ordal*, jugement) étaient un autre mode de procédure. On en distinguait plusieurs sortes. C'était d'abord le *serment sur les choses sacrées*. On se purgeait d'une accusation en jurant sur les tombeaux ou les reliques des Saints, sur les Évangiles, sur l'Eucharistie même; le châtiment du coupable qui aurait trahi la vérité était abandonné à Dieu. — L'*Épreuve par la croix* se faisait de deux manières : tantôt les deux adversaires entre lesquels il fallait décider restaient les bras étendus en croix jusqu'à ce qu'on eût chanté quelques psaumes, ou la Passion, ou la Messe, et celui qui résistait le plus longtemps à la fatigue gagnait sa cause ; tantôt on enveloppait dans une pièce d'étoffe deux tablettes de bois, dont l'une était marquée d'une croix, et celui qui tirait la tablette marquée était le vainqueur de l'épreuve. — Dans l'*Épreuve par le pain et le fromage bénits*, on était persuadé que ces aliments devaient s'arrêter au gosier du coupable. Cette épreuve fut fréquemment employée pour découvrir les voleurs. — Dans l'*Épreuve par l'eau froide*, l'accusé, après avoir entendu la Messe et quelquefois communié, s'élançait dans une rivière ou dans un lac : si l'eau le rejetait, il était tenu pour coupable ; on le réputait innocent s'il tombait au fond. Cette épreuve se fondait sur la croyance que le démon, d'une substance spirituelle et volatile, pénétrant toutes les parties du corps de ceux dont il s'était saisi, leur communiquait sa légèreté : elle était surtout imposée à ceux qu'on accusait de magie ou de sorcellerie. — L'*Épreuve par l'eau bouillante*, communément réservée aux serfs, consistait à enfoncer le bras nu dans le liquide en ébullition, et à saisir un corps quelconque au fond de la chaudière : n'éprouver aucune lésion était preuve d'innocence. Cette épreuve fut quelquefois imposée aux personnes libres, dans le cas d'adultère. — L'*Épreuve par le fer rouge* consistait à tenir dans la main un fer brûlant, ou à marcher pieds nus sur des socs de charrue rougis au feu. L'absence de brûlure sur les membres enveloppés pendant trois jours était le témoignage de l'innocence de l'accusé. — Pour l'*Épreuve du bûcher*, l'accusateur et l'accusé devaient passer entre deux bûchers enflammés, que séparait un étroit sentier : celui qui était atteint par le feu était considéré comme coupable.

Toutes les Épreuves judiciaires ont été appelées des *Jugements de Dieu*, parce qu'elles reposaient sur cette opinion, que Dieu ne pouvait pas laisser succomber l'innocent et ferait plutôt un miracle en sa faveur.

Il est un dernier caractère commun à toutes les législations des Barbares : c'est la nature de la pénalité. Tout crime ou délit se rachetait par une somme d'argent, proportionnée à la gravité de l'acte et au rang de la personne qui en avait souffert. En général, le meurtre d'un Germain était payé double de celui d'un vaincu ; le meurtre d'un sujet libre, double de celui d'un colon, etc. Comme le droit de poursuivre un coupable appartient tout à la fois à la société et à la partie lésée, on faisait deux parts de la compensation pécuniaire : l'une, appelée *fredum*, prix de la paix avec la société, était considérée comme une amende, et on la partageait entre le fisc et les juges ; l'autre, nommée *wehrgeld* (argent de la défense), revenait à l'offensé ou à sa famille, et représentait des dommages-intérêts. La compensation pécuniaire a été le premier pas de la législation hors du régime de la vengeance personnelle ; elle imposait à l'offensé l'obligation de renoncer à l'emploi de la force. Sous l'influence des idées romaines, ce système de pénalité s'effaça peu à peu, et fit place aux peines corporelles : la mort même fut décrétée contre l'homicide, le rapt et certains vols. Les Germains repoussèrent énergiquement ces dispositions nouvelles, qui étaient des atteintes portées à la liberté individuelle; mais, à la longue, le Droit barbare fléchit sous la volonté royale ou recula devant le Droit romain.

CHAPITRE V.

L'ÉGLISE DANS LES TEMPS BARBARES.

Rôle du clergé pendant les invasions. — Entre la société romaine qui se décomposait dans sa longue décrépitude ou s'écroulait sous les coups des Barbares, et les conquérants qui arrivaient sans gouvernement, sans lois et sans culture, l'Église était appelée à jouer un rôle considérable. Ses principaux moyens d'influence sur les populations étaient : un enseignement qui imposait par son origine divine et son évidence; une hiérarchie régulière, la seule qui eût survécu à la ruine de tous les pouvoirs, et qui lui donnait la force avec l'unité; une juridiction de jour en jour plus étendue sur les fidèles dans leurs affaires civiles; la richesse que des donations multipliées avaient mise à sa disposition; enfin la supériorité d'instruction que ses membres devaient à l'étude, à la culture, même incomplète, des lettres.

L'action de l'Église fut éminemment morale et civilisatrice. Elle opposa une digue aux excès de la force matérielle, en proclamant une règle, une loi supérieure aux lois humaines. Les évêques apprirent aux Barbares qu'ils devaient régner par la justice ; ils leur prêchèrent le respect des vaincus, hommes et chrétiens comme eux. Souvent investis de la charge de *Défenseur* dans les villes, ils furent les intermédiaires naturels entre les Germains et les anciens sujets de Rome, les protecteurs des opprimés contre les tyrans. Ils soutinrent, par leurs conseils et leur exemple, la persévérance, la résignation, le courage des vaincus, dans l'attente de jours moins malheureux. L'Église fut pour eux comme un immense asile contre la violence. Elle étendit d'une façon toute spéciale sa sollicitude sur les serfs ; car elle protégea ceux qui cherchaient un refuge dans le sanctuaire contre la colère et la cruauté du maître, et fit de leur affranchissement une œuvre méritoire. St Césaire, évêque d'Arles, vendait, pour les racheter, ses patènes et ses calices, en disant : « Jésus mangeait dans un vase de terre, et non dans des vases d'argent. » St Exupère, évêque de Toulouse, vendait aussi les vases sacrés ; St Germain, évêque de Paris, donnait jusqu'à ses vêtements ; St Paulin, de Bordeaux, se livrait lui-même à l'esclavage pour délivrer ses frères.

Rapports de l'Église et de l'État. — Malgré les violences que toute conquête engendre, le clergé conserva, après les invasions, une certaine indépendance comme société religieuse. Les élections ecclésiastiques se firent souvent sans la participation des rois ; les conciles se réunirent sans avoir besoin de leur consentement ; le clergé eut ses lois propres et ses tribunaux particuliers.

A la longue cependant, le pouvoir laïque voulut s'immiscer dans les affaires intérieures de l'Église. Ainsi, en Gaule, Clotaire II ordonna (en 615) que le métropolitain prendrait les ordres du roi avant de donner la consécration à tout évêque nouvellement élu ; en Angleterre, les élections épiscopales se firent en présence du roi ; en Espagne, les rois wisigoths prétendirent, lorsqu'ils furent devenus catholiques, prendre part aux élections, et une assemblée de Tolède (en 681) mit même la nomination des évêques au nombre des prérogatives de la couronne. Le clergé étant exempt du service militaire, les rois Barbares défendirent d'ordonner des prêtres sans leur permission. Les laïques, en fondant des églises et en les dotant, n'acquirent pas seulement des droits à des prières et à des honneurs ; à l'égard des prêtres qui y furent attachés, ils exercèrent le droit, soit de nomination directe, soit de présentation aux clercs et aux fidèles. — Quant aux conciles, les rois Barbares s'attribuèrent la prérogative de les autoriser ou de les interdire. On en a la preuve dans une lettre du roi franc Sigebert Ier ; les princes wisigoths et anglo-saxons assistèrent aux assemblées épiscopales, moins peut-être pour aider à leur influence que pour les tenir en respect.

Les laïques pénétrèrent encore dans la société religieuse par suite de la nécessité d'administrer les biens des églises, et de les défendre devant les tribunaux ou par la voie des armes. Les églises eurent leurs *vidames* ou *avoués* (1), qui prirent aisément sur elles un certain ascendant. — Du reste, les biens du clergé n'étaient pas à l'abri de la rapacité des guerriers. « Qu'est devenue, s'écriait Chilpéric Ier, la puissance des rois ? Les évêques possèdent tout, et notre trésor n'a plus rien. » Tantôt un prince révoquait les donations de ses prédécesseurs, tantôt il disposait des propriétés des églises par simple commandement.

On alla plus loin dans l'Empire d'Orient. Justinien rendait des décrets sur les matières ecclésiastiques : d'autres empereurs voulaient exercer leur pouvoir sur le gouvernement de l'Église et sur les croyances; ils prononçaient sur les dogmes et sur la foi, jugeaient les hérésies, et prétendaient parfois les imposer.

Toutefois, il resta beaucoup à l'Église. Elle fit reconnaître par les Barbares le droit d'asile ; elle affermit son autorité sur les mariages, qui n'étaient plus

---

(1) Le premier titre signifie en latin *qui tient la place du maître*, et le second *appelé au secours*.

considérés seulement comme un contrat civil, mais comme un acte religieux et un sacrement, et sur les testaments, appartenant à la compétence du clergé parce qu'ils furent déposés dans les églises ; elle obtint que les juges ecclésiastiques se joignissent aux magistrats civils, lorsqu'un clerc se trouverait en cause avec un laïque. Ayant ainsi pénétré dans l'ordre civil, elle se prépara aussi à la puissance politique par la propriété territoriale, et par la présence des évêques aux conseils des rois et aux assemblées des tribus germaniques.

Développement de la puissance papale. — La suprématie du pape sur l'Église s'est affermie peu à peu pendant la période des invasions. A la fin du vi[e] siècle, Grégoire le Grand se mit à envoyer le *pallium* aux archevêques nouvellement élus, et ils s'habituèrent bientôt à ne se considérer comme légitimement investis de leurs fonctions qu'après avoir reçu ce signe extérieur de juridiction. Le même pape accorda le titre de vicaire des Gaules à l'évêque d'Arles, correspondit avec l'archevêque de Séville pour l'Espagne, avec celui de Thessalonique pour la Grèce, traça dans son *Pastoral* les devoirs des évêques d'après les décisions des conciles, et, réformant le chant ecclésiastique, substitua au *Chant ambrosien*, établi par St Ambroise, le *Chant grégorien*.

Le pouvoir temporel de la papauté est né d'un

conflit des Romains avec Léon III l'Isaurien, empereur d'Orient. En 726, ce prince voulut leur imposer l'hérésie des Iconoclastes (1) : ils chassèrent le préfet de la ville, se déclarèrent indépendants, et mirent le pape Grégoire II à la tête de leur gouvernement. Le territoire pontifical, qu'on appela *Patrimoine de St Pierre*, s'étendait de Viterbe à Terracine, et de Narni à l'embouchure du Tibre.

Progrès du Christianisme. — L'autorité des papes en dehors de l'Italie s'établit surtout par l'extension du christianisme chez les Barbares : les missionnaires envoyés par eux rattachèrent directement à Rome les pays nouvellement convertis. Les tribus Germaniques qui étaient ariennes avant l'invasion, entrèrent successivement dans la foi catholique : les *Burgondes*, vers la fin du règne de Gondebaud ; les *Wisigoths*, sous Récarède, en 587 ; les *Lombards*, à la fin du vi^e siècle. La domination des *Vandales* et des *Ostrogoths* fut détruite avant qu'ils eussent eu le temps, les uns de renoncer aux dieux de la Germanie, les autres d'abjurer l'arianisme. La conversion des *Francs* eut lieu au temps de Clovis ; celle des *Anglo-Saxons* fut entreprise par le moine Augustin, envoyé de Grégoire le Grand.

On songea ensuite à porter l'Évangile dans le pays même des Barbares. Au temps de Dagobert, St Omer,

(1) Voyez page 130 en quoi elle consistait.

St Bertin, *St Amand*, *St Eloi*, prêchèrent en Belgique. De l'Irlande, où *St Patrick* avait répandu le christianisme au commencement du ve siècle, sortit, en 687, le moine *Kilian,* qui convertit la Thuringe; *Willibrod*, protégé par Pepin d'Héristal, partit à son tour pour évangéliser les Frisons, et fonda l'évêché d'Utrecht. *St Emmeran*, de race franque, trouva le martyre à Ratisbonne, lorsqu'il prêchait chez les Awares. *St Rupert* éleva l'église de Salzbourg. Mais le plus grand apôtre de la Germanie fut *Winfrid,* plus connu sous le nom de *St Boniface :* dans la première moitié du vm^e siècle, il partit de l'Angleterre, et, appuyé par les guerriers de Charles Martel et de Pepin le Bref, fonda l'abbaye de Fulde, et prêcha chez les Bavarois; il fut nommé archevêque de Mayence et primat de Germanie.

L'Église fit disparaître beaucoup de superstitions et de terreurs entretenues par les cultes idolâtriques. Le témoignage de la reconnaissance des peuples s'est conservé dans ces légendes qui représentent les évêques faisant expirer à leurs pieds, par la vertu d'une parole, par un signe de croix, les *gargouilles*, les *tarasques*, les *lézardes*, les *dragons*, toutes sortes de monstres en un mot, images de l'esprit du mal dont la prédication chrétienne affranchissait le monde. Toutefois, le paganisme laissa longtemps encore des traces dans les mœurs, dans les fêtes, dans les chants populaires. L'Église, loin de heurter les habitudes qui n'offraient point de danger pour la foi, n'hésita pas à se les approprier. Ainsi, elle conserva dans le culte l'usage du feu, de l'encens, du feuillage et des fleurs; les Ambarvales, ancienne fête de Cérès au printemps, semblèrent se perpétuer dans les Rogations chrétiennes; par une habile transformation, le Panthéon d'Agrippa à Rome devint la basilique des Martyrs, les temples de Mars à Florence et d'Hercule à Milan se changèrent en baptistères, le mausolée du tyran Phalaris en Sicile fut consacré à Notre-Dame de la Miséricorde, le temple de Vénus sur le mont Éryx devint l'église Ste-Marie-des-Neiges, etc.

Les Bénédictins. — La première période du Moyen Age a vu naître et se développer l'ordre monastique qui fut le plus populaire en Europe, celui des Bénédictins. Cet ordre, fondé par *St Benoît* de Nursia (duché de Spolète), eut son siége principal au mont Cassin, en 528. *St Maur*, disciple de St Benoît, répandit sa règle monastique dans la Gaule; le premier monastère bénédictin de ce pays fut celui de Fleury-sur-Loire, en 550. Ensuite on vit s'élever rapidement les abbayes de Corbie, de St-Bertin (St-Omer), etc. Il y eut aussi des couvents de femmes, à Chelles, Remiremont, Nivelle, etc.

La règle des Bénédictins se résume en ces mots : « Prie et travaille. » A côté de la prière et des exercices de piété, St Benoît imposait à ses moines le travail. L'un d'eux disait : « Nous sommes tous paysans ; nous chantons nos antiennes la faucille à la main, et les psaumes de David en taillant nos vignes. » Les Bénédictins ont rendu de grands services à la société du Moyen Age, en desséchant les marais, en défrichant les bois, en ranimant l'agriculture. Le travail intellectuel leur était imposé comme le travail des mains : ils recueillirent dans leurs couvents les manuscrits de l'Antiquité, et en multiplièrent les copies. Cassiodore disait : « On perce le diable d'autant de coups qu'on trace de lettres sur le papier. »

Il était impossible que, dans des temps de bouleversement et d'anarchie, quand l'Église recevait dans son sein des gens de toute condition, libres et serfs, riches et pauvres, instruits et ignorants, la discipline fût sévèrement observée. Avec les biens du monde, l'esprit du monde entra dans le clergé. Les couvents mêmes ne furent pas à l'abri de la grossièreté et de la corruption des mœurs. Dès la fin du vi[e] siècle, une réforme était nécessaire : un Irlandais, *St Colomban*, l'entreprit. Il parcourut les monastères de la Gaule, fit honte aux religieux de leur mollesse et de leur dépravation, rétablit l'austérité de la règle, et fonda, pour servir de modèle, l'abbaye de Luxeuil (590). Chassé de la Gaule par Brunehaut, dont il avait blâmé les débauches, il passa en Italie, où il fonda le monastère de Bobbio. Après sa mort (615), ses disciples se dispersèrent : *St Gall* alla en Suisse, où il fonda l'abbaye qui porte son nom ; *St Philibert* passa en France, où il fonda le monastère de Jumiéges ; celui de Fontenelle doit son origine à *St Wandrille*.

Hérésies. — Les plus nombreuses hérésies des temps Barbares ont paru dans l'Empire d'Orient. Sans compter l'Arianisme, qui y compta toujours des partisans, on remarque les hérésies d'Eutychès, de Nestorius, et des Iconoclastes.

Eutychès, abbé d'un monastère voisin de Constantinople au ve siècle, soutint qu'il n'y avait qu'une nature en Jésus-Christ, la nature divine, par laquelle la nature humaine avait été absorbée. Les Eutychéens furent appelés *Monophysites,* c'est-à-dire, en grec, partisans d'une seule nature.

Nestorius, patriarche de Constantinople à la même époque, tombait dans un autre excès. Il supposait deux personnes distinctes en Jésus-Christ, le dieu et l'homme, et prétendait que Marie n'avait enfanté qu'un corps humain, instrument de la divinité.

On donna le nom d'*Iconoclastes,* c'est-à-dire briseurs d'images, à une secte qui regardait comme une idolâtrie tout culte adressé aux images de la Ste Vierge et des Saints. Cette secte, qui parut à la fin du ve siècle et qui subsistait encore au ixe, ravagea les églises d'Orient, et détruisit une foule de statues antiques, qu'une pieuse fraude avait conservées en les consacrant à des personnages chrétiens.

L'hérésie la plus importante de l'Occident fut celle du moine breton *Pélage*, au ve siècle. Il enseignait qu'Adam avait été créé sujet à la mort; que son péché n'était pas imputable à ses descendants; que l'homme peut vivre sans péché; qu'il peut, par sa seule volonté, sans le secours de la grâce divine, éviter le mal et faire le bien. Le Pélagianisme fut combattu par St Augustin.

CHAPITRE VI.

MAHOMET ET LES OMMIADES.

L'Arabie avant Mahomet. — Tandis que les royaumes fondés par les Germains sur les ruines de l'Empire romain d'Occident tombaient tous à la fois en décadence, un peuple, presque inconnu jusqu'alors dans l'histoire, sortait des solitudes de l'Arabie, et, sous l'impulsion du fanatisme religieux, étendait sa domination sur l'Asie et sur l'Afrique septentrionale.

Les Arabes prétendaient descendre d'Ismaël, fils d'Abraham et d'Agar. On distinguait les *Arabes sédentaires*, s'occupant de la culture des terres, et faisant commerce de café, d'aromates, de dattes et de chevaux, et les *Arabes scénites*, ou vivant sous la tente ; à ces derniers s'appliquaient spécialement les noms de *Bédouins* (1) et de *Sarrasins* (2). Ils vivaient de quelques fruits, du lait et de la chair de

---

(1) De *Bedaoui*, hommes du désert.
(2) L'étymologie est *schark*, orient ; *sarrik*, voleur ; *saraini*, pasteur ; ou *serradjin*, palefrenier.

leurs troupeaux. Ils étaient partagés en familles, commandées par un *scheik*; la réunion de plusieurs familles constituait une tribu, sous les ordres d'un *émir*, à la fois juge pendant la paix et général pendant la guerre. Jamais ils n'avaient connu l'unité politique.

En Arabie, les mœurs sont restées les mêmes dans tous les temps. L'Arabe trouve, parmi les animaux de son pays, deux compagnons utiles, le chameau et le cheval. Le chameau est un animal sacré, un présent du ciel; car il porte de lourds fardeaux, il supporte longtemps la fatigue, la faim et la soif, et on l'appelle avec raison le *vaisseau du désert*. L'Arabe aime son cheval, l'associé de sa vie errante, de sa gloire et de ses misères; il conserve sa généalogie, il lui parle, il pleure sa mort; son affection pour lui est exprimée dans ce dicton : « Lave les pieds de ta monture, et bois l'eau ensuite. »

La vie nomade a développé chez lui les qualités et les défauts des peuples libres et barbares. Il est ardent à la guerre, et d'un courage indomptable; les poëtes de l'Arabie aiment à retracer l'image des combats; s'il faut en croire les traditions, 1,700 batailles avaient été livrées entre les tribus avant la venue de Mahomet. Aux yeux de l'Arabe, le pillage n'est point un crime, et le vol n'est qu'un droit de conquête; il reconnaît la propriété de sa tribu, mais il attaque et partage sans scrupule celle d'autrui. En pillant les peuples voisins, il croit venger l'injustice dont souffrirent les enfants d'Ismaël. Cet habitant du désert, qui a l'esprit de rapine, est cependant généreux. Il aime à donner, et le surnom qu'il préfère, c'est celui de *Main d'or*. Sous sa tente l'hospitalité est bienveillante, et un ennemi même peut y dormir en paix. Capable d'un dévouement sans bornes, l'Arabe est en même temps vindicatif; les familles, les tribus entières s'arment pour venger une injure. Enfin, doué d'une imagination vive, sensible à toutes les beautés de la nature et de l'art, il a le goût de la poésie, de l'éloquence et du merveilleux : avant Mahomet, il y avait près de La Mecque une foire de trente jours où l'on récitait des morceaux poétiques; ceux qui remportaient le prix et que l'on conservait dans le temple de la ville (les *Moallakas* ou poëmes suspendus) étaient écrits en lettres d'or sur une étoffe de soie.

Il y avait plusieurs religions en Arabie au temps de Mahomet. Le sabéisme ou culte des astres et le magisme ou culte du feu dominaient chez les tribus voisines du golfe Persique; c'était un emprunt fait à Zoroastre et aux anciens Perses. La région de Khaïbar était toute peuplée de Juifs. Les hérésies d'Arius, de Nestorius et d'Eutychès avaient été portées dans l'Hedjaz (Arabie Pétrée) et dans l'Yémen (Arabie Heureuse) par des chrétiens chassés de l'Empire d'Orient. Mais le culte le plus répandu était l'idolâtrie. Le centre de ce polythéisme était la *Caaba* ou maison carrée de La Mecque. Selon la tradition, ce temple, que les Anges fréquentaient dans le ciel avant la création, avait été transporté en Arabie au temps d'Adam, et reconstruit par Abraham après le déluge. Il contenait 360 idoles, représentant des hommes, des gazelles, des aigles et des lions. On y conserve encore aujourd'hui le *marchepied d'Abraham*, pierre sur laquelle il se tenait debout en bâtissant et qui porte l'empreinte de ses pieds, et la *Pierre noire*, noyau primitif de la terre, qui a perdu sa blancheur par les péchés des hommes et qui doit la reprendre au jugement dernier. La Caaba est recouverte d'un immense voile noir. Près de là se trouve le *Puits d'Agar*, source miraculeuse que la servante d'Abraham fit jaillir au moment où Ismaël allait mourir de soif, et dont l'eau procure la rémission des péchés.

Vie de Mahomet. — L'œuvre de Mahomet a été de donner à l'Arabie l'unité de gouvernement et l'unité de religion. Il naquit à La Mecque en 569, dans la tribu des Koréischites, à qui était confiée la garde de la Caaba. L'un des aïeux de Mahomet avait été surnommé Haschem (coupeur de pain), parce qu'il avait nourri pendant une disette tous les pauvres de la ville. On raconte qu'à l'époque où son père Abdallah se maria, deux cents jeunes filles se donnèrent la mort, par désespoir de n'avoir pas été choisies. La naissance de Mahomet fut accompagnée de prodiges : les démons furent précipités des demeures célestes dans les Enfers, une lumière brillante éclaira les villes et les bourgades d'alentour, le feu de Zoroastre s'éteignit, le palais du roi Chosroès trembla jusques dans ses fondements. Orphelin de bonne heure, sans autre héritage que cinq chameaux et un esclave, il fut élevé par son oncle Abou-Taleb, juge de La Mecque et chef des prêtres de la Caaba. Devenu grand, il fit des voyages de commerce en Syrie, et des merveilles continuèrent d'annoncer sa grandeur : un arbre stérile, au pied duquel il s'était endormi, se couvrit de fleurs à son réveil. Pendant ces voyages, il prit connaissance de la Bible et de l'Évangile, avec lesquels sa doctrine devait présenter certaines ressemblances. Une riche veuve, Khadidja, pour laquelle il avait fait le commerce, lui donna sa main. Il put alors se livrer aux méditations religieuses. Il se retirait souvent dans une caverne voisine de La Mecque, et là, dans le silence de la solitude, il passait des nuits entières. A la suite de l'une de ces retraites, il vint annoncer à sa femme que l'ange Gabriel, après l'avoir enlevé de terre par les cheveux, lui avait présenté le livre de la loi de Dieu. A la suite de cette *nuit du décret divin*, il se mit à prêcher une religion nouvelle.

Les succès de Mahomet sont faciles à expliquer. Les écrivains Arabes lui attribuent tous les dons du corps et de l'esprit : il était de taille moyenne et de forte constitution, avait le front large et élevé, les yeux grands et vifs, la barbe épaisse, la bouche vermeille, les dents d'une éclatante blancheur. Son visage annonçait la bienveillance ; son humeur était douce, et son caractère égal. Sa franchise l'avait fait surnommer *le Sincère*. Ami des humbles et des pauvres, il donnait au point de n'avoir presque jamais d'argent chez lui : « La libéralité, disait-il, est une branche de l'arbre de la béatitude, dont la racine est dans le Paradis. » Très-sobre, simple de mœurs au milieu des plus grandes prospérités, il s'occupait lui-même à traire ses brebis, s'asseyait à terre, et raccommodait ses vêtements et ses chaussures. Un des moyens par lesquels Mahomet frappa vivement l'esprit de ses compatriotes, ce fut son talent poétique ; à la lecture de quelques-uns de ses vers, un des poëtes les plus renommés de l'Arabie s'avoua immédiatement vaincu. On a dit que de fréquentes attaques d'épilepsie contribuèrent à faire passer Mahomet pour inspiré de l'esprit divin ; qu'une excroissance de chair, qu'il avait entre les épaules, était donnée comme un signe de sa mission prophétique ; qu'une colombe, dressée à prendre des grains de riz dans son oreille, paraissait lui apporter les communications de Dieu. Ce qui est certain, c'est qu'il ne prétendit pas posséder le don de faire des miracles : comme on lui demandait d'en opérer, il refusa, disant que Moïse et Jésus-Christ avaient prouvé leur mission par des miracles, et que cependant on n'avait pas cru en eux. Tous les prodiges attribués à Mahomet auront été inventés après sa mort; ils sont, d'ailleurs, imités, pour la plupart, de ceux de l'Évangile.

La prédication de Mahomet ne s'étendit pas d'abord en dehors de sa famille et de ses amis. Ses premiers disciples furent, outre Khadidja : Séïd, son esclave, dont le nom a servi par la suite à caractériser le fanatisme le plus aveugle; Ali, fils d'Abou-Taleb; Abou-Bekr, l'un des magistrats de La Mecque; Omar et Othman, destinés à devenir chefs des croyants. Mahomet semblait avoir une foi vive dans l'avenir de sa doctrine : « Quand on mettrait, disait-il, le soleil dans ma main droite, la lune dans ma gauche, je n'abandonnerais pas mon œuvre. » Après la mort d'Abou-Taleb, le nouveau chef des prêtres de la Caaba, Abou-Sophian, interdit aux Koréischites toute alliance, tout commerce avec Mahomet. Selon les traditions arabes, la main de celui qui suspendit ce décret aux murs du temple fut sur-le-champ desséchée, et l'acte fut rongé par les vers, hormis la place où était écrit le nom de Dieu.

Après avoir échappé à une tentative d'assassinat, Mahomet sortit de La Mecque, en 622: cette *hégire* ou fuite est devenue l'ère de ses sectateurs. Il courut de grands dangers au milieu du désert, où ses ennemis le poursuivirent. Abou-Bekr, caché avec lui dans une caverne, lui disait en tremblant : « Nous ne sommes que deux. — Il y en a un autre, répondit-il, car Dieu est avec nous. » On raconte qu'une araignée vint filer sa toile à l'entrée de la caverne, et qu'une colombe y déposa ses œufs : les Koréischites en conclurent que personne n'y avait pénétré, et continuèrent leur chemin.

Mahomet réussit à gagner la ville d'Yatreb, rivale de La Mecque, où il fut accueilli avec faveur, et qui prit le nom de Médinet-al-Nabi (ville du prophète), d'où l'on a fait Médine. La guerre ne tarda pas à éclater entre Médine et La Mecque. Une première rencontre, à Béder, fut favorable à Mahomet ; ses soldats étaient comme insensibles à la douleur, au point que l'un d'eux, dont le bras gauche, frappé d'un coup de sabre, ne tenait que par un lambeau de chair, arracha ce membre inutile et continua de combattre. Un second combat, près du mont Ohud, coûta cher au prophète ; il fut renversé d'un coup de pierre, qui lui fendit la lèvre et lui brisa deux dents ; les femmes des Koréischites coupèrent le nez et les oreilles des vaincus, pour s'en faire des ceintures, des colliers et des bracelets, et la femme d'Abou-Sophian, ayant éventré un oncle de Mahomet, lui déchira le foie avec ses dents. Mais Mahomet prit une éclatante revanche à la bataille dite *du Fossé*, rentra victorieux à La Mecque, renversa les idoles de la Caaba, et imposa sa religion aux habitants (629). Les Juifs de Khaïbar, qui refusèrent de se soumettre, furent vaincus : le prophète en fit enterrer cinq cents tout vivants.

Maître de l'Arabie, Mahomet voulut aussi faire accepter sa loi aux États voisins. Le *négusch* ou roi d'Abyssinie promit de se convertir ; l'Empereur d'Orient, Héraclius, se contenta d'envoyer des présents ; mais Chosroès, roi de Perse, déchira la lettre du prophète. A cette nouvelle, celui-ci s'écria : « Ainsi Dieu mettra en pièces son royaume. » Mais il n'eut pas le temps d'accomplir sa menace ; la mort le surprit à Médine en 632. Il s'était toujours ressenti d'avoir porté à sa bouche un morceau de viande empoisonnée, qu'une jeune juive de Khaïbar lui avait servi pour s'assurer s'il était vraiment l'envoyé de Dieu. Avant d'expirer, il dit en présence du peuple : « Si j'ai frappé quelqu'un, voici mon dos, qu'il frappe ; si j'ai nui à la réputation de quelqu'un, qu'il proclame tout haut mes fautes ; si je dois quelque chose à quelqu'un, que mon bien serve à payer les intérêts et le capital. » Un homme réclama trois drachmes d'argent ; Mahomet, les lui donnant, ajouta : « Mieux vaut endurer la honte en ce monde que dans l'autre. »

Le Koran. — Toute la doctrine de Mahomet est renfermée dans le Koran (1). Ce livre présente de

(1) En arabe *Al Koran*, c'est-à-dire *le livre*.

fort beaux passages, et porte l'empreinte de l'imagination poétique de l'auteur ; mais il est mal composé. Mahomet n'avait pas donné d'un seul coup sa prétendue révélation ; il en avait dicté des parties à ses disciples, selon les besoins du moment. Ces fragments, gravés sur des omoplates de brebis, sur des pierres blanches, sur des feuilles de palmier, sur des morceaux de cuir ou d'étoffe, ne furent réunis qu'après la mort du prophète, par les soins d'Abou-Bekr ; on les assembla sans ordre de temps ni de matières. Le Koran contient 114 *surates* ou chapitres, divisés en versets.

1° *Dogmes*. — Les dogmes ou articles de foi du Koran sont : l'unité de Dieu, l'existence des Anges, la mission des Prophètes, et le Jugement dernier.

Le dogme de l'unité de Dieu donne au mahométisme une supériorité incontestable sur l'idolâtrie que pratiquaient auparavant les Arabes. Mahomet accusait les chrétiens de polythéisme, en feignant de prendre les trois personnes de la Trinité pour trois dieux distincts. Il niait l'Incarnation. Dans sa religion, toute représentation figurée de la divinité est proscrite ; le culte des images et des reliques est défendu.

Les Anges sont des êtres formés de lumière, et d'une éclatante blancheur. Parmi eux, Mahomet cite : Gabriel, ange de la révélation, celui qui annonce aux prophètes leur mission divine et qui leur transmet les paroles de Dieu ; Michel, l'ami des Juifs, président aux élément est versant les pluies bienfaisantes ; Azraël, ange de la mort, qui sépare l'âme du corps et la conduit devant son juge ; Israfil, ange de la résurrection, celui qui sonnera la trompette à la fin des siècles ; Eblis, esprit du mal, semblable au Satan des Juifs et à l'Arimane des Perses. Deux anges accompagnent chaque homme, pour observer et écrire ses actions.

Dieu, selon Mahomet, a souvent révélé sa volonté aux hommes. Ses plus grands prophètes sont Adam, Noé, Abraham, Moïse, Jésus et Mahomet. Jésus est né d'une vierge immaculée ; mais il n'est pas Dieu, son Évangile seulement est divin ; Marie n'est pas mère de Dieu, elle est une des quatre femmes parfaites, avec la sœur de Moïse, Aïescha, fille d'Abou-Bekr et femme de Mahomet après la mort de Khadidja, et sa fille Fatime. La mission de Mahomet est le complément de celle des autres prophètes ; la révélation qu'il apporte est définitive.

La religion de Mahomet admet la vie future et l'immortalité de l'âme. Des signes éclatants annonceront l'approche du Jugement dernier : une fumée noire et épaisse enveloppera le globe terrestre, un immense incendie chassera les peuples devant lui, les montagnes enlevées dans les airs seront brisées en s'entre-choquant, les étoiles seront dispersées, les mers confondront leurs eaux. Puis, l'ange Gabriel pèsera les actions des hommes dans une balance assez vaste pour contenir le ciel et la terre. Les morts, sortis de leurs tombeaux, devront passer sur un pont plus étroit que le cheveu le plus fin, plus affilé que le tranchant d'une épée, et, tandis que les justes le franchiront d'un pas rapide pour entrer au Paradis, les méchants tomberont dans le gouffre de l'Enfer. Le Paradis de Mahomet est un lieu de plaisirs sensuels : de riants bosquets, des ruisseaux d'une eau incorruptible, des fleuves de lait ou de miel, des fleurs odorantes, des appétits toujours rassasiés et toujours renaissants, une jeunesse éternelle, des forces inépuisables, des mets et des vins exquis, de divines harmonies, des siéges ornés de métaux précieux, des lits de soie brochés d'or, etc., voilà les récompenses promises aux fidèles. Les tortures de l'Enfer sont aussi décrites par Mahomet avec une grande fécondité d'invention : les coupables seront chargés de chaînes longues de 70 coudées; on les abreuvera d'eau bouillante; ils auront des chaussures de feu, et leurs crânes éclateront comme des chaudières, etc. Mahomet distingue sept Enfers : il place dans le 7e, au fond de l'abîme, les hypocrites de toutes les religions; dans le 6e, les idolâtres; dans le 5e, les Mages; dans le 4e, les Juifs; dans le 3e, les chrétiens; dans le 2e, les apostats; dans le 1er, les Mahométans impies, les seuls que les prières du prophète puissent sauver. Les peines seront éternelles pour ceux qui n'auront pas cru à l'unité de Dieu, temporaires pour les autres.

On a prétendu qu'aux yeux des Mahométans les actions de l'homme sont déterminées d'avance, et qu'il ne peut se soustraire à la fatalité qui pèse sur lui. « Ce qui est écrit est écrit, » disent-ils souvent. Ce serait poser la *prédestination* comme un dogme et admettre le fatalisme; or, sans liberté, il n'y a ni moralité ni responsabilité; on ne comprendrait plus les peines et les récompenses. Mais Mahomet n'a rien enseigné de semblable; il recommande seulement aux fidèles d'être soumis à la volonté de Dieu. De là vient que le Mahométisme s'est appelé *Islam*, c'est-à-dire résignation (à la volonté de Dieu); le *Musulman* est l'homme résigné.

2º *Préceptes*. — Les principaux actes du culte extérieur sont l'ablution, la prière, le jeûne, l'aumône, et le pèlerinage à La Mecque.

L'ablution précède la prière. Si le Musulman n'a pas d'eau pour se laver le visage et les mains, il peut se servir de sable.

Dans l'origine, l'homme devait prier 50 fois par jour; mais, dit le Koran, Mahomet a obtenu de Dieu que cinq prières seulement seraient obligatoires, avant le lever du soleil, à midi, avant et après le coucher du soleil, et à la première veille de la nuit. Pour prier, il faut être tourné vers La Mecque, Médine ou Jérusalem. Les prières qui se font en commun à la *mosquée* (1) sont annoncées du haut d'une tour ou *minaret* par un *muezzin* (2), et récitées par un *iman* ou président de l'assemblée.

Le jeûne doit être observé depuis le lever jusqu'au coucher du soleil. Les Musulmans ont une espèce de Carême, qui dure tout le mois du *Ramadhan* (le 9ᵉ de l'année), et qui aboutit aux fêtes du *Baïram*, analogues à la Pâque des chrétiens.

L'aumône est prescrite dans une mesure déterminée. Le Musulman est tenu de donner le cinquième de ses biens, s'il a quelque faute à expier; le dixième, s'il est honnête homme. Aux fêtes du Baïram, et dans les circonstances les plus solennelles de la vie, on doit en outre distribuer aux pauvres une certaine quantité de froment, de raisins secs et de dattes. Omar disait : « La prière conduit à moitié chemin du Paradis; le jeûne, à ses portes; l'aumône les ouvre. »

Tout croyant doit faire, au moins une fois dans sa vie, le pélerinage de La Mecque. Le pélerin se dépouille de ses vêtements, fait sept fois en courant le tour de la Caaba, baise sept fois la Pierre noire, visite et adore sept fois les montagnes voisines, et sacrifie des brebis et des chameaux, dont il enterre les ongles et la laine dans le terrain sacré.

(1) Mot dérivé de l'arabe et qui signifie *lieu de prosternation*.

(2) Mot arabe signifiant *qui appelle*.

Le Koran, comme la Bible, contient des prescriptions hygiéniques ou sanitaires. Il est interdit au Musulman de manger du porc, du lièvre, des bêtes rampantes, des animaux étouffés, des coquillages (les docteurs ont ajouté plus tard l'âne, la mule, le cheval, les oiseaux de proie, et tous les amphibies); il ne peut boire ni vin ni liqueurs fermentées.

3° *Lois civiles, politiques et pénales.* — Le Koran ne renferme pas seulement des dogmes et des préceptes; il est encore la loi civile, politique et pénale des Musulmans. Il détermine les degrés de parenté qui sont un obstacle au mariage, et punit l'adultère; mais il autorise la polygamie, tout en lui imposant des limites, et permet le divorce. Il retient les femmes dans une condition inférieure : les fils prennent une part double de celle des filles dans l'héritage paternel; Mahomet déclare que les femmes formeront la majorité des damnés, et que la félicité de celles qui entreront au Paradis n'égalera pas celle des hommes. Du moins, il a défendu de tuer les filles à leur naissance, ainsi que le faisaient souvent les Arabes avant lui. S'il n'abolit pas l'esclavage, du moins il régla les obligations des maîtres à l'égard de leurs esclaves, dont l'affranchissement était un acte agréable à Dieu.

Au point de vue politique, l'Islamisme est favorable au despotisme. Les chefs exercent, en vertu de la volonté divine, un pouvoir sans frein : le Koran condamne la rébellion.

Quant à la pénalité, l'homicide volontaire est puni de mort; le meurtre accidentel peut se racheter. Toute blessure faite à autrui entraîne la peine du talion. La femme adultère est lapidée, l'homme est seulement frappé de cent coups de fouet et banni. Le vol est puni par la perte de la main; commis sur une grande route, il entraîne de plus la perte du pied gauche. Les délits moins graves sont châtiés par le fouet ou par le bâton. On refuse les prières pour ceux qui sont morts sans laisser de quoi payer leurs dettes.

Le Califat; Sunnites et Chyites. — A ses derniers moments, Mahomet avait chargé Abou-Bekr de réciter la prière à sa place en présence des fidèles : on vit là une délégation de son autorité, et Abou-Bekr prit le titre de *calife* ou vicaire du prophète. Cependant un certain nombre de Musulmans ne voulurent pas le reconnaître, non plus que ses successeurs Omar et Othman, et attribuèrent la succession de Mahomet à Ali devenu son gendre. On les appela *Chyites,* c'est-à-dire séparés. Les Chyites s'attachèrent en outre à la lettre du Koran, et n'admirent pas d'autre règle de la foi. Les Musulmans qui se soumirent aux trois premiers califes, et qui acceptèrent, outre le Koran, les commentaires et interprétations des *Ulémas* ou docteurs, reçurent le nom de *Sunnites,* c'est-à-dire fidèles à la tradition. Les deux sectes se distinguèrent longtemps par la couleur du turban, blanc ou noir chez les Sunnites, vert chez les Chyites. La haine qui les sépare est si violente, qu'un docteur a dit : « Il est plus agréable à Dieu de tuer un chyite que trente-six chrétiens. » Aujourd'hui encore, les Turcs Ottomans et les peuples soumis à leur domination sont Sunnites; les Persans sont Chyites.

Premières conquêtes des Arabes. — La conquête musulmane prit son essor aussitôt après la mort de Mahomet. Les circonstances étaient favorables : l'Asie était partagée entre les Sassanides de la Perse et les empereurs de Constantinople, ennemis les uns des autres, et épuisés par de longues guerres ou par des discordes civiles. D'un autre côté, Mahomet avait inspiré à ses sectateurs un incroyable fanatisme. « Si quelqu'un s'oppose à toi, lui disait un jour Ali, je lui briserai les dents, je lui arracherai les yeux, je lui fendrai le ventre, je lui romprai les jambes. » Les Hébreux étaient un peuple avare et jaloux, qui cachait ses croyances, et qui ne s'alliait pas avec les étrangers, dans la crainte d'altérer la pureté de sa foi. Le fondateur du christianisme avait dit à ses Apôtres : « Allez, et baptisez les nations; » et ils avaient commencé la conquête spirituelle du globe. Mahomet arma ses disciples, non de la parole, mais du glaive. Pour entretenir en eux l'ardeur du prosélytisme, il promit la gloire aux grands et aux braves, le pillage aux pauvres, des délices sans fin aux hommes sensuels. « Le glaive, dit le Koran, est la clef du ciel ; une goutte de sang versée pour la cause de Dieu, une nuit passée sous les armes, sont plus méritoires que deux mois de jeûnes et de prières. Celui qui meurt en combattant reçoit le pardon de ses péchés. Au jour du jugement, ses blessures brilleront des couleurs du vermillon, et répandront l'odeur du musc et de l'ambre ; les membres qu'il aura perdus seront remplacés par des ailes d'Anges. »

Pendant le califat d'Abou-Bekr (632-634), une troupe d'Arabes, commandée par Abou-Obéidah, envahit la Babylonie et la Mésopotamie, et, après les avoir enlevées à l'Empire grec, leur donna les noms d'Irak-Arabi et d'Al-Djézirèh. Une autre, sous les ordres de Khaled, surnommé l'*Épée de Dieu*, entra en Syrie, et, par une seule victoire sur les troupes d'Héraclius près d'Aïznadin, devint maîtresse de tout le pays.

Omar, successeur d'Abou-Bekr (634-644), se rendit fameux par la simplicité de ses mœurs. Il ne se nourrissait que de pains d'orge, de dattes et d'eau ; sa robe était rapiécée en douze endroits ; un envoyé de la Perse le trouva un jour étendu au milieu des mendiants sur les degrés d'une mosquée. Sous la direction d'Omar, la guerre contre les Grecs continua. Victorieux sur les bords de l'Yermouk, Khaled s'empara de Jérusalem, malgré l'héroïque défense du patriarche Sophronius (634). En apprenant la prise de cette ville, le calife partit de Médine sans gardes et sans suite, monté sur un chameau qui portait du riz, de l'orge, du froment, un plat de bois et une outre pleine d'eau. Sous sa tente, il n'y avait pas d'autre siége que la terre. Ayant aperçu en chemin des soldats revêtus de robes de soie qu'ils avaient pillées en Syrie, il les leur fit déchirer sur le dos et traîner dans la boue. Arrivé à Jérusalem, il convertit en mosquée l'église de la Résurrection, bâtie par Constantin le Grand, et fit élever une autre mosquée près du lieu où avait été le Temple de Salomon : pour donner l'exemple aux ouvriers qui en déblayaient l'emplacement, il remplissait les pans de sa robe des immondices qu'il fallait transporter loin de là.

Au califat d'Omar appartient aussi la conquête de l'Égypte. Il y avait dans ce pays deux populations distinctes : les Grecs, venus de Constantinople, maîtres de tous les emplois civils et militaires; et les Coptes, race indigène, soumise à l'impôt et à des vexations de toute nature, disposés par conséquent à seconder les Arabes. Les Coptes étaient, d'ailleurs, Jacobites (1), et persécutés par les orthodoxes. Enfin, la politique défiante des empereurs grecs avait démantelé les places fortes pour qu'elles ne pussent

---

(1) Sectateurs d'un certain Jacob Zanzale, monophysite comme Eutychès.

servir de défense à des rebelles, et concentré toutes les forces dans Alexandrie, dont la chute devait entraîner la soumission de l'Égypte entière. Malgré ces chances de succès, l'entreprise d'Amrou, lieutenant de Khaled, qui ne disposait que de 4,000 cavaliers, pouvait paraître téméraire. Il envoya consulter Omar : « Si tu es encore en Syrie, lui écrivit le calife, abstiens-toi; si tu as déjà franchi les frontières, marche, et compte sur le secours de Dieu et de tes frères. » Amrou pressentit, dit-on, l'avis que la lettre contenait, et ne l'ouvrit qu'après avoir franchi l'isthme de Suez.

Alexandrie succomba après un siége de quatorze mois (640). Il n'est pas de fable plus singulière que celle qui concerne l'incendie de la bibliothèque de cette ville, composée de 700,000 volumes. Amrou aurait demandé au calife ce qu'il fallait faire de tous ces livres, et Omar aurait répondu : « S'ils contiennent ce qui est déjà dans le Koran, ils sont inutiles; s'ils sont contraires au livre de Dieu, ils sont dangereux; qu'on les brûle. » Amrou aurait fait chauffer pendant six mois avec les livres les quatre mille bains d'Alexandrie. A ce récit consigné pour la première fois dans un écrivain du XIIIe siècle, on peut opposer la destruction de la bibliothèque au temps de César et pendant les querelles des catholiques et des ariens, le silence des historiens grecs contemporains d'Amrou. le goût de cet officier pour la poésie, et le soin que prirent toujours les Arabes de recueillir les monuments des lettres et des sciences. Amrou, loin de rien détruire, gouverna sagement l'Égypte, défendit le pillage à ses soldats, supprima la capitation, réserva le tiers des impôts pour l'entretien des digues et des canaux, fit rouvrir le canal de jonction entre le Nil et la mer Rouge, et laissa aux chrétiens, moyennant deux pièces d'or par tête, le libre exercice de leur culte.

Pendant le califat d'Othman (644-655), des navires arabes, armés sur la Méditerranée, allèrent piller Chypre et les Cyclades; Moawiah, fils d'Abou-Sophian et gouverneur de la Syrie, s'empara de Rhodes, et enleva les débris du fameux colosse de bronze (1); Abdallah, lieutenant d'Amrou, occupa la Cyrénaïque. Mais la guerre la plus importante fut celle de Perse, commencée sous Omar. Le dernier roi sassanide, Yezdegerd, vaincu à Kadésiah et à Néhavend, ne put empêcher la prise de Ctésiphon, de Hamadan, d'Ispahan, de Tauris, se réfugia dans le Turkestan, et fut assassiné sur les bords du Margab par une bande de Tartares (652). Les Arabes élevèrent dans le pays conquis les villes bientôt florissantes de Bassorah et de Koufah.

(1) C'était une statue d'Apollon, élevée vers l'an 280 av. J-C., au fond d'un bassin en face de l'entrée du port; elle avait 32 mètres de hauteur. Les navires ne lui passaient pas entre les jambes, comme le dit la tradition.

Guerre civile. — Othman, que sa partialité pour ses parents et ses amis avait rendu odieux, fut frappé par des meurtriers, sans que le Koran, placé comme bouclier sur sa poitrine, pût arrêter leurs coups. Ali, Amrou et Moawiah se disputèrent alors le pouvoir. Après six années de guerre civile, trois fanatiques firent serment dans une mosquée de tuer les trois compétiteurs. Ali périt à Koufah; Amrou échappa miraculeusement au poignard de l'assassin, qui frappa un de ses lieutenants à sa place, et se désista de ses prétentions; Moawiah, légèrement blessé, fut reconnu calife par la majorité des Musulmans. Avec lui commença la dynastie des Ommiades, ainsi nommée de son bisaïeul Ommeya.

Les Ommiades (661-750). — Tout en continuant la lutte contre les héritiers et les partisans d'Ali, les Ommiades agrandirent l'Empire arabe par de nouvelles conquêtes. En Asie, dans les dernières années du VIIe siècle et au commencement du VIIIe, ils soumirent l'Arménie, le Chirwan, le Khoraçan, la Transoxiane, le Khowaresm et la Boukharie, pénétrèrent jusqu'aux frontières de la Chine, et, descendant vers l'Inde, portèrent l'Islamisme sur la côte de Malabar jusqu'au Moultan et au Lahore. Deux fois leurs flottes échouèrent contre Constantinople (672 et 718), d'où elles furent repoussées par le *feu grégeois* ou *grec* (1).

(1) Composition d'huile de bitume, de poix et de soufre,

En Afrique, Akbah, lieutenant de Moawiah, parcourut, à la tête de 10,000 cavaliers, toute la côte septentrionale de l'Afrique (670), dont les habitants, écrasés d'impôts par les successeurs d'Héraclius, accueillirent les Musulmans comme des libérateurs. Arrivé sur les bords de l'Atlantique, il poussa son cheval dans les flots, en disant : « Prophète, je te prends à témoin que c'est la terre qui me manque pour porter plus loin ton nom et ton empire. » Mais, bien qu'il eût fondé Kaïroan, destinée à devenir la capitale des établissements arabes en Afrique, il n'avait fait qu'une course brillante, sans résultats solides et durables. En 692, Hassan, gouverneur de l'Égypte, recommença la conquête ; il défit les Grecs devant Utique, ruina Carthage (698), et pénétra dans le Maroc, auquel il donna le nom de Maghreb (Occident). Toutefois, l'Afrique ne pouvait être soumise, tant que les Berbères de l'Atlas resteraient indépendants. Ce fut Musa, successeur d'Hassan, qui les dompta : il en fit vendre 300,000 comme esclaves sur les marchés de l'Orient, et en incorpora 30,000 dans ses troupes. Les Berbères terrifiés adoptèrent la religion de leurs vainqueurs.

qu'on lançait par des tubes de fer ou dans des brûlots, et que l'eau ne pouvait éteindre. On en attribue l'invention à un ingénieur syrien, Callinique, dont les Arabes avaient dédaigné les services.

Quand l'Afrique eut été soumise, les Arabes songèrent à l'Espagne. Ils y furent appelés, en 711, par Oppas, archevêque de Tolède, et par le comte Julien, gouverneur de Ceuta, dont le roi Roderic avait, dit-on, insulté la fille Florinde. Les traditions populaires annonçaient l'invasion musulmane : Roderic ayant fait ouvrir un vieil édifice de Tolède, fermé de temps immémorial, dans l'espoir d'y découvrir des trésors, le tonnerre gronda, et les montagnes tremblèrent sur leur base; un tombeau, trouvé dans l'édifice, portait des peintures représentant des guerriers inconnus, armés de sabres dont la lame offrait une inscription en caractères étrangers; elle signifiait, selon l'interprétation d'un Juif : « Le dernier jour de l'Espagne est venu. » Tarik, lieutenant de Musa, franchit les Colonnes d'Hercule, aborda au mont Calpé (1), et livra bataille aux Wisigoths près de Xérès. La victoire des Infidèles fut complète; on croit que Roderic se noya, en fuyant, dans le Guadalquivir. Une portion des vaincus, sous la conduite de Pélage, parent de Roderic, trouva un refuge dans les montagnes de la Galice et des Asturies; le reste de l'Espagne subit le joug musulman. Plus tard, les Arabes, qui avaient une entrée dans la Gaule par la Septimanie, voulurent étendre leur domination au Nord des Pyré-

---

(1) Les Arabes l'ont nommé *Gibel-al-Tarik*, montagne de Tarik, d'où l'on a fait Gibraltar.

nées : la bataille de Poitiers, en 732, les arrêta (1).

L'Empire arabe venait d'atteindre ses limites les plus reculées, lorsque la domination échappa aux Ommiades. On reprochait à cette famille d'avoir abandonné les villes saintes de Médine et de La Mecque, pour établir sa résidence à Damas ; de s'être approprié par voie d'hérédité le califat, qui auparavant était conféré par l'élection, et de faire reposer son autorité sur la force. Les Ommiades avaient encore excité le mécontentement, en abandonnant la vie patriarcale pour se plonger dans les plaisirs d'une vie somptueuse, et en maltraitant la postérité d'Ali. Aboul-Abbas, descendant d'un oncle de Mahomet, et Abou-Moslem, gouverneur du Khoraçan, se révoltèrent, en 746, contre le calife Merwan : l'insurrection déploya un drapeau noir en face de la bannière blanche des Ommiades. Le calife, vaincu sur les bords du Zab, s'enfuit en Égypte, où il fut tué. Quatre-vingts membres de sa famille furent attirés à un festin dans la ville de Damas : un vieux poëte étant venu chanter en vers énergiques les malheurs des Alides, les Ommiades furent égorgés par leurs hôtes, qui recouvrirent d'un tapis les cadavres et se livrèrent à l'orgie (750). Un seul Ommiade, Abdérame, parvint à s'échapper : il se réfugia en

---

(1) Voyez, pour les détails, l'HISTOIRE DE FRANCE de notre collection.

Arabie, vécut quelque temps au milieu des tribus du désert, et, après avoir gagné l'Espagne, fut proclamé calife par les Musulmans de ce pays (756). Il y eut désormais deux califats distincts, à Bagdad et à Cordoue ; les Abbassides ou descendants d'Aboul-Abbas régnèrent sur l'Asie et l'Afrique, et les Ommiades sur l'Espagne.

CHAPITRE VII.

L'EMPIRE CARLOVINGIEN (1).

Pépin le Bref (752-768). — Le second Empire franc, dont l'histoire remplit la deuxième période du Moyen Age, a été fondé par la famille des Carlovingiens, originaire de la vallée de la Meuse, et qui tenait un rang distingué parmi les Leudes de l'Ostrasie. Cette famille fut élevée à la royauté par la tribu des Ripuaires, dont elle avait dirigé l'invasion; aisément victorieuse des Saliens dégénérés, soutenue par le clergé de la Gaule, alliée avec les papes qu'elle protégea contre les Lombards et dont elle aida les missionnaires en Germanie, elle conquit, par les armes de Pépin le Bref et de Charlemagne, une puissance déjà préparée par Pépin d'Héristal et Charles Martel.

Le règne de Pépin le Bref fut une guerre continuelle. Après avoir imposé un tribut aux Bretons, qui s'étaient séparés des Francs depuis Dagobert, et

(1) Pour tout ce chapitre, voyez les détails dans l'Histoire de France de notre collection.

réprimé quelques attaques des Saxons, il fit, sur la demande du pape Étienne II, deux expéditions au-delà des Alpes, châtia Astolphe, roi des Lombards, de ses agressions contre le Patrimoine de St Pierre, et le contraignit de céder la Pentapole au Saint-Siége (756). Puis, la prise de Narbonne (759) fit cesser la domination des Arabes en Septimanie. Enfin, une guerre de huit années (760-768) contre Waïfre, duc d'Aquitaine, ne suffit pas pour dompter ce pays.

CHARLEMAGNE. — A la mort de Pépin le Bref, ses États furent partagés entre ses deux fils : Charles eut la Neustrie, Carloman la Bourgogne et l'Ostrasie. Le premier acheva la guerre d'Aquitaine, et resta seul maître des possessions françaises par la mort du second en 771. Ses exploits ultérieurs et la grandeur de son administration lui ont mérité le surnom de Grand (en latin *Carolus Magnus*, d'où l'on a fait *Charlemagne*).

Les guerres de Charlemagne ont eu pour but de soumettre, de réunir les peuples germaniques dispersés en Occident, de contenir les Arabes au S.-O., les Saxons au N.-E., les Slaves et les Awares à l'E., et de rendre à l'Europe l'ordre et la stabilité dont elle était privée depuis le ve siècle.

L'accueil que Didier, roi des Lombards, fit à Hunald, ancien duc d'Aquitaine, ainsi qu'aux enfants de Carloman, et les menaces qu'il proférait contre le pape Adrien Ier, furent les prétextes de la guerre d'Italie (772-774). Didier dut capituler dans Pavie ; son fils Adalgise, qui défendait Vérone, s'enfuit dans l'Empire grec ; et le royaume des Lombards fut incorporé aux possessions franques. Les anciens ducs conservèrent le gouvernement des provinces ; mais Rodgaud, duc de Frioul, s'étant révolté tandis que Charlemagne combattait en Saxe, subit le dernier supplice, et l'administration fut partout confiée à des Francs (776). Il n'y eut que les duchés de Capoue, de Salerne et de Bénévent qui échappèrent à la conquête.

La guerre de Charlemagne en Espagne fut provoquée par les Arabes : les émirs de Barcelone et de Sarragosse, révoltés contre le calife de Cordoue, implorèrent le secours des Francs (777). Ceux-ci subjuguèrent le pays compris entre les Pyrénées et l'Èbre. Mais, à leur retour, leur arrière-garde fut taillée en pièces par les Basques dans le col de Roncevaux, où périt Roland, l'un des plus fameux héros des légendes guerrières du Moyen Age (778).

Il ne fallut pas moins de 32 ans (772-804) pour subjuguer les Saxons. Charlemagne voulait mettre un terme à leurs incursions sur la frontière des Francs, et punir les violences qu'ils commettaient sur les missionnaires chrétiens. Witikind défendit avec intrépidité l'indépendance de la Saxe ; ses défaites à Bockholz, à Verden, à Detmold, l'obligèrent de mettre bas les armes, et il vint recevoir le baptême à Attigny-sur-Aisne (785). Les Saxons luttèrent encore longtemps, mais sans ensemble, et la transportation de plusieurs milliers de familles, les massacres multipliés, l'établissement de colonies militaires sur les points principaux du pays, triomphèrent de leur opiniâtreté. On acheva de les dompter à l'aide d'une législation sanguinaire, et en les convertissant au christianisme.

Mis en contact avec les Slaves par l'occupation de la Saxe, les Francs reçurent la soumission des Wiltzes et des Obotrites. Mais Pépin le Bossu, fils aîné de Charlemagne, dut combattre huit ans les Awares, avant de s'emparer de leur *ring* ou camp retranché sur les bords de la Théiss (796). — Au milieu de cette guerre, Charlemagne eut à réprimer un complot tramé par Tassillon, duc des Bavarois, avec tous les ennemis des Francs. Tassillon fut enfermé dans un monastère, et la Bavière perdit son indépendance; Adalgise périt dans une rencontre avec les Francs en Italie; les ducs Lombards, les Arabes et les Saxons furent déconcertés par ces deux événements imprévus, et tout rentra dans l'ordre.

En l'an 800, lors d'un voyage de Charlemagne à Rome, l'alliance des Carlovingiens et du Saint-Siége fut solennellement consacrée. Le pape Léon III posa sur la tête du chef franc la couronne impériale, qu'aucun prince n'avait portée en Occident depuis la déposition de Romulus Augustule.

Depuis cette époque, Charlemagne s'est occupé surtout de l'administration de ses vastes États. Il est, dans ses institutions, le personnage le plus intéressant du Moyen Age, parce qu'on trouve en lui les diverses influences sous lesquelles se sont formées les sociétés nouvelles : il offre le triple caractère du *Barbare,* du *Romain* et du *Chrétien.*

En effet, Germain d'origine, de mœurs et de langage, guerrier de haute stature et d'une force incomparable, attaché au costume national, Charlemagne choisit pour capitale une ville des bords du Rhin, Aix-la-Chapelle ; il suit la vieille coutume des partages, lorsqu'il distribue de son vivant à ses fils l'administration de trois royaumes (Aquitaine, Italie, Germanie) ; il entreprend une grammaire franque, et ordonne de recueillir les chants de sa tribu. Voilà le chef Barbare. — Charlemagne est animé de l'esprit romain, lorsque, dès le temps de la guerre contre Didier, il va prendre à Rome le titre de Patrice, et lorsqu'il rétablit ensuite l'Empire d'Occident. Comme les anciens empereurs, il veut constituer l'unité du gouvernement et une forte centralisation, et, dans ce but, il exige de tous les sujets un serment périodique de fidélité, ne nomme les gouverneurs de province que pour trois années au plus, les soumet à l'inspection des *Missi Dominici* ou envoyés royaux, exige de tous les bénéficiers le service militaire et le payement de leurs redevances.

substitue aux anciens tribunaux d'hommes libres une sorte de magistrature dépendante (les *Scabins*), et s'empare du pouvoir législatif en ne laissant aux assemblées des Champs-de-Mai que le droit de donner des avis. Il crée une cour somptueuse, avec un certain nombre de charges honorifiques, telles que celles d'apocrisiaire ou grand-aumônier, de comte du palais, de chancelier, de chambellan, de sénéchal, d'échanson, de connétable, etc. Il ranime les lettres latines avec le concours de savants appelés de toutes les parties de l'Europe (Alcuin, Clément, Théodulfe, Angilbert, Pierre de Pise, Paul Diacre, etc.), forme l'*École palatine* d'Aix-la-Chapelle, et ouvre des écoles aux enfants. — Enfin, Charlemagne a été dévoué au christianisme. Il a couvert d'évêchés et d'abbayes les régions conquises par ses armes, augmenté par ses donations les biens du clergé, érigé en loi le payement de la dime ecclésiastique, et confirmé la juridiction des évêques sur leurs diocèses. Il fait souvent reposer ses lois ou *Capitulaires* sur les principes de la morale évangélique, et ressemble autant à un moraliste qui cherche à persuader qu'à un souverain qui veut être obéi. Protecteur du Saint-Siége en Italie et du clergé dans tout son Empire, il leur a cependant fait sentir sa suprématie : ainsi, il décide qu'on aura le droit d'en appeler des jugements épiscopaux devant le roi ; il limite le nombre des serfs qu'on pourra recevoir dans les couvents, et défend d'admettre des religieuses au-dessous de 25 ans; il se mêle des élections canoniques, et désigne lui-même les prélats. Son action s'exerce même en matière de discipline et de doctrine : il encourage la création des chanoines réguliers par St Chrodegand, évêque de Metz, fait opérer une réforme dans les monastères bénédictins par St Benoît d'Aniane, et intervient dans les discussions relatives aux Adoptiens (1) et aux Iconoclastes.

La réputation de Charlemagne fut immense de son temps. Un projet de mariage entre ce prince et Irène, impératrice de Constantinople, n'échoua que par l'opposition des Grecs. Des rois Anglo-Saxons vinrent visiter le grand Empereur; les chrétiens du Nord de l'Espagne se mirent sous sa protection. Les Arabes d'Afrique lui envoyèrent un lion de la Cyrénaïque, un ours de Numidie, et les reliques de St Cyprien. Le calife de Bagdad, Haroun-al-Raschid, lui offrit un singe, un éléphant, une horloge sonnante, et les clefs du Saint-Sépulcre. Charlemagne grandit encore dans les fictions poétiques des siècles suivants; plusieurs romans de chevalerie sont remplis de ses exploits.

Louis le Débonnaire (814-840). — L'Empire carlovingien a rapidement décliné. Les causes de sa dé-

---

(1) Hérétiques qui soutenaient que Jésus-Christ n'était que le fils adoptif de Dieu.

cadence ont été : la coutume des partages de territoire, qui avait été si funeste aux Mérovingiens ; la faiblesse ou l'incapacité des successeurs de Charlemagne ; l'impossibilité de maintenir la centralisation dans une monarchie où les communications étaient difficiles, et qui contenait des peuples trop différents de mœurs et d'intérêts ; l'épuisement de la race franque par la guerre étrangère ou civile ; l'insubordination des bénéficiers, qui rompirent avec l'autorité centrale et s'érigèrent en seigneurs indépendants sur leurs terres ; enfin, les invasions de nouveaux Barbares (Sarrasins, Normands, etc.), qui augmentèrent le désordre et aidèrent au démembrement de l'Empire.

Le seul des enfants de Charlemagne qui lui survécut, Louis le Débonnaire, se créa de graves embarras en donnant l'Italie, la Germanie et l'Aquitaine à gouverner à ses fils Lothaire, Louis le Germanique et Pepin. Bernard, fils de Pepin le Bossu, qui avait reçu, dès le règne précédent, l'administration de l'Italie, protesta contre ce partage, prit les armes, fut puni de sa révolte par la perte des yeux, et mourut peu de jours après ce supplice (818). Les remords qu'en éprouva l'empereur le poussèrent à faire une pénitence publique devant les évêques à Attigny (822) ; mais son humiliation servit de prétexte au comte Aznar pour se rendre indépendant au midi des Pyrénées, et aux Slaves de la frontière orientale pour rompre les liens qui les attachaient à l'Empire.

Le second mariage de Louis le Débonnaire avec Judith de Bavière fut la source de nouveaux malheurs. Pour constituer un royaume à Charles le Chauve, qui naquit de cette union, il enleva des provinces à Lothaire et à Louis le Germanique. Ceux-ci se révoltèrent (829) ; la déchéance de l'empereur fut prononcée ; mais les Francs du Nord de la Gaule, réunis à Nimègue, exigèrent son rétablissement (830). Pepin étant menacé de perdre l'Aquitaine, destinée à Charles, les hostilités se rallumèrent (833) : Louis le Débonnaire, abandonné de ses troupes près de Colmar, fut traîné par Lothaire à Soissons, et publiquement dégradé dans l'église St Médard ; mais la pitié de Pepin et de Louis le Germanique lui rendit encore le trône. Quand Pepin mourut (838), son fils, Pepin II, fut dépossédé de l'Aquitaine au profit de Charles le Chauve ; l'empereur obtint l'assentiment de Lothaire, en lui donnant une partie des possessions de Louis le Germanique. Ce dernier en appela aux armes, et ce fut en marchant contre lui que Louis le Débonnaire mourut.

Partage de Verdun (843). — Lothaire prit le titre d'empereur. Ses frères, mécontents de son arrogance, lui firent la guerre. Vaincu, en 841, à la bataille de Fontanet (près d'Auxerre), il espéra semer la division parmi ses ennemis ; mais ceux-ci ayant resserré leur alliance à Strasbourg, il se décida à signer le traité de Verdun. L'Empire carlovingien fut définitivement démembré : Lothaire eut, avec le titre d'empereur, le royaume d'Italie, et, sous le nom de Lotharingie, une bande de territoire s'étendant de la Méditerranée à la mer du Nord, et comprise entre le Rhin et les Alpes à l'E., le Rhône, la Saône, la Meuse et l'Escaut à l'O. ; Louis le Germanique reçut toutes les possessions franques à l'E. du Rhin et des Alpes, sous le nom de royaume de Germanie ; Charles le Chauve régna sur les pays situés à l'O. de la Lotharingie, et ses États furent appelés le royaume de France.

CARLOVINGIENS D'ITALIE (843-888). — La branche Carlovingienne d'Italie est celle qui eut la plus courte durée. *Lothaire* se fit aimer pour son zèle à réformer la justice et à répandre l'instruction. Des pirates Sarrasins, sortis de l'Espagne et de l'Afrique septentrionale, enlevèrent alors aux Grecs l'île de Malte et presque toute la Sicile, puis les ports de Bari et de Tarente. En 846, ils remontèrent le Tibre, pillèrent l'église de St Pierre en dehors de Rome, et ravirent comme trophée l'autel qui surmontait le tombeau de l'apôtre ; peut-être Rome eût-elle été prise, si le pape Léon IV n'eût barré avec des chaînes de fer le cours du fleuve et entouré de fortifications le quartier du Vatican, qui prit le nom de *Cité Léonine*. Lothaire essaya de repousser les Infidèles, mais il fut battu. Dégoûté du pouvoir, il abdiqua (855), et alla finir ses jours au monastère de Prüm en Westphalie.

La Lotharingie fut partagée entre deux de ses enfants : *Lothaire II* en prit le nord, sous le nom de royaume de Lorraine; *Charles* le midi, sous celui de royaume de Provence. L'aîné de ses fils, *Louis II*, hérita du titre d'empereur et du royaume d'Italie. S'étant uni aux Grecs, il reprit Bari aux Sarrasins (871); mais ces pirates s'emparèrent de Reggio en Calabre, puis formèrent sur les bords du Garigliano un poste fortifié, d'où ils ne devaient être expulsés qu'en 916 par le pape Jean X.

A la mort de Louis II (875), la postérité de Lothaire était éteinte : la couronne impériale et le royaume d'Italie passèrent successivement à *Charles le Chauve*, à *Carloman* (877) et à *Charles le Gros* (880); ces deux derniers étaient fils de Louis le Germanique. Après Charles le Gros (888), aucun Carlovingien ne régna sur l'Italie, qui devint la proie de tous les ambitieux.

Carlovingiens de Germanie (843-911). — Les Carlovingiens de Germanie n'eurent pas une existence plus brillante que ceux d'Italie. *Louis le Germanique* fut occupé à combattre les Slaves sur sa frontière orientale, et ne put empêcher les Moraves de former un État puissant depuis les monts de Bohême jusqu'à la Théiss. A sa mort (876), il y eut un partage entre ses fils: *Carloman* prit la Bavière, la Carinthie et l'Autriche; *Louis* eut la Saxe, la Thuringe, et les pays situés à l'E. du Rhin inférieur; *Charles le Gros* obtint l'Alsace, la Souabe et la Suisse. Ce dernier survécut à ses frères, et, depuis 884, réunit les trois royaumes de Germanie, d'Italie et de France.

En 888, la Germanie échut à *Arnoul* ou *Arnulf*, fils naturel de Carloman. Par la victoire de Louvain (891), il délivra le nord de ses États des incursions des pirates Normands; mais il eut l'imprudence d'attirer les Hongrois, récemment entrés en Europe sous la conduite d'Arpad, et de les opposer aux Moraves. En 896, il profita des querelles de Guy, duc de Spolète, et de Bérenger, duc de Frioul, pour aller se faire couronner empereur à Rome: toutefois, le soin de constituer l'unité de l'Allemagne et la nécessité de combattre les Hongrois devaient empêcher ses successeurs pendant un demi-siècle de s'occuper des affaires d'Italie.

Le dernier Carlovingien, *Louis l'Enfant* (899-911), fut tenu en tutelle toute sa vie par l'archevêque de Mayence. Les Hongrois détruisirent alors le royaume des Moraves, et firent quelques incursions en Bavière et en Thuringe.

CARLOVINGIENS DE FRANCE (843-987). — En France, la royauté est restée plus longtemps dans la famille Carlovingienne, sans jeter toutefois plus d'éclat.

Charles le Chauve fit inutilement la guerre à Pepin II pour lui enlever l'Aquitaine, et à deux chefs bretons, Noménoé et Hérispoé, pour faire rentrer l'Armorique sous la domination des Francs. Il laissa Garcias Ximénès, successeur d'Aznar, ériger ses domaines usurpés en royaume de Navarre, les Sarrasins désoler les rives du Rhône et s'établir à Fraxinet, près de Fréjus, tandis que des pirates Normands, venus de la Scandinavie, pénétraient dans l'Empire carlovingien par les bouches du Rhin, de la Seine et de la Loire. Déposé en 856, remplacé pendant trois ans par son frère Louis le Germanique, qui ne défendit pas mieux ses sujets, il ressaisit le pouvoir grâce à l'appui du clergé. Dès lors, il fut bien servi par la fortune : l'assassinat de Pepin II par un duc des Gascons lui permit de recouvrer l'Aquitaine : il mit un terme aux invasions des Normands de la Loire, en abandonnant le pays de Chartres à leur chef Hastings ; il recueillit l'héritage de Charles, roi de Provence (863), et, après la mort de son autre neveu Lothaire II, il partagea le royaume de Lorraine avec Louis le Germanique en vertu du traité de Mersen (869) ; enfin, il succéda à Louis II comme empereur et roi d'Italie (875). Il mourut en revenant de ce pays (877).

Louis II le Bègue, son fils, placé sous la tutelle d'Hincmar, archevêque de Reims, laissa échapper l'Italie et la couronne impériale, et ne régna que deux ans.

Des trois enfants de Louis le Bègue, deux seulement lui succédèrent, *Louis III* et *Carloman*. Tandis qu'ils combattaient contre les Normands dans le Nord, Boson, gendre de Charles le Chauve, forma dans les vallées du Rhône et de la Saône un royaume de Bourgogne cisjurane (879). Ils moururent à deux ans de distance, Louis en 882, Carloman en 884. — Le troisième fils de Louis le Bègue, Charles le Simple, fut écarté de nouveau, et les Francs se donnèrent pour chef *Charles le Gros*, déjà empereur, roi d'Italie et de Germanie. Ce prince laissa Eudes, comte de l'Ile-de-France, défendre seul la ville de Paris contre les Normands, acheta la retraite de ces pirates, fut déposé à cause de sa lâcheté, et mourut peu de temps après (888). L'Empire carlovingien, momentanément reconstitué, subit un second démembrement : aux anciens royaumes de France, de Germanie et d'Italie s'ajouta celui de Bourgogne transjurane, que forma Rodolphe, fils d'un comte d'Auxerre.

Eudes, proclamé roi de France, extermina une bande de Normands dans la forêt de Montfaucon, en Argonne, mais se défendit péniblement contre Charles le Simple, que soutenait Arnoul, roi de Germanie. A sa mort (898), le parti carlovingien reprit le dessus, et *Charles le Simple* arriva enfin au trône. Le principal événement du règne de ce prince fut la cession d'une partie de l'ancienne Neustrie à Rollon, chef des Normands de la Seine, en vertu du traité de St-Clair-sur-Epte (912). Les seigneurs de la France septentrionale ayant décerné la couronne à *Robert*, frère d'Eudes (922), une bataille s'engagea entre Reims et Soissons : Charles le Simple y tua son rival, mais les troupes de Hugues, fils de Robert, et celles de Raoul de Bourgogne, gendre de ce dernier, le mirent en déroute, et il fut arrêté dans sa fuite par Herbert, comte de Vermandois, qui le laissa mourir au château de Péronne en 929.

Hugues, surnommé le Grand à cause du rôle qu'il joua dans le nord de la France, dédaigna le titre de roi, qui n'eût rien ajouté à sa puissance, et le donna à *Raoul*, dont le règne s'écoula sans gloire (923-936). Il rappela ensuite le fils de Charles le Simple, *Louis IV d'Outre-mer*, qui s'était réfugié en Angleterre. Le nouveau roi voulut reconquérir la Normandie; mais, malgré les secours que lui donna Othon Ier, roi de Germanie, il fut battu devant Rouen (947). L'aîné de ses fils, *Lothaire*, lui succéda (954); le second, Charles, reçut le duché de Lorraine. Rompant avec les traditions de sa famille, qui s'était appuyée sur les Allemands, Lothaire attaqua Othon II, et surprit Aix-la-Chapelle (978); mais, obligé de reculer devant des forces supérieures, il dut son salut à Hugues Capet, fils de Hugues le Grand, qui défit les ennemis sur les bords de l'Aisne. En 986, il fut remplacé par son fils *Louis V le Fainéant*, qui mourut, l'année suivante, d'une chute faite à la chasse. Dans leurs dernières années, les Carlovingiens avaient été réduits à la seule ville de Laon ; les seigneurs s'étaient soustraits à l'autorité royale, et, lorsque Hugues Capet prit le titre de roi (987), la plupart virent s'opérer cette révolution dynastique avec une complète indifférence.

ÉTAT DE LA SOCIÉTÉ DANS LES TEMPS CARLOVINGIENS. — Rien n'est plus triste que les deux siècles de décadence et d'agonie de l'Empire carlovingien, et les contemporains, à raison des souffrances endurées par les peuples, les ont appelés des *siècles de fer*.

Le rêve de Charlemagne s'est évanoui : il n'y a plus de pouvoir central dans l'Occident, les institutions destinées à le soutenir ont péri, les propriétaires de terres ont usurpé les droits régaliens. On tenait en tel mépris les successeurs du grand empereur, que des actes de ce temps-là commencent ainsi : « Sous le règne du Christ, en attendant un roi. »

Plusieurs événements inspirèrent peut-être au clergé la pensée de saisir la direction des affaires : ainsi, Louis le Débonnaire s'était humilié devant lui après la mort de Bernard ; les évêques avaient donné leur approbation solennelle au partage de Verdun ; ils replacèrent Charles le Chauve sur le trône, et Hincmar fut, pendant un demi-siècle, le véritable souverain de la France : le pape Nicolas Ier contraignit par l'excommunication Lothaire II à reprendre sa femme Teutberge, qu'il avait répudiée pour épouser Waldrade. Mais, pour sauver l'Empire carlovingien, la force matérielle eût été nécessaire; que pouvaient les anathèmes et les prières contre des pirates païens ou musulmans et contre le brigandage des seigneurs? Hincmar lui-même a fait en ces termes l'aveu de l'impuissance du clergé : « Le peuple se plaint de nous, et dit : « Défendez par vos prières » le royaume contre les envahisseurs, mais ne vous » mêlez pas de notre défense; donnez-nous un roi » capable de nous protéger. »

L'état moral de l'Europe était aussi déplorable que la situation politique; le désordre avait tout envahi. Sans parler de la fable relative à une papesse Jeanne qui aurait occupé la chaire de St Pierre au milieu du IXe siècle, il est certain que les seigneurs voisins de Rome, et même une comtesse de Tusculum, Marozia, disposèrent plusieurs fois du trône pontifical, et que des papes imposés par eux à l'Église vendirent les dignités ecclésiastiques, célébrèrent avec dérision les mystères, et firent profession publique d'impiété. Dans tous les pays chrétiens, les seigneurs usurpaient le droit d'élection, conféraient à des membres de leur famille les évêchés et les abbayes, percevaient les dîmes et autres revenus. Ce fut ainsi que Reims eut un archevêque de cinq ans. Les prélats cessaient de secourir les pauvres, d'instruire la jeunesse, de prêcher, et on les voyait aller à cheval, chasser et combattre. « Là, dit un auteur de cette époque, où l'on ne devrait entendre que des chants sacrés et des prières, retentissent les hennissements des chevaux, les aboiements des chiens et le cliquetis des armes. » C'était faire d'un évêque une belle oraison funèbre que de dire : « Bon clerc et brave soldat. » Les Actes des conciles montrent à quel point la corruption avait pénétré dans tous les rangs du clergé.

L'ignorance avait fait des progrès effrayants. Bon nombre de seigneurs ne savaient ni lire ni écrire. Les ecclésiastiques eux-mêmes laissaient périr la tradition des lettres. Hincmar en était réduit à n'exiger de ses prêtres que de comprendre et savoir réciter le *Pater*, le Symbole des apôtres et les formules liturgiques. Dans un synode tenu à Ravenne, plusieurs des assistants ne savaient pas le *Credo*. Dans certains monastères, comme on manquait de parchemin, on gratta des manuscrits de l'Antiquité, afin d'y écrire des prières. Tous les moines ne savaient pas lire ; un livre était attaché dans l'église, sous un grillage, et les religieux se réunissaient à l'entour, pour entendre la lecture faite par l'un d'eux ou par l'abbé.

A aucune époque de l'histoire les populations ne furent plus malheureuses. Au milieu des guerres civiles et des invasions, on ne cultivait plus la terre :

les campagnes étaient ravagées, ou devenaient stériles. On manquait de bestiaux, et de grains pour ensemencer. Les forêts ou les déserts s'étendaient de proche en proche. Un duc de Bretagne, ayant reconquis la ville de Nantes occupée depuis plusieurs années par les Normands, ne put se rendre à la cathédrale qu'en se frayant un chemin à travers les ronces la hache à la main. Des bandes de bêtes fauves prenaient possession des plus belles provinces. Au milieu de famines multipliées, les hommes se nourrissaient d'herbes, de racines, de feuilles et d'écorces d'arbres; il y en eut qui firent de la farine avec des ossements broyés et de la craie, et qui assassinèrent pour se repaître de leurs victimes. On vendit de la chair humaine sur le marché de Tonnerre.

L'an mil. — Au milieu de tant de misères, la mort semblait être l'unique ressource. Le récit des dévastations commises par les Hongrois en Allemagne ajouta encore à la frayeur générale. On vit en ces Barbares les armées de Gog et de Magog dont il est parlé dans l'Écriture, les précurseurs de l'Antéchrist. Ce n'était partout que présages d'une ruine prochaine : l'empereur Othon, disaient les bruits populaires, avait vu le soleil en défaillance et jaune comme du safran, et le Diable était venu se présenter au pape Sylvestre II, qu'on réputait magicien. On lisait dans l'*Apocalypse* de St Jean : « Au bout de mille ans, Satan sortira de sa prison, et séduira les peuples qui sont aux quatre angles de la terre. Le livre de la vie sera ouvert. La mer rendra ses morts ; l'abîme infernal rendra ses morts ; chacun sera jugé selon ses œuvres par Celui qui est assis sur un grand trône resplendissant, et il y aura un ciel nouveau et une terre nouvelle. » D'après ce texte, on crut que le monde devait finir en l'an mil, et chacun voulut racheter ses péchés en donnant ses biens à l'Église. L'an mil s'écoula cependant; la société se crut sauvée par un miracle, et témoigna sa reconnaissance envers Dieu par de pieuses fondations. Faisant allusion aux nombreux édifices qui furent élevés pendant le XIe siècle, un contemporain disait : « Il semble que l'Europe se soit dépouillée de ses vieux vêtements pour revêtir la robe blanche des églises. » Le XIe siècle ne devait pas être seulement un temps de renaissance pour l'architecture, l'origine du style gothique ou ogival, mais aussi le commencement d'une splendeur nouvelle pour l'Église, l'âge des Croisades et de la Chevalerie, l'essor des langues modernes et des littératures nationales.

CHAPITRE VIII.

LES ABBASSIDES.

Second Empire arabe. — Le second Empire des Arabes, fondé en 750 par Aboul-Abbas, a grandi et décliné parallèlement à l'Empire carlovingien. Le peuple arabe change de caractère : il n'a plus cette valeur impétueuse qui l'avait rendu si redoutable à ses voisins ; son ardeur militaire semble éteinte, son enthousiasme religieux a perdu sa puissance. Le butin fait à la guerre ne lui suffit plus, il lui faut des propriétés stables ; le repos succède à la lutte, l'industrie à la dévastation, la culture des lettres, des sciences et des arts au rude métier des armes. Les Ommiades avaient été conquérants ; les Abbassides sont plutôt pontifes, et abandonnent le pouvoir politique à des ministres appelés *vizirs* (1).

Aboul-Abbas, fondateur de la dynastie, établit sa résidence à Koufah. — Son frère et successeur, *Abou-Giafar,* surnommé *Almanzor* (le victorieux) pour avoir conquis la Cilicie et la Cappadoce sur les

(1 C'est-à-dire *porteurs de fardeaux.*

Grecs, fonda Bagdad (762), où il transporta le siége de l'empire. La ville nouvelle, dont les remparts en briques, construits avec les ruines de Séleucie et de Ctésiphon, étaient garnis de 163 tours, avait la forme ronde, afin que tous les points de la circonférence fussent également rapprochés du palais du calife, qui était placé au centre.

Haroun-al-Raschid (786-809). — Après les règnes peu importants de *Mahadi* et d'*Al-Hadi*, Haroun devint calife. Il est resté fameux dans les récits des *Mille et une Nuits* ; il a eu, comme Charlemagne, le privilége d'inspirer les poètes et les romanciers.

Haroun fut heureux dans ses guerres contre les Grecs. L'empereur Nicéphore avait refusé de payer un tribut, et son envoyé avait lancé, comme menace et défi, un faisceau de javelots aux pieds du calife. Celui-ci trancha d'un seul coup de cimeterre tous les javelots, et envoya ce message à Nicéphore : « Haroun, commandant des fidèles, à Nicéphore, chien de Romain. — Tu n'entendras pas ma réponse, tu la verras. » En effet, dit un historien, il l'inscrivit en caractères de feu et de sang depuis les sommets du Taurus jusqu'aux rives du Bosphore. L'Asie-Mineure subit huit invasions successives, et l'étendard noir des Abbassides flotta en face de Constantinople.

Haroun était un prince d'une grande piété. Il fit cinq fois le pèlerinage de la Mecque, et, dans les années où il ne put accomplir ce précepte du Koran, il en chargea trois cents pèlerins, qui étaient généreusement défrayés. Tous les jours il faisait cent génuflexions, et donnait mille drachmes d'aumônes. Le surnom d'*Al-Raschid* qu'on lui donna signifie le Juste. L'histoire ne lui reproche que l'extermination de la famille des Barmécides, dont le chef, Giafar, était son vizir ; la cause de la disgrâce de ce ministre aurait été son union secrète avec la sœur du calife, ou le crime de concussion, ou même la jalousie que l'empressement des courtisans auprès de lui aurait éveillée chez son maître. Haroun protégea les lettres, reçut à sa cour ceux qui les cultivaient, réunit des manuscrits précieux de toutes les parties de l'Asie, et ne bâtit jamais une mosquée sans y joindre une école.

CAUSES DE LA DÉCADENCE DES ABBASSIDES. — Après Haroun, l'Empire des Abbassides tomba en décadence. On en peut donner cinq causes principales : les progrès du luxe, la faiblesse des califes, les schismes religieux, les insurrections des provinces, et les invasions étrangères.

1° *Progrès du luxe.* — Un luxe excessif est toujours le signe de la décrépitude des États. Un calife abbasside dépensa six millions de dinars (1) dans un pèlerinage à La Mecque ; en traversant le désert, il se faisait suivre de chameaux chargés de neige pour

(1) Monnaie valant environ 10 fr.

rafraîchir les boissons et les fruits de sa table, et il distribua 150,000 robes d'étoffes précieuses aux habitants de la ville sainte. Un autre, épousant la fille de son vizir, fit placer sur la tête de la mariée mille perles d'un grand prix, et brûler un cierge d'ambre du poids de 80 livres ; des flèches, sur chacune desquelles était inscrit le nom d'un domaine, furent lancées au hasard sur les invités, qui devinrent possesseurs de la terre indiquée par le trait dont ils furent atteints. L'histoire parle aussi d'un calife dont le palais contenait 38,000 pièces de tapisserie, et qui entretenait cent lions dans de splendides jardins ; il avait un arbre d'or et d'argent, avec des perles en guise de fruits, et dont les branches supportaient des oiseaux en métaux précieux ; lorsque le vent agitait cet arbre, on entendait, grâce à un ingénieux mécanisme, le ramage de différents oiseaux. Tel était l'emploi des richesses que les Arabes avaient conquises. Le luxe engendra la mollesse et la débauche ; l'exemple tombant de haut, on ne tarda pas dans toutes les classes à négliger les prescriptions du Koran.

2º *Faiblesse des califes.* — Les successeurs d'Haroun furent des chefs insoucieux, incapables, et dont l'indolence devait être funeste à leur autorité. On annonçait à l'un d'eux, qui pêchait sur les bords d'une rivière, le soulèvement du Khoraçan : « Ne trouble pas mon plaisir, dit-il au messager ; car mon affranchi a déjà pris deux poissons, et moi, je n'en ai pas pris un seul. » Un autre jouait aux échecs quand on lui apprit que des rebelles menaçaient Bagdad : « Laissez-moi, dit-il ; une seule distraction pourrait m'empêcher de faire mon adversaire échec et mat. » Les Abbassides confièrent, depuis l'an 841, le soin de leur défense à 50,000 hommes recrutés dans le Turkestan ; le chef de cette garde turque fut le véritable maître de l'Empire, comme le commandant des Prétoriens à Rome, et, des cinquante-six califes qui régnèrent depuis Mahomet, quarante-deux perdirent par des révolutions militaires le trône ou la vie. Un *Émir-al-Omrah* (émir suprême) fut en même temps chargé de l'administration des affaires civiles, et joua le même rôle que le Maire du palais sous les derniers Mérovingiens. Le calife n'eut plus qu'une suprématie religieuse, et, quand son ministre était fatigué de lui, il le faisait étrangler avec son turban, ou envelopper dans un tapis noir et précipiter dans le Tigre. Les califes, exposés aux complots et aux violences, se montraient aussi très-cruels : on en cite un qui fit brûler vif un vizir dans un fourneau garni de pointes de fer, ordonna de massacrer tous ses officiers invités à un festin, et lâcha dans son palais, sur les courtisans, des bêtes féroces et venimeuses.

3° *Schismes religieux.* — L'autorité spirituelle des califes ne fut pas même respectée, et des schismes éclatèrent dans l'Islamisme. Au commencement du ixe siècle, un certain Babek forma en Perse et en Arménie la secte des *Ismaéliens* : sa doctrine, qui était l'indifférence des actions humaines et la communauté des biens, tendait à la ruine de toute société. Après vingt ans de guerre et la mort d'un million d'hommes, Babek fut pris et conduit à Bagdad, où on lui coupa les pieds et les mains.

Dans le siècle suivant, les *Karmathes* (ainsi nommés de leur chef Karmath) nièrent la révélation de Mahomet, proclamèrent la suppression de la prière, du jeûne, de l'aumône et de toutes les lois, ainsi que le communisme. Pour montrer l'empire qu'il exerçait sur ses disciples, Karmath en fit venir trois, en présence d'un envoyé du calife, et commanda à l'un de se poignarder, au second de se jeter dans le Tigre, au troisième de sauter du haut d'une roche escarpée. Ils obéirent. — Les Karmathes désolèrent l'Orient pendant près de cinquante années ; ils saccagèrent Baalbek, Koufah, Bassora, Damas, prirent La Mecque, égorgèrent 50,000 Arabes qui défendaient la Caaba, mirent en pièces le voile dont elle était couverte, la souillèrent en y enterrant trois mille morts, ravirent la Pierre noire, et comblèrent le puits d'Agar. De tels excès les perdirent : la discorde s'étant mise parmi eux, ils se dispersèrent, et partout on les tua comme des bêtes fauves.

En Égypte, Hakem, qui prétendait être Dieu incarné, enseigna que les religions positives étaient uniquement à l'usage des simples d'esprit, que le temps de l'observation stricte du Koran était passé, qu'il n'y avait aucune différence entre le vice et la vertu, et que le plaisir était le vrai but de la vie. Sa doctrine, propagée par Durzi, subsiste encore dans le Liban parmi les *Druses*. — Les *Assassins* ne paraissent être qu'une ramification de cette secte. Leur nom (*Haschichin*) dérive de l'arabe *haschich*, qui désigne une plante dont la décoction produit des effets analogues à ceux de l'opium. Ce breuvage jetait les sectaires dans une ivresse furieuse, qui leur inspirait le mépris du danger et les rendait plus propres à l'exécution des ordres de leurs chefs.

4° *Insurrections des provinces.* — L'immensité de l'Empire arabe fut encore une cause de sa chute : il y avait, entre les provinces, une trop grande diversité de races, de mœurs et d'intérêts, pour qu'on les maintînt sous une même loi. Les gouverneurs firent tourner au profit de leur ambition la disposition des esprits. Dès le temps d'Haroun, en 788, un descendant d'Ali, Edris, se rendit indépendant au Maroc, et ses descendants, appelés *Edrissites,* bâtirent la ville de Fez, qui fut leur capitale. En 800, Ibrahim, fils d'Aglab, se souleva dans le pays de Kairoan, et les *Aglabites* régnèrent depuis Tunis jusqu'aux frontières de l'Égypte. En 869, Tholoun, gouverneur de l'Égypte, secoua le joug du calife; les *Tholounides* furent bientôt ramenés à l'obéissance; mais la famille des *Fatimites,* qui prétendait descendre d'Ali et de Fatime, affranchit définitivement l'Égypte, et établit sa résidence au Caire (1), qu'elle avait fondé (973). On demandait à Moëz, chef des Fatimites : « De quelle branche de la famille d'Ali êtes-vous ? — Voici mes ancêtres, » répondit-il en montrant son cimeterre ; et il ajouta, en jetant de l'or à ses soldats : « Voici mes enfants. »

L'Asie, aussi bien que l'Afrique, vit s'élever des dynasties indépendantes. En 820, Taher, gouverneur du Khoraçan, se mit en révolte ouverte, et les *Tahérides* restèrent maîtres des pays situés au-delà du Tigre. Ils y furent remplacés, en 873, par les *Soffarides* (2); en 902, par les *Samanides,* qui avaient pour chef Ismaïl, petit-fils de Saman ; en 933, par les *Bouïdes,* dont le chef était le pêcheur Bouïah.

5º *Invasions étrangères.* — Le démembrement de l'Empire des Abbassides par les insurrections des gouverneurs de provinces devait être favorable aux invasions étrangères. A la fin du xe siècle, la tribu tartare des *Gaznévides* (3), conduite par Mahmoud, renversa la dynastie des Bouïdes, et étendit sa do-

---

(1) De l'arabe *El Kaira,* la joyeuse.
(2) Le père de leur chef Yacoub avait été chaudronnier *(soffar).*
(3) Ainsi appelée de sa capitale Gazna (Afghanistan).

mination jusqu'à l'Hindoustan. Derrière elle, arriva bientôt une autre horde, celle des *Turcs Seldjoukides;* Togrul-beg, qui la commandait, vainquit près de Zendékan, en 1038, Massoud, successeur de Mahmoud, et extermina sa tribu. Pénétrant ensuite dans Bagdad, il se fit donner le titre d'émir-al-omrah. Après lui, Alp-Arslan poussa ses conquêtes jusqu'à la Méditerranée, ne laissant aux califes que le territoire de Bagdad. Les possessions des Turcs Seldjoukides formèrent bientôt six sultanies : Mossoul, l'Iran ou la Perse, Damas, Antioche, Alep, et Konièh ou Iconium.

INFLUENCE DES ARABES SUR LA CIVILISATION EUROPÉENNE. — A l'époque où l'Empire des Abbassides tombait en dissolution, les Arabes exerçaient une influence considérable sur la civilisation européenne, par l'intermédiaire de l'Espagne. Ils avaient partout multiplié les écoles, les bibliothèques et les Académies. L'Occident ne connut guère de leur *Littérature* que le roman d'*Antar,* dans lequel certains savants ont voulu trouver le type des romans de chevalerie. Peut-être les Troubadours du midi de la France ont-ils ressenti l'influence de la poésie arabe. Mais ce qui est certain, c'est que les Arabes ont été les maîtres des chrétiens dans beaucoup de sciences. En *Philosophie,* les œuvres d'Aristote et d'autres auteurs grecs ne furent longtemps connues en Europe que par les traductions arabes d'Alkendi, d'Alfarabi, d'Avicenne et d'Averroès. Les Arabes empruntèrent à l'Inde les signes numériques connus sous le nom de *chiffres arabes*, et les transmirent aux Européens. En *Algèbre*, ils allèrent jusqu'aux équations. La *Trigonométrie* reçut d'eux la forme sous laquelle on l'étudie maintenant. Pour l'étude de l'*Astronomie*, ils se servaient du quart de cercle, du sextant, de l'astrolabe, du cadran solaire; ils prirent la hauteur du pôle, mesurèrent un degré du méridien terrestre, et déterminèrent la longueur de l'année sidérale, l'obliquité de l'écliptique, la précession des équinoxes, et l'excentricité de l'ellipse solaire. En *Physique*, ils exposèrent les effets de la réfraction, et trouvèrent des méthodes pour la calculer. Ils fixèrent la hauteur de l'atmosphère, et prouvèrent qu'au-delà il existe une matière plus rare que l'air. Quelques-uns de leurs savants indiquèrent la possibilité de construire des lunettes d'approche, longtemps avant l'époque où l'on découvrit ces instruments. La *Géographie* tira de la propagation de l'Islamisme les plus précieux renseignements : les califes faisaient lever les cartes des pays conquis, et les livres d'Edrisi (XIIe siècle) sont consultés encore aujourd'hui pour l'exactitude des mesures itinéraires et l'intérêt des détails. Les premières écoles de *Médecine* en Europe ont été fondées par les Arabes, à Cordoue, à Salamanque, etc.; on y suivait les préceptes des Grecs : les étudiants y accouraient des contrées voisines ; on ne s'occupait pas d'anatomie et de chirurgie, parce que la loi de Mahomet défend les dissections, mais on étudia l'emploi de plusieurs drogues médicinales, le camphre, le séné, la rhubarbe, la manne, etc. En se servant de sucre au lieu de miel, les Arabes furent conduits à composer des sirops, des juleps, des conserves de fruits. Ils apportèrent en Europe les aromates, la noix de muscade, le clou de girofle. En *Chimie*, les Arabes ont fait connaître les préparations mercurielles, le sublimé corrosif, le précipité rouge, le nitrate d'argent, l'acide nitrique, le nitre muriatique. C'est à eux qu'on est redevable de l'Alchimie, cette prétendue science de la transmutation des métaux, qui n'a produit pour le Moyen Age que l'absurde projet de faire de l'or ; mais, en cherchant la pierre philosophale, les alchimistes firent d'importantes découvertes. La *Botanique* a été enrichie de deux mille plantes par les Arabes. Enfin, ils ont rapporté d'Orient le *papier de linge*, la *boussole* et la *poudre à canon*.

L'Espagne est un exemple de la prospérité dont jouirent, au moins pendant quelques siècles, les sujets des Arabes. « Ils nous ont pris notre pays, disaient les habitants, mais ils l'ont couvert d'or. » Le riz, le coton, le mûrier, la canne à sucre, le palmier, le bananier, le safran, y furent implantés, avec d'excellents systèmes d'irrigation et de culture. L'industrie était florissante : on citait les armes de Tolède, les cuirs de Cordoue, les draps de Murcie et de Cuença, les soieries de Grenade et de Séville. Les beaux-arts ont été aussi l'objet de la protection des Arabes. Toutefois, la peinture et la sculpture leur furent étrangères, parce que la loi religieuse interdisait la représentation de la forme humaine. Parmi les monuments qu'ils élevèrent, on peut citer la grande mosquée de Cordoue et l'Alhambra de Grenade. Ils ne faisaient qu'imiter le style byzantin : ce qui leur appartient en propre, ce sont les arcades et les fenêtres en fer à cheval, les revêtements en faïences émaillées, et les *arabesques*, ornements composés de lignes géométriques, de feuilles d'arbres entrelacées, avec des fleurs et des oiseaux bizarres.

CHAPITRE IX.

LA FÉODALITÉ.

Définition de la Féodalité. — On donne le nom de *Féodalité* à l'ensemble des institutions qui furent en vigueur dans la plupart des contrées de l'Europe depuis le démembrement définitif de l'Empire carlovingien jusqu'au xive siècle, et qui, même depuis cette époque, battues en brèche par les rois, laissèrent encore des traces profondes dans les âges suivants. Le mot viendrait, selon les uns, du latin *fides* (foi, fidélité), parce que, dans cette nouvelle société politique où les propriétaires de terres méconnurent l'autorité centrale, ils étaient liés hiérarchiquement par un serment de fidélité; selon les autres, de l'allemand *fee-od* (terre de récompense), parce que les propriétés féodales n'étaient autre chose que les Bénéfices jadis concédés comme prix de services rendus.

Origines du régime féodal. — Pour trouver les origines de la Féodalité, il faut remonter aux temps qui suivirent l'invasion germanique, et suivre les transformations que subit la propriété territoriale.

1º *Transformation des Bénéfices en Fiefs*. — Les Bénéfices distribués par le chef de guerre à ses Leudes étaient révocables, si les donataires n'accomplissaient pas leurs obligations. En 560, Clotaire Ier décida que la terre ne pourrait être reprise à quiconque l'aurait possédée pendant trente ans; passé ce délai, les droits du donateur étaient prescrits. Cette ordonnance de la *prescription trentenaire* fut suivie du traité d'Andelot (587), dont un article, supprimant la condition de trente années de possession, déclara les Bénéfices irrévocables et viagers. Pendant les troubles des derniers temps Mérovingiens, les Bénéficiers transmirent peut-être leurs terres à leurs enfants; ce fut une hérédité de fait, non de droit, et Charlemagne rappela tous les propriétaires de terres à leurs anciens devoirs. Mais ses successeurs n'eurent pas la même énergie : en 877, Charles le Chauve, incapable de réprimer les usurpations, accorda, par le capitulaire de Kiersy-sur-Oise, l'hérédité des Bénéfices. Cette décision immobilisa les richesses territoriales dans les familles qui les possédaient; elle appauvrit les rois, qui avaient donné des portions de leurs domaines pour payer les services rendus à leur personne, et qui se trouvèrent à la fin dans le plus complet dénûment. Le Bénéfice, devenu inamovible et transmissible par voie d'hérédité, s'appela *Fief* ou *terre féodale:* l'ancien Leude fut le *Seigneur féodal*. Chaque seigneur put *inféoder*, c'est-à-dire concéder, à titre de fief inférieur, quelque portion de son fief.

L'invasion germanique avait créé une autre espèce de terres, les Alleux. Les propriétaires d'Alleux, ne dépendant de personne, n'avaient aucun secours à espérer s'ils étaient menacés. Dans un état de société où la force tenait souvent lieu de loi, ils furent conduits naturellement, pour échapper aux spoliations et aux violences, à se mettre sous la protection d'hommes plus puissants. On appela *Recommandation* l'acte par lequel ils se reconnurent dépendants et s'astreignirent, pour être défendus, à certaines obligations ou redevances. L'édit de Mersen, en 847, permit à tout homme libre de se choisir un seigneur. Les Alleux perdirent ainsi leur caractère de terres libres, et devinrent des Bénéfices, puis des Fiefs ; désormais, selon la maxime féodale, il n'y eut « Pas de terre sans seigneur. »

Quant aux Terres censives, laissées par les Germains aux plus riches des vaincus, elles se transformèrent comme les autres. Les unes, usurpées par les rois ou par les Leudes, furent concédées sous forme de Bénéfices ; les possesseurs des autres profitèrent des temps d'anarchie ou de la faiblesse des gouvernements pour s'affranchir des redevances primitives, et prirent rang parmi les seigneurs féodaux.

2° *Usurpation des titres et de la souveraineté.* — Les seigneurs féodaux se sont distingués des autres habitants du sol par certaines qualifications qui sont devenues des titres de noblesse. Dans l'Empire carlovingien, les fonctionnaires chargés d'administrer les circonscriptions territoriales qu'on appelait duchés, marquisats ou margraviats, comtés, vicomtés, etc., portaient les titres de ducs, marquis ou margraves, comtes, vicomtes, etc. Après Charlemagne, ils s'attribuèrent la propriété de ces titres, auxquels était attachée par délégation une certaine portion de l'autorité royale, et prétendirent la transmettre à leurs fils. Cette usurpation fut encore consacrée par le capitulaire de Kiersy-sur-Oise.

Il en résulta que l'hérédité s'appliqua, non-seulement aux terres, mais aux titres et à l'autorité. La souveraineté des anciens Bénéficiers sur l'étendue de leur terre était plus restreinte encore que leur droit de propriété : elle se bornait à une juridiction domestique sur les colons et les serfs, et ce droit de juger était subordonné à la justice royale. Dans les temps féodaux, tout propriétaire fut souverain dans ses domaines : il exerça le droit de guerre, leva des troupes, fit des lois, perçut des impôts, rendit la justice, battit monnaie, comme un véritable roi. La fusion de la propriété territoriale et de la souveraineté est le caractère essentiel de la Féodalité ; on en avait fait un axiome : « Pas de seigneur sans terre. » Dans les

États modernes, on peut acquérir des titres de noblesse, sans propriété du sol ; ces titres donnent parfois de la considération et de l'influence, mais ils ne confèrent aucune autorité sociale. Au contraire, sous le régime féodal, les droits de la souveraineté, réservés aujourd'hui au pouvoir public, appartenaient au propriétaire sur tous ceux qui habitaient son fief.

3º *Construction des châteaux féodaux.* — Les invasions des Sarrasins et des Normands ont hâté le développement du régime féodal. Les successeurs de Charlemagne étant trop faibles pour protéger leurs sujets, les seigneurs durent pourvoir à leur propre sûreté : ils élevèrent des forteresses sur leurs terres. La royauté comprit aisément que ces châteaux, à l'abri desquels se réfugiaient les populations, pourraient un jour, entre les mains de leurs possesseurs, être une arme contre l'autorité centrale : aussi Charles le Chauve en ordonna-t-il la démolition, par le capitulaire de Pistes (1), en 864. Mais les nécessités de la défense du pays contre les pirates étaient impérieuses ; le même prince autorisa les seigneurs à bâtir des forteresses, par le capitulaire de Kiersy-sur-Oise, appelé avec raison la Charte constitutive de la Féodalité.

Un château féodal. — Ordinairement, le seigneur choisissait, pour y établir sa résidence, une hauteur

(1) Près de Pont-de-l'Arche.

au milieu de ses domaines, l'entrée de quelque défilé, ou une bonne position sur les bords d'une rivière. Là il se contruisait un manoir ou château en pierres, avec une ou plusieurs enceintes flanquées de tours et protégées par des fossés. Pour y pénétrer, il fallait éviter les chausses-trapes (1) semées aux environs, franchir d'étroits ponts-levis sans garde-fous, et des portes garnies de herses ou grilles de fer. On entrait dans une vaste cour, au-dessous de laquelle étaient les caves, les souterrains, les prisons. A l'entour s'élevaient les logements du seigneur et de sa famille, des hommes d'armes et des valets, les magasins, les remises, les écuries, etc. Des têtes de loups ou de sangliers, des oiseaux de proie cloués sur les portes, des cornes de cerfs attachées dans les vestibules, indiquaient les divertissements du châtelain. Dans presque tous les châteaux féodaux, il y avait trois salles d'apparat : la *salle des armes*, garnie d'armures, de lances, de hallebardes, de massues, héritage des ancêtres ou trophées de victoires, et servant aux réceptions solennelles ; la *salle des plaids*, où le seigneur rendait la justice ; la *salle des festins*, avec tables immenses chargées de brocs et de vaisselle, et cheminées assez larges

---

(1) Boules hérissées de pointes de fer dont quelques-unes s'enfonçaient en terre. Elles rendaient les approches du château difficiles, surtout pour les cavaliers.

pour dévorer des troncs d'arbres entiers. Dans les appartements, les femmes s'occupaient d'ajuster les plumes aux traits d'arbalète, les cordes aux arcs, les aigrettes aux cîmiers. Dans les salles basses, on fourbissait les armes. Au milieu de la cour, rarement à l'un des coins, une tour, plus élevée que celles de l'enceinte extérieure, avec des fenêtres ouvertes aux quatre vents, ou surmontée d'une lanterne, servait à observer les environs; c'était le *donjon*. Là une sentinelle annonçait, au son d'une cloche ou d'un cor, le danger qui pouvait menacer le château.

Le châtelain avait autour de lui un certain nombre d'officiers. Les principaux étaient : le *sénéchal* (1), sorte d'économe ou d'intendant; le *bailli*, chargé de rendre la justice à la place du seigneur, et dont les fonctions étaient quelquefois remplies par le chapelain du château ; le *connétable* (2), qui avait la surveillance des écuries et commandait en chef les troupes seigneuriales; les *maréchaux*, commandant sous les ordres du connétable, etc.

HIÉRARCHIE FÉODALE ; SUZERAINS ET VASSAUX. — Si la hiérarchie des terres avait été établie de telle sorte que le roi se trouvât le plus puissant des propriétaires, les ducs plus puissants que les comtes, les comtes plus que les vicomtes, etc., la Féodalité au-

---

(1) De l'allemand *senne*, cabane, et *schalk*, serviteur.
(2) Du latin *comes stabuli*, comte de l'étable.

rait été une société bien organisée, s'élevant de degrés en degrés jusqu'au roi ; et celui-ci, assez fort pour se faire obéir de tous, les aurait contraints d'observer leurs devoirs. Mais il n'en était pas ainsi : le régime féodal avait ruiné le pouvoir central, et isolé les uns des autres les propriétaires de terres, en leur donnant l'indépendance. Cependant, l'isolement n'étant pas un état de société, et mille circonstances obligeant les hommes à établir des rapports entre eux, la Féodalité dut rentrer dans les conditions essentielles de l'organisation sociale, c'est-à-dire reconnaître des inégalités de rangs et des devoirs réciproques. Les seigneurs eurent d'autant plus de droits politiques, que le titre qu'ils portaient avait autrefois indiqué des fonctions plus étendues. On ne saurait marquer l'époque précise à laquelle ces distinctions furent reconnues entre les seigneurs ; la hiérarchie se rétablit capricieusement, et d'une manière variable selon les pays. En théorie, l'*empereur* était au sommet de l'échelle féodale ; venaient ensuite les *rois*, les *ducs*, les *marquis*, les *comtes*, les *vicomtes*, les *barons*, etc.

Tout seigneur ayant d'autres seigneurs au-dessous de lui et sous sa dépendance était leur *suzerain*, et sa terre, par rapport à eux, était un *fief dominant*. Tout seigneur relevant d'un autre seigneur était son *vassal*, et sa terre était un *fief servant* ou *mouvant*. On appelait *grands vassaux*, ceux qui relevaient directement du roi. Un seigneur pouvait avoir le double caractère de suzerain et de vassal : ainsi, le duc de Normandie était suzerain du comte d'Évreux et vassal du roi de France. Deux seigneurs furent quelquefois dans la position réciproque de suzerain à vassal : ainsi, le roi de France était suzerain de l'abbé de St-Denis, mais il relevait de lui pour le Vexin. On pouvait être vassal de deux suzerains : telle fut la position des ducs de Bourgogne par rapport au roi de France et à l'empereur d'Allemagne, et de certains seigneurs par rapport aux rois de France et d'Angleterre.

La cérémonie par laquelle un vassal devenait l'*homme* de son suzerain et se liait à lui, s'appelait l'*hommage*. On distinguait : l'*hommage simple*, dans lequel le vassal se tenait debout, l'épée au côté, les éperons chaussés, et la main sur l'Évangile; et l'*hommage lige* (1), considéré comme plus humiliant, et dans lequel le vassal était tête nue, sans ceinture, ni épée, ni éperons, fléchissait le genou, et mettait ses mains dans celles du suzerain. Après avoir reçu le *serment de fidélité*, le suzerain donnait l'*investiture* du fief, en remettant au vassal une branche d'arbre, une touffe de gazon, une poignée de terre, une pierre, une épée, ou tout autre objet symbolique; pour les grands fiefs, c'était un étendard.

(1) Du latin *ligare*, lier.

OBLIGATIONS MUTUELLES DES SUZERAINS ET DES VASSAUX. — Une fois l'association formée entre le suzerain et le vassal, il y avait pour tous deux certaines obligations à remplir ; elles constituent ce qu'on nomme la *relation féodale*.

Le suzerain étant le plus puissant, les devoirs que l'usage lui imposait n'étaient pas toujours respectés. Il était tenu de protéger ses vassaux, de leur rendre bonne et loyale justice, de les maintenir en possession de leurs fiefs et de tous leurs droits ; il ne pouvait leur reprendre leurs terres qu'en cas de forfaiture ou trahison. S'il leur refusait appui ou justice, s'il les offensait en levant le bâton sur eux, il perdait sa suzeraineté.

Les obligations des vassaux envers leur suzerain étaient plus précises, plus nombreuses et plus dures. Les unes étaient purement morales : ainsi, le vassal devait se sacrifier pour son suzerain, lui donner au besoin son cheval au milieu de la mêlée, se livrer en otage à sa place, ne pas l'offenser ni permettre que d'autres lui fissent injure, ne lui rien suggérer qui pût être à son détriment ou à son déshonneur, le conseiller loyalement, ne pas trahir ses secrets, etc. Les autres étaient des services positifs. Il y avait d'abord le *service militaire*, ou *service de l'host* (1) ou de *chevauchée*. Les conditions en étaient très-variables.

---

(1) Du latin *hostis*, ennemi.

Ainsi, le vassal suivait son suzerain à la guerre, tantôt seul, tantôt accompagné d'un nombre déterminé d'hommes d'armes; ici pour l'attaque, là pour la défense, ou pour les deux à la fois; soit dans les limites de la propriété féodale, soit en tous lieux. La durée du service était de 20, de 30, de 40, de 60 jours chaque année. En France, les ecclésiastiques qui avaient reçu des fiefs furent dispensés, d'assez bonne heure, du service personnel; ils se faisaient remplacer par des *avoués* ou *vidames* : mais il en fut autrement en Allemagne, où l'on vit, par exemple, les archevêques de Trèves, de Cologne et de Mayence paraître sur les champs de bataille à la tête de leurs guerriers. Les femmes et les enfants qui avaient des fiefs envoyaient leurs sénéchaux. Les fiefs restaient généralement indivis, et, dans les successions, passaient tout entiers à l'aîné de la famille : mais, afin d'augmenter le nombre de ceux qui devaient le service militaire, on fit de toute chose un fief, et l'on concéda la chasse dans la forêt, le péage sur la rivière, l'escorte des marchands sur les routes, l'exploitation du four à cuire le pain, du moulin, du pressoir, etc. — La seconde obligation des vassaux était le *service du plaid* ou *de justice*. Lorsqu'une contestation s'élevait entre deux vassaux de même rang, leurs *pairs* ou égaux devaient se rendre auprès du suzerain pour la juger. Les pairs prononçaient également sur les crimes, et prêtaient main forte à l'exécution des sentences. On pouvait en appeler devant la cour du suzerain supérieur, pour *défaut de droit* ou *déni de justice*. Tous les seigneurs féodaux n'avaient pas un droit de punir également étendu : en général, les plus puissants exerçaient seuls la *haute justice*, et pouvaient infliger la mort ; une potence était dressée à la porte de leur château ; ceux qui n'avaient que la *moyenne justice* prononçaient des peines corporelles, mais non la peine capitale ; la *basse justice* ne condamnait qu'à des amendes. Souvent les procès étaient simplifiés par le *duel judiciaire*, qui tint lieu des anciennes Épreuves ou Jugements de Dieu : on faisait combattre l'un contre l'autre, soit les plaideurs, soit l'accusateur et l'accusé, et le vaincu perdait sa cause ou était reconnu coupable. Le prêtre, la femme, l'enfant, le vieillard, se faisaient remplacer par un champion. Le duel avait lieu en matière civile comme en matière criminelle : il fallait que l'objet en litige fût de plus de 12 deniers dans la France du Nord, et d'au moins 40 sols au Midi. Pour le combat judiciaire, les nobles étaient armés de toutes pièces, avec la lance, l'épée et le bouclier ; les roturiers se battaient à coups de bâton. Les contestations n'engendraient pas toujours des procès, mais des guerres privées : l'individu se faisait justice lui-même. — Le vassal devait encore à son suzerain le *service de l'impôt* ou *des aides*. On distinguait : les *aides légales*, impôts annuels, convenus d'avance, déterminés lors de la concession des fiefs, et ordinairement payables en nature ; et les *aides gracieuses,* contributions exigibles en certains cas exceptionnels, par exemple lorsque le suzerain mariait sa fille, partait pour un long voyage, avait une rançon à payer à l'ennemi, etc.

Indépendamment des trois grands services qu'il exigeait de ses vassaux, le suzerain exerçait encore des droits sur les fiefs servants. Ainsi, quand le vassal mourait sans héritier direct, son fief était comme tombé à terre ; pour le relever, pour en hériter, il fallait que l'héritier collatéral payât au suzerain un droit de mutation, qu'on appelait *droit de relief* (1) : c'était une somme d'argent, ou un cheval, des éperons, une selle, des armes, etc. Si l'héritier du vassal était mineur, le suzerain avait le *droit de tutelle* ou *de garde-noble,* en vertu duquel il jouissait des revenus du fief pendant la minorité. Si le vassal ne laissait qu'une fille, elle était tenue, en vertu du *droit de mariage,* de prendre un époux parmi trois personnes présentées par le suzerain, ou de payer une forte somme pour se marier à son choix ; cet usage s'explique par l'obligation du service militaire qui était imposée aux possesseurs de fiefs, et à la-

(1) D'un mot de la basse latinité, *relevium* (action de relever).

quelle des femmes n'auraient pu se soumettre. Si le vassal aliénait une partie de son fief, il lui fallait donner une partie du prix de la vente au suzerain pour obtenir son assentiment, et le suzerain avait *droit de retrait*, c'est-à-dire qu'il pouvait prendre la propriété pour lui-même en la payant. Si le vassal donnait tout ou partie de son fief à une église, à une communauté religieuse, à un établissement hospitalier, le suzerain devait être indemnisé, par le payement de la *main-morte* (1), des droits qu'il ne pourrait plus exercer ou percevoir. Le fief sans héritier revenait au suzerain, en vertu du *droit de déshérence*.

Certains droits bizarres, dont il n'est pas toujours facile d'indiquer l'origine et la signification, appartenaient encore aux suzerains sur leurs vassaux. Ainsi, quand l'évêque de Cahors faisait sa première entrée dans la ville, le baron de Cessac, qui était son vassal, était tenu de l'attendre en un lieu déterminé, la jambe droite nue, de conduire sa mule à la cathédrale, puis au palais épiscopal, et de placer devant lui le premier service. Jusqu'à la fin du XVIIIe siècle, les rois de Naples envoyèrent chaque

---

(1) On appelait *gens de mainmorte* ceux dont la main ne pouvait servir, c'est-à-dire qui ne pouvaient rendre les services auxquels un fief obligeait. Par suite, la mainmorte était la contribution qu'un établissement substitué à une personne était tenu de payer.

année au pape, en signe de vassalité, une haquenée, qui portait sur la tête un calice contenant une somme déterminée.

Manquer aux obligations du vasselage, c'était *forfaire* son fief, c'est-à-dire mériter d'en être chassé (1).

Droits des seigneurs. — Tout seigneur, abstraction faite de sa situation de suzerain ou de vassal, possédait des droits et priviléges particuliers dans ses domaines. Ainsi, il devenait le maître de tout aubain (2), c'est-à-dire de tout étranger qui avait passé un an et un jour sur sa terre, et il en héritait; c'était le *droit d'aubaine*. En vertu des *droits d'épave* et *de bris*, il s'emparait des objets trouvés et des débris des naufrages. Certains seigneurs de Bretagne, dont les domaines étaient au bord de la mer, allumaient des feux pendant la nuit, afin d'attirer les navires sur des rochers où ils se brisaient. L'un d'eux, un vicomte de Léon, disait en montrant un écueil : « J'ai là une pierre plus précieuse que celles qui ornent la couronne des rois. » Le seigneur, quand il voyageait, avait le *droit de gîte* ou *d'hébergement*, et le *droit de pourvoirie*, qui lui permettait de requérir les chevaux, les voitures, les denrées, etc.

Au seigneur appartenaient aussi les *droits de*

---

(1) En latin *foris factura*, mise dehors, expulsion.
(2) Du latin *alibi natus*, né ailleurs.

chasse, de *garenne*, de *colombier*, droits funestes aux paysans, qui voyaient ravager leurs vignes au moment de la vendange ou leurs récoltes déjà mûres. Malheur à quiconque détruisait le gibier destiné aux plaisirs des châtelains! Un duc de Milan, Barnabo Visconti, condamna un paysan qui avait tué un lièvre à le manger crû, avec les os et la peau. La chasse au moyen d'oiseaux dressés fut une véritable passion : un noble, fait prisonnier, donnait bien pour sa rançon tout son argent et jusqu'à deux cents paysans de ses domaines, mais jamais un faucon ; le vol d'un faucon était l'équivalent du meurtre d'un serf. Des prêtres apportaient leurs faucons jusques dans l'église, les plaçaient sur les bras des stalles, et même sur les balustrades de l'autel. Certains seigneurs voulurent être ensevelis avec leurs oiseaux les plus précieux. Un malheureux qui avait effarouché un faucon à la chasse fut mis en croix par ordre d'un évêque d'Auxerre.

Le clergé accordait aux seigneurs certaines distinctions, proportionnées à leur rang : tantôt les *grands honneurs* (l'encensement, l'eau bénite, les prières nominales au prône, le banc et la sépulture dans le chœur de l'église), tantôt les *petits honneurs* (le pas à l'offrande, à la procession, etc.).

ROTURIERS, VILAINS, MANANTS, SERFS. — La société féodale proprement dite se composait de seigneurs, issus des familles conquérantes qui avaient survécu aux bouleversements de plusieurs siècles, ou de vaincus qui s'étaient emparés de terres indépendantes. Les habitants de chaque seigneurie, tenus dans une condition inférieure, étaient désignés par divers noms qu'on employa plus tard indistinctement, mais qui avaient à l'origine un sens spécial. On appelait *Roturiers* (1), ceux qui cultivaient la terre ; *Vilains* (2), ceux qui se groupaient autour d'une résidence seigneuriale et formaient des villages ; *Manants* (3), ceux qui avaient une demeure fixe, principalement dans les villes, et qu'on nommait aussi *Bourgeois* quand la ville était un *burg* ou lieu fortifié. La population des villes se livrait aux arts et métiers, celle des campagnes aux travaux agricoles. Le roturier à qui le seigneur confiait une terre, pouvait transmettre son fermage à ses enfants ; il payait des redevances, soit en nature (blé, bétail, volaille, œufs, vin, huile, etc.), soit en corvées ou journées de travail pour les constructions et réparations du château, l'entretien des routes, la confection des meubles et ustensiles, etc. Le *Mainmortable* était celui qui tenait une terre moyennant redevance, mais sans pouvoir la transmettre : pour se marier

---

(1) Du latin *ruptura*, action de rompre, de briser la terre avec la charrue.

(2) Du latin *villa*, maison de campagne, ferme, métairie.

(3) Du latin *manentes*, résidents.

avec une femme libre ou née hors de la seigneurie, il avait besoin du consentement de son seigneur (1). Le seigneur n'avait de compte à rendre à personne sur la manière dont il traitait ses sujets; ils étaient *gens de poëste* (*gentes potestatis*, gens sur qui on a pouvoir), « taillables et corvéables à merci. » La condition du *Serf* était la pire de toutes; privé de la liberté personnelle et souvent aussi de tous les fruits de son travail, il ne pouvait échapper à son maître, qui, en vertu du *droit de suite*, le réclamait partout où il s'était réfugié.

Outre les redevances régulières et sérieuses des roturiers envers les nobles, il y en avait d'autres dont on ne saurait donner un motif raisonnable. Ainsi, en plusieurs endroits du Poitou, les nouveaux mariés étaient tenus de franchir d'un saut le fossé du château seigneurial ; mais ce fossé était si large, que nul ne réussissait, et les châtelains prenaient plaisir à voir les vilains s'enfoncer dans l'eau bourbeuse. Des seigneurs obligeaient les habitants de leur terre à leur présenter chaque année un roitelet, un œuf, un pain, une rave, ou un fêtu de paille, sur un chariot traîné par des bœufs. Le doyen des bouchers de St-Maixent baisait la porte du château, genou en terre et tête nue; puis chaque boucher en-

---

(1) C'est ce qu'on appelait le *droit de formariage* (mariage au dehors).

trait en payant deux deniers; enfin on lavait les mains du seigneur avec de l'eau de roses. A Condé, les laboureurs de neuf métairies étaient tenus, à l'une des grandes fêtes de l'année, d'offrir à l'église Notre-Dame un mouton « lainu, cornu, et denté de quatre dents. » A Remiremont, le lundi de la Pentecôte, les habitants de six paroisses se rendaient à l'abbaye des religieuses, en portant des rameaux et en chantant des *Kyrie eleison* (1), et présentaient pendant la messe à l'abbesse et à la doyenne d'âge deux corbeilles en écorce de sapin remplies de neige; en retour, les religieuses donnaient de petits papiers contenant 25 épingles aux jeunes filles qui avaient le mieux chanté, et aux hommes un baril de vin, « ni du meilleur, ni du pire. » Ici, le manant devait se présenter en simulant l'ivresse; là, exécuter des gambades en avant et en arrière; ailleurs, offrir un lapin, dont une oreille était blanche et l'autre noire. Près de Genève, il fallait battre le lac avec de longues perches pendant la nuit, pour empêcher les grenouilles de troubler le sommeil du seigneur. Le fermier des Bénédictins de l'église St-Procule, à Bologne, devait, chaque année, apporter devant l'abbé un chapon bouilli entre deux plats, le découvrir, et lui en offrir la fumée. Il semble, d'après ces exemples, que les seigneurs féodaux aient voulu parfois

---

(1) Delà vint le nom de *lundi des Kriolés.*

égayer la vie assez triste de leurs châteaux, et rire un peu avec les manants, qui oubliaient pour quelques heures la dureté de leur condition.

Résultats de la féodalité. — Le régime féodal eut une grande utilité, celle d'attacher à la terre l'homme amoureux jusques-là des hasards et épris de la vie errante. La seule propriété de la terre n'aurait peut-être pas retenu ces nobles, descendants des Barbares, qui lui préféraient les richesses mobilières, les troupeaux, l'or, les belles armures; mais quand ils furent à la fois propriétaires et souverains, maîtres du fief et de ceux qui l'habitaient, leur orgueil fut satisfait comme leur convoitise. Ils apprirent à aimer leur terre et leurs hommes; ils s'unirent d'affection au champ, à la maison, aux sujets qu'ils avaient dû défendre contre les Sarrasins et les Normands. Jadis l'homme était jugé par la loi propre à sa race; il était une personne, la loi était personnelle. Désormais, l'homme en quelque sorte s'est fait terre, la loi est territoriale, chaque pays a sa coutume ou sa loi.

Le régime féodal a été encore un avantage, en ce qu'il a eu pour conséquence d'arrêter les invasions de nouveaux Barbares, et même d'assimiler promptement aux habitants de l'Europe occidentale les envahisseurs étrangers, ainsi qu'il arriva des Normands.

Un autre résultat de la Féodalité fut de développer

la vigueur des caractères. En effet, le seigneur habite son château, isolé de tous ceux qui ne sont pas dans sa dépendance ; il est séparé des manants qui le craignent et lui obéissent, non moins que de ses égaux, dont l'ambition le menace ou qu'il inquiète de la sienne. Quelle haute idée ne doit-il pas concevoir de lui-même, lui qui peut tout, de sa seule autorité, et sans autre limite que celle de sa force ? Ne reconnaissant d'autre droit que son épée, d'autre maître que Dieu, obligé de tremper fortement son âme s'il veut faire face à tous les périls, il acquiert une incroyable énergie de volonté, par laquelle il se donne en exemple à ceux qui l'entourent et protège sa propre indépendance.

Une conséquence heureuse de la Féodalité, ce fut aussi le développement de la vie de famille. Dans le monde grec et le monde romain, l'homme vivait hors de sa maison, aux champs ou sur la place publique : au contraire, le seigneur féodal, réduit à l'isolement de son château, dut vivre au milieu des siens. La vie domestique avait de tout autres conditions : le père, moralisé par l'enseignement chrétien, trouvait des égaux dans sa femme et ses enfants ; le fils, destiné à recueillir le domaine, était entouré des soins nécessaires pour en faire un digne héritier ; la femme restait au manoir pour y représenter son époux lorsqu'il allait à la guerre ou aux aventures, chargée en son absence de veiller sur la famille et d'en garder l'honneur, et ainsi naquirent non-seulement des sentiments trop rares chez les femmes de l'Antiquité, le courage, l'élévation de la pensée, la dignité personnelle, mais encore cette délicatesse d'égards et d'affection dont les femmes furent l'objet dans les sociétés modernes.

Enfin, la relation féodale a été l'origine de quelques-uns des principes du Droit moderne. Tels sont les suivants : nulle sentence n'est légitime, si elle n'est rendue par les pairs de l'accusé ; nulle taxe ne peut être exigée qu'après le consentement des contribuables ou de leurs mandataires ; nulle loi n'est valable, si elle n'est acceptée par ceux qui lui devront obéissance, etc. Sans doute, l'abus de la force empêcha souvent l'application de ces principes, mais ils n'en firent pas moins leur chemin.

Malgré les services qu'elle rendit, la Féodalité ne pouvait être une organisation sociale définitive. En effet, ce n'était point, à proprement parler, une société, puisqu'elle isolait les seigneurs sur leurs terres. Les rapports de vasselage ne remédiaient pas à cette imperfection, car ils ne résultaient ni des vœux ni des intérêts des hommes qui avaient dû les subir. Une seigneurie, pouvant être donnée par testament ou en dot, se trouvait ainsi séparée de son centre naturel, et la nationalité était sacrifiée à des caprices de volonté ou à des exigences de famille. L'idée de nation et de patrie était étrangère au régime féodal : le vassal ne connaissait que son suzerain immédiat ; c'est de lui seul qu'il attendait protection et justice et qu'il recevait des ordres ; il ne tenait par aucun lien ni au roi ni à la nation. La Féodalité étouffait si bien le sentiment national, que, dans les prescriptions qui tracent les devoirs de la loyauté féodale, il n'en est pas une dont soit atteint l'homme qui porte les armes contre son pays natal.

A supposer même que la Féodalité fût une société véritable, il lui manquait, pour durer, deux conditions essentielles, l'*ordre* et la *liberté*. L'ordre était impossible avec le droit de guerre qui était l'un des signes de la souveraineté des seigneurs ; chacun pouvant en appeler à son épée d'une injure qu'il avait reçue ou d'une sentence qu'il estimait injuste, l'état de guerre était l'état naturel de la société. On s'enrichissait par le pillage. L'industrie ne pouvait se développer dans les villes, où les artisans étaient rançonnés ; l'agriculture était en souffrance ; il y avait peu de commerce, car les routes n'étaient pas sûres, et la diversité des monnaies imposait des droits de change onéreux aux marchands. — La liberté n'existait pour les seigneurs que s'ils la faisaient respecter par la force ; souvent opprimés par le suzerain, ils avaient en outre à se préserver des attaques de leurs voisins. A plus forte raison la liberté des roturiers n'avait aucune garantie ; un jurisconsulte des temps féodaux disait, en s'adressant au seigneur : « Il n'y a, entre toi et ton vilain, de juge fors Dieu. » On dit, dans des documents anciens, à propos des seigneurs : « Ils sont seigneurs du ciel à la terre, et ils ont juridiction sur et sous terre, sur cou et tête, sur eau, vents et prairies... Nous leur reconnaissons la haute forêt, l'oiseau dans l'air, le poisson dans l'eau, la bête au buisson. »

Aussi la haine des peuples s'est amassée contre le régime féodal, haine plus violente que contre des pouvoirs plus tyranniques peut-être à d'autres époques, parce que le seigneur était toujours là, faisant peser de près son joug. Delà des insurrections, dans lesquelles les manants, aux premiers accès de la fureur, massacraient les suppôts de leur seigneur et le faisaient trembler lui-même, mais qui ne duraient que le moment de la surprise, car c'était une foule confuse et presque désarmée. Delà aussi ces contes de châtelains enlevés par le diable, de spectres de seigneurs qu'on voyait errer en gémissant autour des asiles de leurs débauches ou de leurs méfaits ; témoignage de la vengeance populaire, qui, ne pouvant invoquer la justice d'ici-bas, faisait appel à la justice du ciel.

Remèdes apportés aux abus de la Féodalité. — On ne pouvait se résigner au désordre, à l'anarchie qu'engendrait le régime féodal. Divers moyens furent employés pour y mettre un terme, et l'honneur en revient principalement à l'Église.

I. Droit d'asile. — Dans l'Antiquité, les temples, les bois sacrés, avaient le privilége de servir d'asile aux malheureux qui fuyaient les vengeances particulières ou les coups de la justice humaine. Depuis le triomphe du christianisme, les églises couvrirent également de leur sauve-garde ceux qui s'y abritèrent, et ce droit d'asile fut reconnu par l'autorité publique. Souvent une *salle de refuge* était annexée aux églises, pour recevoir les gens que l'on poursuivait. Près de l'autel était la *pierre de la paix*, sur laquelle le fugitif pouvait s'asseoir, et il devenait inviolable. Des anneaux étaient scellés dans la muraille en dehors de l'édifice consacré, et quiconque en saisissait un demeurait sauf. Si le fugitif était arraché du lieu saint, les conciles enjoignaient de fermer l'église et de cesser les cérémonies religieuses, jusqu'à ce qu'il eût été réintégré. — Le droit d'asile ne fut cependant pas suffisant pour empêcher les abus de la force.

II. Trève de Dieu. — Un second moyen auquel l'Église eut recours fut la Trève de Dieu. Les conciles de Limoges (994) et de Poitiers (1003) essayèrent d'établir, pour lutter contre les violences des hommes de guerre, un *pacte de paix et de justice*. En 1031, pendant une peste qui désolait l'Aquitaine, plusieurs personnes pieuses parcoururent le pays disant que Dieu ordonnait par leur bouche de faire trève aux vengeances et aux guerres privées, à partir du mercredi soir de chaque semaine jusqu'au lundi suivant. La nouvelle s'en répandit partout ; cette étrange suspension d'hostilités fut adoptée instinctivement. Les seigneurs séculiers et l'Église proclamèrent la *Trève de Dieu*, avec des indulgences pour ceux qui l'observeraient, avec des peines religieuses et temporelles contre ceux qui l'auraient violée.

La trève fut peu à peu étendue aux Quatre-Temps, à la période de l'Avent jusqu'à l'octave de l'Épiphanie, au Carême et à la semaine de Pâques, au mois de Mai, au temps des Rogations jusqu'à l'octave de la Pentecôte, aux principaux jours de fête. Cette multiplication des jours qu'il fallait respecter nuisit peut-être à l'efficacité de la Trève de Dieu. D'ailleurs, les mœurs féodales étaient trop grossières et l'orgueil des seigneurs trop intraitable, pour que le clergé pût obtenir un grand succès. Défendait-il, par exemple, d'en venir aux mains dans l'église, les nobles allaient s'attendre à la porte.

III. CHEVALERIE. — Une influence plus considérable fut exercée sur les mœurs par la Chevalerie. Par ce mot on entend un mélange d'usages et de sentiments assez difficile à définir. Une exaltation de générosité qui poussait à respecter et à protéger les faibles, à vénérer les femmes, à se montrer libéral jusqu'à la prodigalité; une sorte de mysticisme qui associait l'amour d'une dame à l'amour de Dieu, la galanterie à la dévotion : telles sont les idées qu'éveille généralement dans l'esprit le mot de Chevalerie. Mais les poëtes et les romanciers du Moyen Age ont fait de la Chevalerie une institution soumise à des règlements précis.

Conditions pour arriver à la Chevalerie. — On ne pouvait prétendre à la Chevalerie sans être noble de plusieurs générations. L'enfant destiné à y entrer était enlevé aux soins des femmes dès l'âge de sept ans, pour recevoir une éducation mâle et robuste. L'objet principal de cette éducation était le développement des forces physiques, de la vigueur, de la souplesse, de l'agilité; l'esprit du jeune noble n'avait d'autres moyens de s'ouvrir, que les lectures faites pendant les longues soirées par le chapelain du manoir féodal ou les chants des Troubadours errants. Au sortir de l'enfance, on envoyait l'aspirant chevalier auprès de quelque seigneur illustré par ses exploits. Là, il avait le titre de *Page*, et sa fonction était de suivre le châtelain ou sa dame dans leurs voyages, leurs visites, leurs promenades, de les servir à table, de porter leur livre d'heures à l'église. A quatorze ans, il devenait *Varlet* ou *Damoiseau*; le maniement des armes et la chasse aux bêtes fauves et aux oiseaux de proie étaient ses principales occupations. Alors aussi, il nouait une de ces amitiés connues sous le nom de *fraternités d'armes*, consacrées par des serments redoutables, par le mélange du sang que les contractants tiraient de leurs veines, par des gages réciproques (une chaîne, un anneau, etc.), et qui obligeaient aux plus grands sacrifices pour toute la durée de la vie. Le varlet passait *Écuyer* à dix-huit ans, recevait l'épée, le baudrier, la cuirasse, mais non encore le casque, la lance, les éperons dorés, qui n'appartenaient qu'au chevalier. Dans le château, il découpait les mets, versait à boire, veillait sur les chevaux, fourbissait les armes, et gardait les prisonniers. Au dehors, il conduisait en main le cheval de bataille de son seigneur, faisait revêtir à celui-ci son armure, portait sa lance et son casque jusqu'au moment du combat, l'emportait s'il était blessé. Enfin, l'écuyer, se proposant quelque entreprise difficile, s'engageait par un vœu à certaines privations ou portait une *emprise* jusqu'à ce qu'il l'eût exécutée : c'était, par exemple, un voile jeté sur son écu ou bouclier, une bande d'étoffe sur un œil, un anneau au bras ou au pied, etc. Il se parait des couleurs d'une *dame de ses pensées*, près de laquelle il revenait après avoir accompli ses exploits.

Détails de la cérémonie. — L'écuyer se préparait à recevoir l'ordre de chevalerie par des jeûnes et des pénitences, par la confession et la communion. La nuit qui précédait la cérémonie se passait en prières:

on l'appelait la *veillée d'armes*. L'aspirant, après avoir pris un bain, revêtait tour à tour une robe blanche, signe de la pureté de son âme ; une tunique rouge, symbole du sang qu'il devait verser pour tenir ses engagements ; et un justaucorps noir, image de la mort à laquelle il fallait toujours s'attendre. Amené devant l'autel par deux *parrains d'armes*, il portait une épée suspendue à son cou par une écharpe, et, quand le prêtre l'avait bénite, allait s'agenouiller devant le seigneur qui devait l'armer chevalier. Il prêtait le serment d'honorer Dieu et la religion, de protéger le prêtre, la femme et l'orphelin. Alors des chevaliers, quelquefois de nobles dames, lui mettaient la cotte de mailles, la cuirasse, les brassards, les gantelets, lui ceignaient l'épée, et lui attachaient les éperons. Le seigneur lui donnait enfin l'*accolade*, avec trois coups du plat de l'épée nue sur l'épaule ou sur la nuque, et un coup de la paume de la main sur la joue, en disant : « Au nom de Dieu, de St Georges et de St Michel, je te fais chevalier ; sois preux, courageux et loyal. » Le nouveau chevalier saisissait le casque, le bouclier et la lance, sautait à cheval sans se servir de l'étrier, caracolait en brandissant ses armes, et recevait les applaudissements de la foule. La cérémonie était complétée par une fête qu'on appelait *tournoi :* là, le chevalier devait faire preuve de courage et d'adresse, en luttant contre tout venant à *armes courtoises* ou émoussées.

Quand on avait reçu l'ordre de chevalerie, on avait le droit de se faire qualifier *Sire, Messire* et *Monseigneur*; la femme du chevalier avait titre de *Madame*, les autres femmes nobles n'étant que *Damoiselles*.

Dégradation d'un chevalier. — Le chevalier qui manquait à son serment encourait le reproche de *foi mentie* et de *félonie*. Il était passible de la dégradation. Placé sur un échafaud, on lui arrachait ses éperons, et on brisait son armure. Son bouclier était traîné à la queue d'un cheval. Des hérauts le proclamaient « vilain, traître, mécréant, » et l'un d'eux demandait trois fois : « Quel est cet homme ? » Trois fois on lui répondait en le nommant. « Je ne connais, reprenait le héraut, aucun chevalier de ce nom, mais un lâche, un déloyal. » Les prêtres lançaient des malédictions sur le félon; puis on lui versait de l'eau chaude sur la tête, on le tirait en bas avec une corde, on le mettait sur une civière, et il était porté, recouvert d'un drap mortuaire, à l'église, où l'on faisait ses obsèques. C'étaient les funérailles de l'honneur.

Origines de la Chevalerie. — Quelques auteurs ont voulu faire remonter la Chevalerie jusqu'à l'Antiquité. Sans doute, on voit Hercule et Thésée courir le monde pour tuer des monstres et des brigands, ainsi que font les paladins des romans chevaleresques; Thésée et Pirithoüs, Achille et Patrocle s'unirent d'une amitié aussi inaltérable que la fraternité d'armes. Mais ce ne sont là que des ressemblances extérieures ; tout diffère dans le domaine des sentiments. Achille reste sous sa tente par dépit, laissant massacrer tous les siens, et, s'il reprend les armes, c'est par vengeance ; vainqueur d'Hector, il sévit sur le cadavre, et marchande ensuite sa pitié à Priam. Si Glaucus et Diomède échangent leurs armes dans l'*Iliade,* ce n'est point par estime réciproque ; mais Glaucus, en acceptant des armes de bronze à la place des siennes qui sont d'or, fait un marché de dupe, parce qu'il a été aveuglé par un Dieu. Tandis que les chevaliers du Moyen Age consacraient leurs prouesses à la femme, Thésée abandonnait Ariane ; et si les Grecs firent la guerre aux Troyens, ce ne fut point pour la vertu d'Hélène, mais afin de venger l'outrage fait à un roi. A la différence des femmes du Moyen Age, qui ornaient elles-mêmes le cimier des chevaliers pour qu'ils combattissent avec plus de courage, Didon cherchait à retenir Énée, et, d'un autre côté, la renommée de ce pieux personnage n'a pas paru aux Anciens ternie par le plus lâche abandon. Andromaque, après avoir vu périr un époux tel qu'Hector, accepta d'être la femme du fils d'Achille, du meurtrier de son jeune Astyanax. Il n'y a donc aucune analogie entre les mœurs des temps héroïques de la Grèce et celles de la Chevalerie.

D'autres ont pensé que la Chevalerie avait été

empruntée aux Arabes. Il est vrai qu'on trouve chez ce peuple certains traits du caractère chevaleresque, la délicatesse et l'exaltation des sentiments, la notion de l'honneur, les formes de la courtoisie. Mais les chroniqueurs et les poëtes n'ont-ils pas attribué aux Arabes des mœurs postérieures au temps de leur grandeur, et par conséquent imitées de celles des chrétiens? D'ailleurs, la condition des femmes en Orient ne leur permit jamais de jouer dans la société le rôle prépondérant qu'ont eu les femmes chrétiennes.

La Chevalerie est venue de deux sources principales, la Germanie et le christianisme. Chez les Germains, la femme était l'objet, non-seulement du respect, mais d'une vénération voisine du culte; elle encourageait son époux, son frère, son fils, à combattre en braves. Le jeune guerrier n'était admis aux assemblées de la tribu, souvent même à la table paternelle, qu'après avoir reçu solennellement ses armes et mérité cet honneur par un éclatant exploit. On peut retrouver aussi chez les Germains la coutume des emprises, ainsi que des jeux guerriers analogues aux tournois. Enfin ils avaient des maximes de bravoure semblables à celles des chevaliers, par exemple : combattre avec des armes très-courtes, pour être plus près de l'ennemi; ne pas attaquer un adversaire avec des forces supérieures; ne jamais reculer devant lui, etc. — Quant à l'influence de l'Église, elle fut au moins aussi grande. L'Église consacra par ses rites l'initiation à la Chevalerie; elle donna à la force le plus noble emploi, la protection de la faiblesse; elle revêtit certains Ordres de chevalerie d'un caractère sacré, comme participant au sacerdoce (les Ordres religieux et militaires); elle fit souvent des chevaliers autant de missionnaires de la foi. La poignée de leur épée était en forme de croix; ils y jetaient dévotement les yeux au fort de la mêlée, la pressaient sur leurs lèvres mourantes, ou la présentaient à un compagnon, à un ennemi blessé.

Résultats de la Chevalerie. — Est-il vraiment une époque où la Chevalerie ait existé? Ne fut-elle pas plutôt un beau songe, comme l'âge d'or des poëtes?

Il est certain qu'on trouve difficilement des types historiques du chevalier. On pourrait citer Godefroy de Bouillon, le héros de la première Croisade, et Bayard, dont la vie et les mœurs furent un anachronisme dans le XVIe siècle. Mais, ni le Cid, le héros espagnol qui ne dédaignait pas d'aider la force par la ruse, et qui s'employait avec ardeur à recouvrer la dot de ses filles maltraitées par leurs époux et deux épées qu'ils lui avaient dérobées; ni Richard Cœur-de-lion, aussi arrogant, aussi brutal qu'il était fort et brave; ni Du Guesclin, qui faisait la guerre de stratagèmes et rançonnait le pape, ne sont les modèles de la Chevalerie. Or, de cette difficulté de trouver, dans l'histoire, des personnages qui réunissent toutes les vertus du chevalier, on peut conclure que la Chevalerie, telle que la représentent les romans, comme ère de vaillance, de loyauté, de désintéressement, de sacrifice, n'exista jamais, pas plus que le bonheur champêtre des bergers d'Arcadie, et que les poëtes auront opposé un idéal à la réalité grossière.

Mais ce qu'on ne peut révoquer en doute, c'est qu'il exista des Ordres de Chevalerie, dans lesquels on entrait avec des formules d'initiation, et où l'on acceptait le fardeau de certains devoirs. Si la Chevalerie ne fut pas une institution publique, régulièrement et universellement appliquée, du moins elle excita de nobles efforts, elle éveilla, entretint et développa des sentiments qui devaient contribuer aux améliorations sociales. Ainsi, les principes de la Chevalerie étaient un enseignement de justice, une sorte de loi morale qui put suppléer à la faiblesse de l'autorité publique et à l'absence de lois répressives. La Chevalerie enseignait à épargner dans la guerre les cruautés inutiles, introduisait des mœurs plus polies et plus douces, inspirait une fraternité générale, et exaltait la piété aussi bien que l'héroïsme.

Les Modernes doivent à la Chevalerie un mot qui manquait aux Anciens, parce que ceux-ci ne connaissaient pas les sentiments qu'il exprime; c'est le mot *courtoisie*. Être courtois, c'est ne pas combattre plusieurs contre un seul, ni avec des armes supérieures ; c'est frapper son adversaire avec le tranchant, non avec la pointe de l'arme ; c'est ne pas blesser le coursier qu'il monte ; c'est lui laisser l'avantage de porter le premier coup. La courtoisie est la convenance du ton et des manières, un mélange de générosité, de grâce et de franchise dans les procédés.

Le *point d'honneur* est encore un legs de la Chevalerie. On entend par là le sentiment de dignité personnelle qui ne souffre pas l'injure. Il était inconnu des Anciens : Thémistocle laissa Eurybiade lever sur lui son bâton ; Démosthènes, guerrier, orateur et magistrat, fut frappé publiquement par Midias ; Pompée et César se lançaient ouvertement des injures qui rappellent celles d'Agamemnon et d'Achille dans l'*Iliade,* et qui, dans les idées modernes, ne se laveraient qu'avec du sang. Depuis la Chevalerie, on entend autrement la dignité personnelle. Le point d'honneur a engendré, il est vrai, un grave abus, le duel ; mais il a produit cette délicatesse qui repousse jusqu'à l'ombre d'une insulte, qui s'effraie de la moindre hésitation en fait de courage, qui considère comme sacré tout engagement de parole, et qui s'attache scrupuleusement à conserver un nom honoré.

Enfin la Chevalerie a fait de la femme un être

idéal dont l'influence dominait les tournois et les batailles ; elle a établi son culte, en la proclamant juge de la courtoisie et de la prouesse, en l'associant, dans l'opinion et dans la poésie, à tout ce qu'il y avait de pur et de généreux. C'était l'amour d'une dame qui inspirait au chevalier ses plus beaux faits d'armes. Tandis que, chez les Anciens, l'affection pour la femme était considérée comme une bassesse, une malédiction, un châtiment des Dieux, un obstacle aux actes grands et héroïques, elle fut pour les chevaliers comme la source des actions d'éclat.

CHAPITRE X.

ÉTABLISSEMENT DE LA FÉODALITÉ.

§ 1. *France.*

Tableau de la France féodale. — Dans toutes les contrées de l'Europe qui avaient fait partie de l'Empire carlovingien (France, Germanie ou Allemagne, Italie septentrionale), la Féodalité s'est établie, non tout d'une pièce et par l'effet d'une révolution brusque, mais à la longue, et en vertu du développement progressif des anciennes coutumes de la Germanie. Il en devait être autrement dans l'Italie méridionale et en Angleterre, où les institutions féodales ont été implantées d'un seul coup, à la suite d'une conquête.

A l'extinction des Carlovingiens, le régime féodal était dans toute sa vigueur en France : les seigneuries n'étaient pas des démembrements accidentels du royaume, mais des États héréditaires, destinés à une longue durée, ayant leurs lois propres, et dont chacun pourrait avoir son histoire particulière. Les

Capétiens, lorsqu'ils prirent le titre de roi, possédaient le duché de France, dont les principaux vassaux étaient : les comtes d'Anjou; les barons de Montmorency, qui s'intitulaient *sires par la grâce de Dieu;* les comtes de Mantes, de Meulan, de Montfort-l'Amaury, de Melun, d'Étampes, de Corbeil; les seigneurs du Puiset et de Montlhéry; les Coucy, dont le chef prenait cette fière devise : « Je ne suis roi, ni duc, ni comte, ni prince aussi, je suis sire de Coucy; » les comtes de Clermont-en-Beauvaisis, de Soissons, de Valois, d'Amiens, etc. — On considéra comme grands feudataires, comme *pairs du royaume* les six seigneurs suivants : 1º les ducs de *Normandie*, suzerains des comtes d'Alençon et d'Aumale, des seigneurs de Mortagne; 2º les comtes de *Flandre*, qui avaient pour vassaux les comtes d'Arras, de St-Pol; 3º les ducs de *Bourgogne*, ayant sous leur dépendance les comtes de Dijon, de Châlons-sur-Saône, d'Auxerre; 4º les comtes de *Champagne*, héritiers des comtes de Vermandois, et suzerains des comtes de Réthel, de Brienne, de Chartres, de Blois; 5º les ducs d'*Aquitaine* ou comtes de Poitiers, qui recevaient l'hommage des comtes d'Angoulême, de Périgord, des vicomtes de Limoges; 6º les comtes de *Toulouse*, qui comptaient parmi leurs vassaux les comtes de Foix, les vicomtes de Carcassonne et de Narbonne. — Pour faire contrepoids à la puissance des pairs laïques, les rois favorisèrent certains prélats qui étaient devenus propriétaires de fiefs, et il y eut six pairs ecclésiastiques, qui avaient le pas sur les autres : l'archevêque de *Reims*, les évêques de *Laon*, de *Noyon*, de *Beauvais*, de *Châlons-sur-Marne*, et de *Langres*.

Plusieurs provinces de la France actuelle étaient séparées complètement des Capétiens. La Bretagne, différente des contrées voisines par la langue et les usages, se considérait comme étrangère; le Béarn se rattachait à l'Espagne; la Provence, le Dauphiné, la Franche-Comté, l'Alsace et la Lorraine à l'Allemagne.

Les premiers Capétiens (1). — Les débuts de la dynastie Capétienne ont été fort obscurs, confondue qu'elle était avec les autres familles féodales.

Hugues Capet (987-996) triompha de Charles de Lorraine, dernier représentant de la dynastie Carlovingienne, établit la succession au trône dans la ligne masculine par ordre de primogéniture, et fit sacrer son fils afin de lui assurer son héritage.

Robert (996-1031), malgré sa charité et sa piété, fut excommunié par le pape Grégoire V pour n'avoir pas voulu se séparer de sa femme Berthe de Bourgogne, sa parente à un degré prohibé par l'Église. Quand il se fut soumis, il contracta un second ma-

(1 Voyez, pour les détails, l'Histoire de France de notre collection.

riage avec Constance de Toulouse, dont l'humeur acariâtre troubla ses dernières années.

*Henri I*ᵉʳ (1031-1060) eut à combattre son frère Robert, que Constance prétendait mettre sur le trône : généreux après la victoire, il lui donna le duché de Bourgogne, dont son père avait hérité. Il avait triomphé avec l'appui de Robert le Diable, duc de Normandie ; quand il eut l'ingratitude d'envahir ce pays au temps de Guillaume le Bâtard, fils de Robert, il fut battu à Mortemer, puis sur les bords de la Dive.

*Philippe I*ᵉʳ (1060-1108), né du mariage d'Henri Iᵉʳ avec Anne de Russie, fille du grand-duc Iaroslaf, fut placé sous la tutelle de Baudouin V, comte de Flandre. Devenu majeur, il voulut intervenir dans les affaires de ce pays, en faveur de Baudouin VI, l'un des fils de son tuteur, et fut vaincu par l'autre, Robert de Frise, près de Cassel (1071). Désormais plongé dans les plaisirs, il s'exposa aux menaces du pape Grégoire VII à cause de ses simonies, puis aux excommunications du concile d'Autun et du pape Urbain II pour avoir enlevé Bertrade de Montfort, comtesse d'Anjou. Il fut étranger à tous les grands événements de son temps, à la fondation du royaume de Portugal par Henri de Bourgogne, aux expéditions des Normands en Italie et en Angleterre, ainsi qu'à la première Croisade.

§ II. *Allemagne et Italie septentrionale.*

Conrad Ier (911-919). — Le régime féodal était déjà fortement assis en Allemagne, lorsque mourut le dernier descendant de Charlemagne dans ce pays. Les grands duchés qu'on y distinguait étaient : la Saxe, la Thuringe, la Franconie, la Lorraine, la Bavière, la Souabe (ancien pays des Alémans). La Féodalité compléta sa victoire en supprimant l'hérédité royale; la couronne devint élective. Soixante mille nobles et guerriers se réunirent autour de la ville de Worms, et élurent Conrad, duc de Franconie. Ce prince dut employer tout son règne à guerroyer contre les seigneurs qui ne lui avaient pas donné leurs suffrages, et il fut tué dans un combat contre les Hongrois. La diète de Fritzlar décerna la couronne à Henri, duc de Saxe, qu'on surnomma *l'Oiseleur*, parce qu'il était occupé à la chasse au faucon lorsqu'il reçut les insignes royaux.

Henri Ier l'Oiseleur (919-936). — Avec Henri Ier commença la maison de Saxe, dont les membres devaient occuper le trône jusqu'en 1204. Il réduisit à l'obéissance les Souabes et les Bavarois qui lui refusaient l'hommage, introduisit la coutume suivie par ses successeurs de faire occuper les fiefs vacants par des princes de sa famille, institua des *Comtes palatins*, analogues aux Envoyés royaux de Charlemagne, exigea le service militaire de tous les vassaux, imposa la suzeraineté allemande à la Bohême, et, dans le but de contenir les ennemis du dehors, organisa les *Marches* de Slesvig, de Brandebourg, de Misnie, et de Lusace. Il se fortifia contre la Féodalité par une alliance étroite avec les villes : aux unes il permit de s'entourer d'enceintes de pieux appelées *faubourgs*, dans lesquelles ceux qui fuyaient la tyrannie de leur seigneur pouvaient trouver un refuge, et ils devenaient citoyens libres après y avoir passé un an et un jour; aux autres, qui furent appelées *villes immédiates* et plus tard *villes impériales*, il accorda le privilége de relever directement du souverain, et non du seigneur dans les domaines duquel elles étaient comprises.

Henri l'Oiseleur eut une guerre à soutenir contre les Hongrois. Au lieu du tribut qu'ils réclamaient, il leur avait envoyé un chien galeux. Quand ils se jetèrent sur l'Allemagne, il les tailla en pièces à Merseborg (933).

OTHON Ier LE GRAND (936-973). — A la mort de Henri Ier, la diète, réunie à Aix-la-Chapelle, lui donna pour successeur son fils Othon. Le couronnement dans une ville qui avait été la résidence de Charlemagne, et le cérémonial tout nouveau de cette solennité, imprimèrent à l'avènement d'Othon un caractère particulier de grandeur. On vit pour la première fois les plus grands seigneurs rendre au roi des services de domesticité, qui devinrent des charges honorifiques : ainsi, le duc de Lorraine remplit les fonctions de chambellan, le duc de Franconie celles d'écuyer, le duc de Souabe celles d'échanson, le duc de Bavière celles de maréchal. Le sacre fut fait par l'archevêque de Mayence, comme primat de Germanie.

Othon n'en eut pas moins à réprimer la révolte de son frère Trankmar, que soutenaient les ducs de Franconie et de Lorraine. Ces deux seigneurs furent vaincus à Andernach ; le premier périt au milieu de la mêlée, le second se noya dans le Rhin, et leurs fiefs furent donnés à des membres de la famille royale. Dans l'espoir de contrebalancer la puissance de l'aristocratie laïque, il créa une aristocratie ecclésiastique, en conférant des fiefs aux évêques ; mais, bien qu'il eût placé leur temporel sous l'administration d'*avoués* nommés par lui, il préparait ainsi de graves embarras à ses successeurs.

Au dehors, Othon fit reconnaître sa suzeraineté au *royaume d'Arles*, État formé en 930 par la réunion des deux Bourgognes cisjurane et transjurane, et l'imposa également à la Pologne. Provoqué par les Danois, qui avaient envahi la Marche de Slesvig, il les poursuivit dans le Slesvig, contraignit leur roi Harold à recevoir le baptême, et fonda les évêchés de Slesvig, de Ripen et d'Aarhus. Moins heureux en France, où il voulut soutenir Louis IV d'Outre-mer contre les Normands, il fut battu sous les murs de Rouen.

La situation de l'Italie septentrionale et centrale attira aussi son attention. Depuis que les Carlovingiens avaient cessé d'y régner (888), le démembrement féodal s'était produit. On distinguait, entre autres seigneuries, les duchés de Frioul et de Spolète, les marquisats d'Ivrée et de Montferrat, les comtés de Savoie, de Toscane, etc. La couronne d'Italie était une proie que se disputaient les ambitieux. En 951, Bérenger, marquis d'Ivrée, empoisonna le roi Lothaire de Provence, et voulut marier son propre fils Adalbert, qui était difforme, avec Adélaïde, veuve de la victime. Celle-ci implora le secours du roi de Germanie. Othon franchit les Alpes, délivra et épousa Adélaïde, et, ne se réservant que le pays d'Aquilée et de Vérone pour avoir une entrée en Italie, accepta le vasselage de Bérenger. Des troubles excités par quelques seigneurs indociles, et surtout une invasion des Hongrois, le contraignirent de rentrer dans ses États. Par la grande victoire d'Augsbourg (955), il mit fin aux attaques de ces Barbares, qui se fixèrent définitivement en Hongrie, et contre lesquels il érigea les Marches d'Autriche et de Styrie.

Rappelé en Italie pour châtier les violences de Bérenger, Othon se saisit de lui, l'envoya mourir à Bamberg, et reçut des mains de l'archevêque de

Milan la couronne de fer des rois Lombards. Le pape Jean XII le sacra ensuite empereur (962), et obtint la confirmation des donations de Pepin le Bref et de Charlemagne. Mais, comme il noua des intrigues avec Adalbert, il fut déposé dans un concile, et remplacé par Léon VIII. Celui-ci porta un décret d'après lequel il appartiendrait désormais aux empereurs de choisir le pape et les évêques dans toute l'étendue de leurs États : le Saint-Siége, l'Église et l'Italie tombaient ainsi dans la dépendance des Allemands. Depuis 962 jusqu'en 1806, la couronne impériale est restée aux souverains de l'Allemagne, et leurs États ont porté le titre officiel de *Saint-Empire romain*.

Othon le Grand avait encore le dessein d'étendre sa domination sur l'Italie méridionale. A cet effet, il fit épouser à son fils une princesse grecque, Théophanie, qui apporta en dot les villes de Naples, de Gaëte et d'Amalfi, et la suzeraineté sur les duchés de Bénévent, de Salerne et de Capoue. Mais il mourut avant d'avoir pu rien tenter sur la Calabre et la Pouille.

Othon II (973-983). — Après une courte guerre contre Lothaire, roi de France, Othon II voulut faire valoir les droits de Théophanie sur le midi de l'Italie. Mais il fut battu par les Grecs à Basentello (Calabre), et fait prisonnier : un navire l'emmenait déjà, lorsqu'il se jeta dans les flots, et il fut assez heureux pour gagner le littoral à la nage et échapper aux flèches dont le criblaient ses ennemis. Il alla mourir à Rome.

Othon III (983-1002). — Son fils Othon III réprima l'insurrection de Crescentius dans les États pontificaux. C'était un membre d'une grande famille, attaché aux idées républicaines, et qui, après avoir chassé trois papes successivement, se proposait de détruire la puissance temporelle du Saint-Siége. Il fut pris dans le château St-Ange, et mis à mort (997). Othon succomba, selon les uns, à l'influence du climat italien ; selon les autres, Stéphanie, veuve de Crescentius, aurait simulé une vive passion pour lui afin de pénétrer dans son camp, et l'aurait empoisonné. Il fut le dernier descendant direct de Henri l'Oiseleur.

Henri II (1002-1024). — Henri II, cousin d'Othon III, comprima une révolte d'Ardouin, marquis d'Ivrée, dont les troupes furent battues près du lac de Garde. Sa générosité envers le clergé, son zèle pour la propagation du christianisme dans les pays Slaves, ses vertus privées, l'ont fait élever au rang des Saints. On raconte qu'il alla se présenter à l'abbaye de St-Vannes, près de Verdun, et qu'il y fit des vœux monastiques ; mais, en vertu de l'obéissance qu'il venait de jurer, l'abbé lui ordonna de reprendre la couronne.

Conrad II le Salique (1024-1039). — A la mort de Henri II, l'Empire passa de la maison de Saxe à celle de Franconie. Conrad II, que les seigneurs allemands élurent, a été surnommé le Salique parce que ses domaines étaient situés sur les bords de la Saale. Il réunit à l'Empire le royaume d'Arles, que lui légua par testament Rodolphe III le Fainéant (1033). Puis, quand il alla se faire couronner empereur en Italie, il rendit l'édit de Pavie (1037), d'après lequel les *Vavasseurs* ou possesseurs de fiefs inférieurs obtenaient l'hérédité de leurs terres, ne pouvaient plus en être dépossédés qu'après un jugement de leurs pairs, et relevaient directement de l'empereur. Conrad s'attachait ainsi la petite noblesse, et fortifiait l'autorité impériale en Italie contre les grands feudataires. C'est dans le même but que les villes furent encouragées à se donner des constitutions municipales.

Henri III (1039-1056). — Henri III, fils de Conrad II, régna avec une autorité presque arbitraire. En Allemagne, il disposa à son gré des grands fiefs, et les démembra pour les affaiblir. En Italie, il éleva successivement quatre Allemands à la chaire de St Pierre, tous recommandables, d'ailleurs, par leur science et leurs vertus (Clément II, Damase II, Léon IX et Victor II). Le concile de Sutri (1046) reconnut de nouveau que le souverain pontife ne pouvait être élu sans le consentement de l'empereur. Cette domination de l'Allemagne sur l'Église allait bientôt amener l'un des événements les plus graves du Moyen Age, la guerre du Sacerdoce et de l'Empire.

§ III. *Italie méridionale et Sicile.*

EXPÉDITIONS DES NORMANDS. — Ce sont des habitants du royaume de France, accoutumés aux mœurs et aux institutions féodales, qui les ont portées dans le midi de l'Italie et en Sicile. Quarante pèlerins normands, revenant de Palestine, arrivèrent à Salerne au moment où cette ville était menacée par une troupe de Sarrasins de Sicile (1006). Ils aidèrent les habitants à repousser les Infidèles, et, chargés de présents, rentrèrent dans leur pays. Ce qu'ils racontèrent du climat et des productions de l'Italie stimula le penchant des Normands pour les aventures : une bande partit, en 1016, sous la conduite d'Osmond, qu'un meurtre obligeait de s'éloigner, et alla s'établir sur le mont Gargano. On voyait ces Normands, dit un ancien auteur, gagner leur vie avec leur épée; ils s'habillaient en pèlerins, mais cachaient, sous leurs pacifiques vêtements, des armes dont ils se servaient au besoin pour obtenir des vivres ou le libre passage. Mélo, riche citoyen de Bari, qui voulait soustraire sa ville au joug de l'empereur de Constantinople, les prit à son service, et battit plusieurs fois les Grecs; mais, ayant essuyé un échec près de Cannes, où Osmond fut tué (1019), il se réfugia en Allemagne. Les Normands combattirent ensuite sous les ordres de Sergius, duc de Naples, contre Pandulfe, prince de Capoue ; Rainulfe, frère d'Osmond, reçut pour prix de sa bravoure la ville et le territoire d'Aversa (1025).

Ce premier succès des Normands détermina d'autres aventuriers à se rendre en Italie. Un petit seigneur des environs de Coutances, Tancrède de Hauteville, avait douze fils, auxquels son modique héritage n'aurait pu suffire, et qui devaient chercher fortune dans les pays lointains. Trois d'entre eux, Guillaume Bras-de-Fer, Drogon et Humfroy, prirent le commandement d'une troupe d'aventuriers (1035), et aidèrent un officier grec, Maniacès, à remporter quelques avantages sur les Sarrasins de Sicile. Frustrés dans le partage du butin, ils passèrent dans l'Italie méridionale, et s'unirent aux Normands d'Aversa pour attaquer les Grecs. Une rencontre eut lieu à Cannes (1041) ; comme les forces des deux partis étaient très-inégales, un héraut vint offrir aux Normands l'alternative de combattre ou de sortir du pays. « Nous combattrons ! » s'écrièrent-ils ; et Humfroy, pour montrer sa vigueur, abattit d'un coup de poing le cheval du héraut. Les Grecs furent vaincus, et il ne leur resta bientôt que les places de Bari, d'Otrante, de Brindes et de Tarente. Les Normands organisèrent immédiatement leur conquête :

Guillaume fut proclamé duc de la Pouille, et ce pays forma douze comtés dont les titulaires se reconnurent vassaux.

Robert Guiscard. — L'année où mourut Guillaume (1046), on vit arriver, avec quelques guerriers, un autre fils de Tancrède de Hauteville, Robert, surnommé Guiscard (le rusé). C'est le type des Normands du xie siècle. Sa beauté virile, sa taille élevée, sa contenance noble et fière, tout, jusqu'au son de sa voix, annonçait en lui un héros. A l'ardeur belliqueuse il joignait la ruse, poussée jusqu'à la perfidie. Ne trouvant point de place en Italie parmi ses compatriotes, il se jeta dans les montagnes de la Calabre, courant et pillant le pays, riche aujourd'hui, mourant de faim le lendemain, mais se faisant par ses exploits de brigand une grande réputation de vaillance.

Cependant, le pape Léon X, alarmé du voisinage des Normands, formait, dans le but de les anéantir, une ligue avec l'empereur d'Allemagne Henri III et l'empereur grec Constantin Monomaque. Robert Guiscard, pareil, dit un contemporain, à un lion rugissant que les obstacles irritent, combattit à Civitella (1053) les troupes coalisées, les mit en déroute, et fit le pontife prisonnier. Les Normands, politiques aussi habiles que braves soldats, comprirent qu'ils avaient besoin d'un appui pour se maintenir en Italie. La papauté exerçant une grande influence morale, ils se jetèrent aux pieds de Léon IX, lui demandèrent pardon de l'avoir combattu, et sollicitèrent son alliance. De son côté, le Saint-Siége ne pouvait songer, sans un appui matériel, à s'affranchir de la domination des empereurs. Léon IX abandonna donc ses alliés, et conclut avec les Normands un traité par lequel il les reconnaissait, moyennant une redevance annuelle de douze deniers par charrue, possesseurs de l'Italie méridionale.

Robert Guiscard poursuivit donc la conquête de ce pays. Il soumit Salerne et Bénévent, abandonna cette dernière ville au pape, expulsa les Grecs des places qu'ils occupaient encore, et, les poursuivant au-delà de l'Adriatique, leur prit l'île de Corfou et le port de Durazzo en Épire (1080).

Roger. — Un frère de Robert Guiscard, Roger, avait entrepris d'enlever la Sicile aux Sarrasins (1060). Comme il n'avait qu'un petit nombre de guerriers et que des renforts lui arrivaient rarement, il ne lui fallut pas moins de trente ans pour achever son œuvre. Ses exploits ont été racontés dans de merveilleuses légendes. Ainsi, dans un combat de 136 Normands contre 50,000 Infidèles, St Georges, patron de la Normandie, apparut à cheval et décida la victoire. Roger était parfois réduit aux plus dures extrémités : pendant le siège d'une forteresse au pied de l'Etna, il n'eut, pour se garantir du froid, qu'un seul manteau, et sa femme et lui le portèrent alternativement. On cite de lui des traits de bravoure extraordinaire : son cheval ayant été tué dans une rencontre, il tomba au pouvoir des Sarrasins, parvint à se dégager à l'aide de son épée, et rapporta la selle sur son dos, ne voulant laisser aucun trophée entre les mains des ennemis. — Après la conquête, Roger se fit donner par le pape l'investiture de la Sicile, avec le titre de grand-comte, et imposa aux habitants les usages féodaux. Son fils, Roger II, devait, après avoir recueilli l'héritage des descendants de Robert Guiscard et la principauté d'Aversa, prendre le titre de roi des Deux-Siciles, en 1130, sous condition de l'hommage au Saint-Siége.

§ IV. *Angleterre.*

INVASIONS DANOISES. — Egbert le Grand venait à peine de réunir les royaumes de l'heptarchie anglo-saxonne (827), lorsque l'Angleterre fut exposée, comme l'Empire carlovingien, aux agressions de pirates Scandinaves, désignés, non plus par le nom de Normands, mais par celui de Danois. Au nombre des chefs de ces pirates se trouvait Regnar Lodbrog, déjà connu par ses dévastations sur le continent ; fait prisonnier dans le Northumberland, il fut jeté dans une fosse remplie de vipères (855). Son chant de mort, qui nous a été conservé, excita les Scandinaves à la vengeance. Ils s'emparèrent de tout le pays, moins l'ancien royaume de Wessex, déployant partout un acharnement incroyable contre les prêtres et les moines : ils les mettaient à la torture afin de leur faire révéler l'endroit où étaient cachés leurs trésors, fouillaient même les tombeaux, et se servaient des livres des bibliothèques pour incendier les églises.

Alfred le Grand (871-901). — Lorsque le plus célèbre des rois anglo-saxons, Alfred le Grand, hérita du pouvoir, ses sujets étaient découragés. Vainement il envoya par les villes et les villages un messager de guerre, portant une flèche et une épée nue, et criant : « Que quiconque ne veut pas être tenu pour un homme de rien sorte de sa maison et accoure ! » On ne répondit pas à son appel. Il dut se réfugier dans la presqu'île de Cornouailles, où il resta caché pendant sept ans chez un bûcheron, qui lui faisait cuire son pain et accomplir les plus humbles services. Apprenant à la fin que les Danois avaient excité la plus vive irritation par leurs violences, il rallia autour de lui ceux qui voulaient secouer le joug, pénétra, déguisé en barde, dans le camp des pirates, et, après avoir observé leurs forces, les rejeta, par la victoire d'Ethandun, au Nord de la Tamise. Il n'eut pas moins de 56 combats à livrer pour reconquérir les domaines de ses pères ; encore laissa-t-il l'ancienne Est-Anglie au chef danois Gothrun, qui consentait, avec une partie de ses compagnons, à recevoir le baptême.

Alfred a laissé un nom illustre dans l'administration comme dans la guerre. Avant de porter le titre de roi, il avait fait deux voyages à Rome, appris le latin et différents arts, et conçu le projet de civiliser les Anglo-Saxons. Il partagea son royaume en comtés (*shires*), subdivisés eux-mêmes en cantons ou groupes de cent familles et en dizainies; les chefs de ces circonscriptions, appelés *comtes (aldermen), centeniers* et *dizainiers*, statuaient sur les différends avec l'assistance d'hommes libres ou francs-tenanciers (*free holders*). Dans chaque comté, un *shérif* défendait les intérêts de la couronne, et percevait les amendes prononcées au profit du fisc. Deux fois l'an, le roi convoquait, le plus souvent à Londres, les grands du royaume, évêques, abbés, comtes et principaux propriétaires, pour exercer le pouvoir législatif. Alfred réunit en un seul code les lois de ses prédécesseurs, et rendit sa justice si redoutable, qu'il put laisser des bracelets d'or sur la voie publique sans que personne y touchât. Il remit l'Angleterre en bon état de défense, bâtit de nombreuses forteresses, et construisit des navires plus longs et plus hauts que ceux des Danois. Protecteur du moine Asser, qui écrivit son histoire, et du philosophe Jean Scot Érigène, il institua des écoles élémentaires auxquelles tous ses sujets devaient envoyer leurs enfants, dota richement l'école d'Oxford, et traduisit lui-même en anglo-saxon l'*Histoire ecclésiastique* de Bède le Vénérable, celle de Paul Orose, le *Traité de la consolation* de Boëce, le *Pastoral* de Grégoire le Grand, etc.

DOMINATION DES DANOIS. — La prospérité qu'Alfred le Grand avait procurée à l'Angleterre dura peu. Les Danois reparurent, et, sauf Athelstan, qui les battit à Brunanburgh (936), les rois anglo-saxons se montrèrent faibles et incapables. Le clergé, à la tête duquel était St Dunstan, archevêque de Cantorbéry, prit en vain la direction des affaires ; l'Angleterre retomba sous le joug étranger, et paya une forte contribution appelée *danegeld* (argent des Danois). En 1002, le roi Ethelred fit inviter les Danois à des festins, le même jour dans tout le royaume : ils y furent égorgés : mais ce *Massacre de la St Brice*, loin de délivrer l'Angleterre, attira sur elle une formidable invasion. Ethelred dut s'enfuir en Normandie (1014), et un chef de pirates, Swen ou Suénon, fonda une dynastie danoise. Knut ou Canut le Grand, fils de Suénon (1016-1036), régna tout à la fois sur l'Angleterre, le Danemark, la Suède et la Norvége. Converti au christianisme, il fonda des églises, et établit ou remit en vigueur le *denier de St Pierre*, contribution d'un denier que chaque maison devait payer au pape. A sa mort, ses États

ÉTABLISSEMENT DE LA FÉODALITÉ.

furent partagés; Hard-Knut ou Hardi-Canut, à qui échut l'Angleterre, mourut subitement dans un banquet, et les Anglo-Saxons, se débarrassant des Danois, rappelèrent du continent Édouard, fils d'Ethelred, qui devait être canonisé plus tard sous le nom d'Édouard le Confesseur (1042).

Le comte Godwin, personnage rude et sévère, avait pris la plus grande part aux derniers événements. Édouard épousa Édith, née de Godwin, disait-on proverbialement, comme la rose naît de l'épine. Mais il mécontenta les Anglo-Saxons, en donnant les charges et les honneurs à des hommes amenés de Normandie, et en introduisant à sa cour le costume et le langage normands. Ils se disaient tombés de nouveau sous le joug des étrangers. Godwin se mit à la tête d'une troupe de rebelles, fut vaincu, et subit un exil de cinq années. L'envahissement des emplois publics par les Normands n'était, au reste, que le prélude de la conquête qu'ils firent du pays lui-même après la mort d'Édouard le Confesseur.

GUILLAUME LE CONQUÉRANT. — Leur duc, Guillaume le Bâtard, soutenait qu'Édouard, qui n'avait pas d'enfants, lui avait promis de tester en sa faveur. Mais il trouva un compétiteur dans Harold, l'un des fils de Godwin, proclamé roi par les Anglo-Saxons. Harold, poussé autrefois par une tempête sur les côtes du Ponthieu, et tiré par Guillaume des mains du comte de ce pays, avait juré, sur une cuve remplie de saintes reliques, de ne pas prétendre à la couronne d'Angleterre, mais ne se croyait pas lié par un serment subrepticement obtenu. Le pape Alexandre II n'avait pas été appelé à sanctionner la nomination de Stigand à l'archevêché de Cantorbéry; désireux d'imposer au clergé anglo-saxon la suprématie du souverain pontificat et d'assurer la perception du denier de S¹ Pierre, il excita Guillaume à prendre les armes, lui envoya, en signe d'investiture, une bannière bénite et un cheveu de S¹ Pierre enchâssé dans un anneau, et frappa Harold d'excommunication comme parjure et sacrilége. Une flotte, rassemblée à S¹ Valery-sur-Somme, emporta 60,000 hommes qui avaient répondu de toute la France à l'appel du duc, et aborda sur la côte du Sussex, à Pevensey. En mettant pied à terre, Guillaume chancela, et tomba sur la face. « Dieu nous garde! c'est mauvais signe, » crièrent les siens. Mais il se releva aussitôt, et s'écria : « Qu'avez-vous? Je viens de prendre cette terre de mes mains, et, par la splendeur de Dieu, tant qu'il y en a, elle est à nous. »

Harold n'était pas là pour repousser l'invasion : il était allé combattre dans le Nord son frère Tostig, qui, soutenu par une bande de Norvégiens, lui disputait la couronne. On tenta de négocier avant la bataille : Harold consentait à céder un territoire à Tostig; mais, celui-ci lui ayant demandé ce qu'il donnerait au roi de Norvége, il répondit : « Six pieds de terre, ou un peu plus, car on dit qu'il est plus grand que le commun des hommes. » Il fallut en venir aux mains ; Tostig et son allié furent vaincus et tués près d'York.

Se portant alors à la rencontre des Normands, Harold occupa une forte position devant eux près d'Hastings (1066). Les Anglo-Saxons passèrent la nuit qui précéda la bataille à chanter et à boire, tandis que leurs ennemis prièrent et reçurent les sacrements. L'action fut engagée par les Normands, en tête desquels marchait le poëte Taillefer, chantant la Chanson de Roland. Ayant échoué contre les retranchements d'Harold, ils lancèrent leurs flèches en l'air, de manière à leur faire décrire une courbe et à frapper d'en haut les Anglo-Saxons ; ceux-ci se couvrirent de leurs boucliers comme d'un toit. Enfin, dans une dernière attaque, les Normands, reculant peu à peu, attirèrent leurs adversaires hors de leurs lignes, les enveloppèrent dans la plaine, et les taillèrent en pièces. Harold périt les armes à la main. Une *Abbaye de la bataille* fut élevée sur le lieu du combat.

Guillaume marcha rapidement sur Londres, et s'y fit couronner par l'archevêque d'York. Pour tenir les habitants en respect, il bâtit la forteresse connue sous le nom de Tour de Londres. Des bandes d'Anglo-Saxons, ne se résignant pas à la défaite, s'en allèrent en Norvége et en Danemark, d'où étaient venus leurs ancêtres; d'autres prirent du service à Constantinople sous le nom de *Varangers* (expatriés). Deux descendants des anciens rois, Edwin et Morkar, avaient formé un camp de refuge dans l'île d'Ély, au milieu des marais situés au Nord de Cambridge; ils y furent forcés par les Normands (1072). Des répressions sanglantes découragèrent les insurrections: la population d'Exeter fut passée au fil de l'épée, 300 maisons sur 700 détruites à Oxford, et la ville de Leicester entièrement ruinée.

Sa législation. — Maître de l'Angleterre, Guillaume y organisa la féodalité. Il fit dresser un cadastre général des biens-fonds; ce livre, qui sanctionnait l'expropriation des Anglo-Saxons, fut appelé par eux le *Doomsday-book* (livre du jour du jugement) ou *Domesday-book* (livre de la juridiction, ou de la circonscription). On forma ensuite, avec les terres enlevées aux vaincus, 700 fiefs de grands vassaux, et 60,715 arrière-fiefs, tous relevant du roi. Des gens qui n'étaient que tisserands ou bouviers sur le continent devinrent de puissants barons. Comme Guillaume distribua les fiefs à qui il voulut et aux conditions qu'il lui plut d'imposer, il maintint aisément sur les vassaux la suprématie royale. Les feudataires, clair-semés au milieu d'une population qui les haïssait, eurent intérêt à se serrer autour du roi, qui s'était réservé les principales villes et 1,462 manoirs importants, et que cette puissance territoriale mettait en mesure de les défendre. La monarchie normande d'Angleterre, féodale dans ses formes, fut donc absolue en fait.

Les Anglo-Saxons ne furent pas seulement victimes d'une spoliation, et contraints de cultiver pour autrui la terre qui leur avait appartenu : Guillaume les soumit encore à des lois rigoureuses. Ainsi, il se réserva toutes les chasses : quiconque tuait un cerf ou un sanglier, encourait la perte des yeux. « Guillaume aime les bêtes fauves comme un père, » disaient les satires du temps; mais sa pensée était d'affamer et de chasser des forêts les Anglo-Saxons insoumis qu'on appelait *Outlaws* (hors la loi). — Les Anglo-Saxons se vengeaient dans l'ombre, et assassinaient les Normands; Guillaume décréta que, si l'on ne connaissait pas le coupable, la circonscription dans laquelle le crime avait été commis serait responsable et paierait 47 marcs d'argent. Pour qu'on ne reconnût pas les victimes, les Anglo-Saxons les dépouillaient de leurs vêtements : Guillaume déclara que tout homme assassiné, dont on ne pourrait constater l'*anglaiserie*, serait réputé Normand. — Afin d'empêcher les complots nocturnes, on établit la loi du *couvre-feu:* à huit heures du soir, au son d'une cloche, les lumières et les feux devaient être éteints.

Guillaume voulut faire disparaître toutes les traces de la nationalité anglo-saxonne. A l'ancien clergé, qui aurait pu entretenir le sentiment de l'indépendance, il mêla des prêtres et des moines amenés de Normandie; un moine de Fécamp reçut l'évêché de Dorchester; Lanfranc, de l'abbaye du Bec, fut élevé à l'archevêché de Cantorbéry. On raconte que, pour affaiblir les clercs anglo-saxons, un des prélats normands interdit à ceux de son diocèse les aliments nourrissants et les livres instructifs. Le culte de St Dunstan, qui était trop populaire, fut presque interdit. Le Saint-Siége et le clergé ne retirèrent pas cependant de la conquête de l'Angleterre par les Normands tout l'avantage qu'ils s'en étaient promis : car, si Guillaume donna de grandes propriétés aux ecclésiastiques, il leur défendit de sortir du royaume sans sa permission, exigea que les décrets des conciles, aussi bien que les excommunications lancées sur les officiers royaux et les seigneurs, fussent soumis à sa sanction, s'attribua la collation des bénéfices, et refusa de faire hommage au pape.

La langue même des Anglo-Saxons fut frappée de proscription. L'idiome franco-normand dut être seul employé à la cour, dans les actes publics, devant les tribunaux et dans l'enseignement. Toutefois, les vaincus ne renoncèrent pas à leur langage; ce fut en anglo-saxon qu'ils déplorèrent leurs malheurs et maudirent la domination étrangère.

CHAPITRE XI.

LES CROISADES.

Causes des Croisades. — Les expéditions entreprises pendant deux siècles par les chrétiens d'Europe pour enlever le Saint-Sépulcre aux Infidèles, forment la période héroïque du Moyen Age. On les nomma *Croisades,* parce que les combattants portaient comme signe de ralliement une croix d'étoffe rouge, attachée sur l'épaule gauche. L'Église y vit un moyen de mettre fin aux guerres entre chrétiens, de donner à l'activité inquiète et remuante des seigneurs féodaux un aliment lointain et comme un but sacré.

Le xie siècle était un temps de foi vive, singulièrement propre aux Croisades. Après les terreurs de l'an mil, les peuples témoignaient leur reconnaissance à Dieu par un redoublement de ferveur. Non contents de réédifier leurs églises, les chrétiens allaient chercher partout les saintes reliques, les pieux souvenirs des martyrs et des apôtres. Ils couraient à St-Martin de Tours, à St-Jacques de Compostelle, au

Mont Cassin, aux tombeaux de S¹ Pierre et de S¹ Paul, et, s'enhardissant à franchir les mers, portaient au berceau même de la foi, à Jérusalem, le tribut de leurs prières et de leurs larmes. Les pèlerins visitaient les ermitages des anciens Pères du désert, tous les endroits sanctifiés par le Christ, se baignaient dans le Jourdain et le torrent de Cédron, cueillaient des palmes à Jéricho, et se présentaient à l'église du S¹-Sépulcre, couverts d'un tapis qu'ils devaient conserver précieusement pour y être ensevelis après la mort. Puis, exténués de fatigues et de mortifications, ils retournaient dans leur pays, et, par le récit des merveilles de la Judée, enflammaient d'autres imaginations.

Les Turcs Seldjoukides ne traitaient pas les chrétiens avec autant de modération que les califes, qui s'étaient contentés de lever sur eux un impôt. Ils ne leur épargnaient aucun genre de violences. L'Europe retentissait de gémissements sur le sort des prêtres de Jérusalem jetés dans des cachots, des pèlerins obligés à des profanations sur le tombeau du Christ, de leurs femmes en proie à toutes les brutalités, de leurs enfants ravis par les Infidèles et élevés dans la foi de Mahomet. Le pape Sylvestre II adressa, le premier, un appel éloquent aux princes d'Europe ; Grégoire VII, en 1074, conçut le projet de marcher avec 50,000 soldats à la délivrance du Saint-Sépulcre. Un moine picard, Pierre l'Ermite, vint faire à Urbain II le tableau des souffrances et des humiliations des pèlerins. C'était un homme de famille inconnue, de manières communes, maigre et chétif, mais d'un œil vif et pénétrant, d'une élocution facile; son âme, déjà exaltée par la vie solitaire, par la prière et le jeûne, s'était émue à la vue des Lieux Saints. Il reçut la mission de prêcher la guerre sainte en France. Le pontife, après un concile tenu pour les Italiens à Plaisance, se rendit à Clermont-Ferrand (1095), où ses paroles excitèrent le plus vif enthousiasme. Toute l'assemblée prit la croix, au cri mille fois répété de *Dieu le veut !* Les croix d'étoffe que l'on distribuait étant épuisées, les cardinaux mirent en pièces leurs vêtements pour en façonner d'autres. Des chroniques rapportent que quelques hommes s'imprimèrent la croix sur la chair avec des instruments tranchants ou avec un fer rouge.

C'est donc de l'enthousiasme religieux que naquit la première Croisade. Des historiens en ont cherché ailleurs la cause : ils pensent que la Croisade fut une réaction du Christianisme contre l'Islamisme, et qu'on voulut reporter chez les Musulmans la guerre qu'ils avaient faite depuis Mahomet aux États chrétiens; qu'on répondit aux prières des Grecs, menacés jusques dans Constantinople par les Turcs Seldjoukides, et que le démembrement de l'empire formé par ce peuple parut offrir une occasion favorable de l'attaquer ; que beaucoup d'Occidentaux, encouragés par les indulgences promises aux croisés, acceptèrent le voyage en Terre Sainte comme un moyen de se libérer de leurs péchés ; que les seigneurs féodaux, trop à l'étroit dans leurs domaines, et passionnés par la lecture des romans de chevalerie, allèrent à la conquête de vastes royaumes en Orient, ce théâtre des grands exploits. De tels intérêts et de tels calculs n'eurent point place dans la première Croisade. Les chrétiens se levèrent en masse : riches et pauvres, grands et petits, femmes, enfants, vieillards, voulurent combattre ou souffrir pour une cause sainte ; les prêtres et les évêques mêmes partirent, afin de ne pas rester pasteurs sans troupeau. La Croisade fut un mouvement universel et spontané, l'union de toute l'Europe chrétienne dans une même pensée, dans une même foi. Se répétant les uns aux autres : « Celui qui prend ma croix est digne de moi, » les croisés s'enrôlèrent avec un entraînement indicible. Ils partirent, sans connaître la longueur du voyage, sans chefs, sans organisation, sans ressources, sans armes. « Vous auriez ri, dit un contemporain (1), de voir les pauvres ferrer leurs bœufs comme des chevaux, traînant dans des chariots leurs minces provisions et leurs enfants ; et ces petits, à chaque ville ou château qu'ils apercevaient, demandaient dans leur

(1) Guibert de Nogent.

simplicité si ce n'était pas là Jérusalem. » Tous comptaient sur des miracles : quelques bandes, qui ignoraient le chemin de la Palestine, firent marcher en avant une oie et une chèvre, s'imaginant que ces animaux seraient dirigés par l'esprit de Dieu. Les légendes merveilleuses dont sont remplis les historiens de la première Croisade, sont une preuve de la ferveur religieuse qui remplissait les chrétiens : le bruit courut que la grande ombre de Charlemagne avait apparu dans Aix-la-Chapelle, et que le vieil empereur devait prendre le commandement des croisés. Beaucoup périrent pendant la route; ils s'écriaient : « Seigneur, vous avez donné votre vie pour moi, et je donne la mienne pour vous. » Les autres répétaient ces paroles de Salomon : « Les sauterelles n'ont pas de roi, et pourtant elles vont ensemble par bandes ; » ou disaient avec l'Évangile : « Maudit celui qui met la main à la charrue et regarde derrière lui ! Maudit celui qui porte en voyage une besace et du pain ! » Dieu le veut, donc Dieu pourvoiera.

PREMIÈRE CROISADE. — Le pauvre peuple, les serfs n'attendirent pas que les seigneurs eussent fait leurs préparatifs : Pierre l'Ermite emmena 100,000 personnes ; 15,000 autres suivirent un simple chevalier, Gautier-sans-Avoir ; un moine allemand, Gottschalk, se chargea aussi de conduire 100,000 croisés. Ces bandes crurent que ce serait une œuvre méritoire d'immoler les descendants de ceux qui avaient crucifié le Sauveur, et massacrèrent plusieurs milliers de Juifs sur les bords du Rhin. Les dévastations qu'elles commirent en descendant la vallée du Danube soulevèrent les Allemands et les Hongrois, qui les taillèrent en pièces (1096). Quelques croisés arrivèrent péniblement à Constantinople, d'où l'empereur Alexis Comnène les fit passer au plus vite en Asie-Mineure. Ils allèrent se faire tuer devant Nicée, où leurs ossements devaient être bientôt employés par d'autres chrétiens à former des retranchements. Pierre l'Ermite revint presque seul à Constantinople.

L'armée féodale ne se mit en marche que l'année suivante. Elle formait trois corps. Le premier, comprenant les Français du Nord, un certain nombre d'Allemands, d'Anglais et de Scandinaves, était dirigé par Godefroy de Bouillon, duc de la Basse-Lorraine, ses frères Baudouin et Eustache, le comte Hugues de Vermandois, frère du roi de France Philippe Ier, Robert, comte de Flandre, Étienne, comte de Blois, Robert Courte-Heuse, duc de Normandie; il s'avança par l'Allemagne et la Hongrie. Le second, composé des Français méridionaux, de quelques chrétiens d'Espagne, et des croisés de l'Italie septentrionale, suivit Raymond de St-Gilles, comte de Toulouse, et l'évêque du Puy, Adhémar de Monteil, légat du pape, à travers la Lombardie, le Frioul, la Dalmatie, l'Esclavonie et la Thrace. Le troisième, formé des Normands des Deux-Siciles, et placé sous les ordres de Bohémond, second fils de Robert Guiscard et prince de Tarente, et de son cousin Tancrède, passa en Grèce et en Macédoine. Le rendez-vous général était à Constantinople. En voyant arriver 600,000 croisés, les Byzantins tremblèrent. Anne Comnène, fille de l'empereur, les compare, dans sa Chronique, aux nuées de sauterelles et aux grains de sable de la mer. « Il semble, ajoute-t-elle, que l'Europe entière se soit arrachée de ses fondements pour se précipiter sur l'Asie. Cette race de Barbares, habitant à l'Occident jusqu'aux colonnes d'Hercule, n'entend pas le grec; quand on leur parle dans cette langue, ils répondent à coups de flèches. Ils sont armés d'un arc inventé par le démon pour la perte de l'homme. Pour le tendre, il faut s'asseoir, appuyer les deux pieds sur le bois, et tirer la corde à deux mains. D'un tube attaché à cette corde, il sort des flèches qui traversent les boucliers, les statues de bronze et les murailles de la ville. » Ces frayeurs étaient justifiées : en comparant leurs bourgades bâties en briques ou en argile avec Constantinople, ville de marbre, toute remplie de chefs-d'œuvre de l'art antique, les croisés sentaient s'éveiller leurs convoitises. Ils prirent tout comme chez eux, enlevèrent le plomb des églises pour le vendre, et s'amusèrent à tuer un beau lion qui appartenait à Alexis Comnène. Ce prince, que Bohémond appelait

« la plus mauvaise bête féroce et le pire scélérat qui fut jamais, » refusa des vivres aux croisés, voulut semer la division entre les chefs, et les excita tous contre lui. En exigeant d'eux le serment féodal, il s'attira des outrages. En effet, dans une cérémonie où il recevait l'hommage de plusieurs nobles français, un seigneur, nommé Robert de Paris, alla s'asseoir à côté de lui sur le trône impérial, en disant : « Voyez ce rustre, qui est assis, tandis que tant de braves capitaines sont debout ! » Toutefois, Alexis gagna Bohémond par des présents, et usa de son influence pour hâter le passage des croisés en Asie.

L'armée chrétienne s'empara de la ville de Nicée, malgré la résistance de Kilidje-Arslan, sultan d'Iconium, et la remit entre les mains d'Alexis. En traversant les plaines désolées de l'Asie-Mineure, elle eut beaucoup à souffrir de la soif, qui faisait périr jusqu'à 500 personnes par jour. On rencontra une armée turque en Phrygie, près de Dorylée : les Infidèles n'abandonnèrent le champ de bataille qu'après avoir épuisé leurs flèches et quand leurs chevaux furent accablés de fatigue. La victoire des croisés leur ouvrit les passages du Taurus. Des discordes s'élevèrent parmi eux en Cilicie : Baudouin s'éloigna avec ses guerriers, et alla faire pour lui-même la conquête d'Édesse en Mésopotamie ; le gros de l'armée entra en Syrie, et mit le siége devant Antioche, ceinte d'une haute muraille garnie de

360 tours. Tous les efforts des chrétiens avaient été inutiles, quand un renégat arménien, nommé Phirouz, livra à Bohémond une tour dont il avait le commandement; mais celui-ci ne consentit à recevoir les autres croisés dans la place, qu'après qu'ils lui en eurent garanti la souveraineté (1098). Leur séjour à Antioche devait leur être fatal : après avoir souffert de la fatigue et des privations depuis le début de l'expédition, ils se livrèrent à toutes sortes d'excès dans une ville où régnait l'abondance, et furent bientôt en proie à la famine et à la peste. Pour comble de malheur, ils se virent bloqués à leur tour dans Antioche par Kerboga, commandant de 200,000 Turcs qu'avait envoyés Barkiarok, sultan de Mossoul. Leur perte semblait certaine, et ils étaient tombés dans le découragement : Pierre l'Ermite lui-même désespérait et voulut fuir. Mais, suivant une légende, un prêtre de Marseille, Pierre Barthélemy, vint raconter aux chefs de l'armée que Jésus-Christ lui avait apparu avec St André, et que celui-ci lui avait désigné une église de la ville où était enfoui le fer de lance qui avait percé le flanc du Sauveur sur la croix. Des fouilles furent faites à l'endroit indiqué; on trouva la précieuse relique. L'enthousiasme des croisés se ranima; ils firent une sortie, et anéantirent les assiégeants : la légende ajoute que les Saints protecteurs de la France, St Georges, St Maurice, étaient venus combattre

dans les rangs des chrétiens. Cette victoire parut si prodigieuse, que 300 musulmans se firent chrétiens.

L'armée atteignit enfin Jérusalem ; elle était réduite à 30,000 hommes, et un chroniqueur, parlant de la multitude des Infidèles, exprime cette idée triviale : « Les ennemis auraient pu nous noyer tous, si seulement chacun d'eux avait craché dans la plaine. » La ville fut prise, le 15 juillet 1099, un vendredi, à trois heures, jour et heure de la mort du Christ. On fit avancer des tours roulantes, d'où s'abattirent des ponts-levis sur les remparts ; ce fut Godefroy de Bouillon qui eut l'honneur de sauter le premier au milieu des Infidèles, dont on n'égorgea pas moins de 70,000. « Ils tombaient, dit Foucher de Chartres, comme tombent d'une branche qu'on secoue les fruits pourris du chêne, les glands agités par le vent. »

Royaume de Jérusalem. — Les vainqueurs s'occupèrent aussitôt d'organiser leur conquête sur le modèle des États de l'Occident. La Palestine forma un royaume chrétien, dont la souveraineté fut décernée à Godefroy. Ce chevalier réunissait toutes les qualités qui plaisaient au Moyen Age : quoique de petite taille, il possédait une rare vigueur. On raconte que, d'un seul coup d'épée, il fendit en deux un cavalier musulman au siége d'Antioche ; qu'il décapitait un bœuf ou un chameau ; qu'en Asie-Mineure, trouvant un des croisés aux prises avec un ours dans une caverne, il attira vers lui-même la bête féroce, et l'étouffa dans ses bras. Godefroy était encore un homme d'une piété, d'une pureté de mœurs, d'une simplicité singulières. Des Arabes s'étonnant de le voir assis par terre, il leur dit : « La terre n'est-elle pas bonne pour nous servir de siége, quand nous devons rentrer pour si longtemps dans son sein ? » On ne put lui faire accepter le titre de roi, ne voulant pas, disait-il, porter une couronne d'or là où le Sauveur avait été couronné d'épines ; il prit seulement le titre de « baron et défenseur du St-Sépulcre. » Des fiefs furent distribués aux principaux chefs de la croisade : il y eut des principautés d'Édesse, d'Antioche et de Galilée, des marquisats de Ptolémaïs (St-Jean-d'Acre) et de Joppé (Jaffa), des comtés de Tripoli, de Bethléem, de Nazareth, etc., relevant du roi de Jérusalem. Des lois furent rédigées pour le nouvel État, sous le nom d'*Assises de Jérusalem* ; c'est le monument le plus ancien de la législation féodale.

Ordres religieux et militaires. — Godefroy de Bouillon termina dignement sa carrière par une victoire, près d'Ascalon, sur une armée envoyée par les Fatimites d'Égypte. Mais le royaume de Jérusalem, privé des secours de l'Occident, ne pouvait se soutenir au milieu des populations musulmanes. Des milices permanentes se formèrent afin de le protéger. Un provençal, Gérard de Martigues, établit, pour le service et la défense des pèlerins, l'ordre religieux et militaire des *Hospitaliers de St Jean de Jérusalem* (1100), qui portaient une croix blanche à huit pointes sur un manteau noir en temps de paix, sur une cotte d'armes rouge en temps de guerre. En 1118, Hugues de Payens, de la maison des comtes de Champagne, fonda l'ordre des *Templiers*, dont la maison était située près de l'emplacement du Temple de Salomon, et qui portaient un vêtement blanc avec une croix rouge : St Bernard rédigea pour eux une règle sévère. Dans les batailles, les Templiers marchèrent à la droite de la croix, les Hospitaliers à la gauche; les premiers à l'attaque, ils devaient être les derniers dans la retraite. Un troisième ordre, celui des *chevaliers teutoniques*, uniquement composé d'Allemands, devait s'organiser encore à la fin du même siècle : on y porta le manteau blanc avec la croix noire. — La situation du royaume de Jérusalem n'en fut pas moins précaire : Baudouin, frère et successeur de Godefroy, fut battu près du lac de Génézareth par le sultan de Perse (1118); Baudouin II du Bourg tomba entre les mains des Infidèles en défendant les principautés d'Édesse et d'Antioche, et, rendu à la liberté, échoua au siège de Damas (1121); Baudouin III ne put empêcher Zenghi, atabek d'Alep (1), de prendre

(1) Atabek, c'est-à-dire *fils de prince*, est le nom que prenaient les émirs des sultans Seldjoukides.

Édesse, et son fils Noureddin de menacer Jérusalem.

SECONDE CROISADE. — Sur l'ordre du pape Eugène III, St Bernard prêcha une seconde croisade dans l'assemblée de Vézelay (Bourgogne) pour les Français, et à Spire pour les Allemands. L'ardeur pour la guerre sainte fut grande encore : « Les villes et les châteaux sont déserts, dit St Bernard; on ne voit que des veuves et des orphelins, dont les maris et les pères existent encore. » Les chroniqueurs racontent qu'en certains pays il ne resta qu'un homme pour sept femmes; qu'une troupe d'amazones se forma, sous la direction de la *Dame aux jambes d'or*, ainsi appelée à cause du luxe de son équipement militaire. Cependant l'enthousiasme ne fut pas universel : les mères et les femmes enfermaient leurs fils et leurs maris pour les empêcher de partir; on envoya une quenouille et des fuseaux à ceux qui tardaient de prendre la croix; on murmura contre une taxe décrétée pour les frais de l'expédition, et les bourgeois de Sens tuèrent leur seigneur qui voulait la lever. Le roi de France, Louis VII le Jeune, ne fit le voyage de Palestine que pour expier le crime qu'il avait commis en faisant brûler, pendant une guerre contre le comte de Champagne, 1,300 personnes réfugiées dans l'église de Vitry; et encore le ministre Suger, abbé de St-Denis, fit une vive opposition à son départ, et le roi, dit un contemporain, se mit en route au milieu des imprécations. Pierre l'Ermite était parti avec les guerriers ; St Bernard refusa de prendre la croix, s'opposa au départ de ses moines, et écrivit au pape pour qu'il refusât à l'abbé de Morimond (1) l'autorisation d'emmener avec lui plusieurs de ses religieux : « Car, disait-il, les armées de la croix ont besoin de chevaliers qui combattent, et non de moines, qui ne sont bons qu'à prier et à gémir. »

L'empereur d'Allemagne, Conrad III, partit le premier (1147), et arriva dans l'Empire grec. Il ne voulut voir Manuel Comnène qu'à ciel ouvert et à cheval, et les défiances de ce prince furent plus grandes encore que celles d'Alexis. Tantôt il fermait les portes des villes aux croisés, et leur refusait des vivres ; tantôt il ne descendait du haut des murailles les paniers chargés de provisions, qu'à mesure que le prix y était déposé. On cherchait à se tromper des deux côtés : les Grecs mêlaient de la chaux à leur farine, et les croisés payaient en fausse monnaie. Les Allemands ayant franchi le Bosphore, les guides que leur avait donnés Manuel les égarèrent dans les défilés du Taurus, où le sultan d'Iconium les tailla en pièces. Conrad revint avec peu d'hommes à Constantinople, d'où il se rendit par mer en Syrie.

Louis VII, arrivé à Constantinople, éprouva aussi

1 Dans la Haute-Marne.

le mauvais vouloir des Grecs. A ses griefs s'ajouta une querelle de cérémonial : dans une conférence avec Manuel, voyant qu'on lui avait préparé un siége modeste à côté du trône impérial, il ne prononça pas un seul mot. L'évêque de Langres proposa de mettre la main sur Constantinople, afin de punir des alliés perfides, et de rendre plus sûre pour les croisés la route de l'Asie : « Les hérétiques (1), disait-il, n'ont pas su défendre la chrétienté et le Saint-Sépulcre, et il viendra un temps où leur lâcheté laissera prendre Constantinople, et ouvrira ainsi aux Infidèles l'entrée de l'Occident. C'est à nous de prévenir ce désastre. » Mais Louis VII ne prévoyait pas de si loin ; il se contenta de passer promp-

(1) Le schisme de l'Église grecque avait commencé en 858, lorsque Photius, patriarche de Constantinople, avait refusé de reconnaître la suprématie du pape Nicolas Ier, et il était devenu définitif au temps du patriarche Michel Cérularius, en 1054. Cette Église se distingue de l'Église romaine sur plusieurs points de dogme et de discipline : elle n'admet pas que le St-Esprit procède du Fils ; elle administre le baptême par immersion et la communion sous les deux espèces, se sert de pain levé au lieu de pain azyme, permet le mariage aux prêtres, célèbre l'office en langue vulgaire, exclut des églises les statues et la musique instrumentale, ne reconnaît que les décisions des huit premiers conciles œcuméniques, rejette le Purgatoire, et croit que le sort des âmes ne sera décidé qu'au Jugement dernier.

ment en Asie-Mineure. Au lieu de s'engager dans le centre de ce pays, où l'on rencontrait des déserts, il longea le littoral, et put ainsi rester en communication avec les vaisseaux de Roger II, roi des Deux-Siciles. Mais, après avoir passé le Méandre, l'arrière-garde qu'il commandait fut assaillie et dispersée près de Laodicée par les Seldjoukides; il ne leur échappa qu'à grand'peine, et, s'embarquant à Satalia, il laissa sur le rivage le gros de l'armée, qui périt de faim ou sous les coups des Infidèles : on dit que plus de 3,000 croisés, par désespoir de cet abandon, embrassèrent l'Islamisme. Le roi atteignit l'embouchure de l'Oronte, donna des fêtes splendides à Antioche, et rejoignit enfin Conrad à Jérusalem. Les deux souverains ne voulurent pas retourner dans leurs États sans avoir tenté quelque exploit : ils allèrent mettre le siége devant Damas, et furent repoussés (1149). A son retour, Louis VII fut pris par des vaisseaux de Manuel Comnène; mais la flotte de Roger II le délivra, et lui fournit les moyens de rentrer en France.

Ainsi, la seconde Croisade ne donna aucun secours efficace aux chrétiens de Palestine. On s'irrita, en Occident, de l'échec éprouvé par deux puissants souverains, et St Bernard, à qui l'on reprochait d'avoir envoyé 200,000 hommes à la mort, dut publier une apologie où il expliquait les motifs de la défaite.

Saladin. — Après la retraite des croisés, Noureddin continua de faire des progrès en Syrie et en Palestine, tandis que son lieutenant Saladin renversait les Fatimites d'Égypte (1171). Quand il mourut, ses enfants furent dépossédés par Saladin, qui fonda la dynastie des Ayoubites (1). Ce fut un des héros les plus renommés de l'Islamisme : il était vêtu d'une robe de laine grossière, ne buvait que de l'eau, et portait sur lui un exemplaire du Koran, qu'il lisait souvent à l'écart. Les poëtes ont chanté sa piété et sa valeur. Le royaume de Jérusalem, attaqué au Nord et au Midi, ne pouvait manquer de succomber : les chrétiens furent vaincus à la bataille de Tibériade (1187 ; le roi Guy de Lusignan, le grand-maître des Templiers et beaucoup d'autres chefs tombèrent entre les mains de Saladin, ainsi que le bois de la vraie croix qu'on avait apporté pour animer les combattants. Le nombre des prisonniers était tel, que les cordes manquèrent pour les lier, et que plus d'un chevalier fut échangé contre une paire de chaussures. Jérusalem dut ouvrir ses portes, et les chrétiens ne conservèrent que trois places, Antioche, Tyr et Tripoli.

La nouvelle de ces événements jeta la consternation dans tout l'Occident. Le pape Urbain III en mourut de douleur. Des prêtres s'en allaient par les villes, montrant des peintures où l'on voyait le

(1) Ainsi nommée de son père Ayoub.

Christ foulé aux pieds par Mahomet, et le St-Sépulcre souillé par le cheval d'un cavalier sarrasin. Dans les églises et dans les maisons retentissaient les *Lamentations* de Jérémie, et ce n'étaient que gens qui se frappaient la poitrine en criant : « Malheur à nous! » Guillaume, évêque de Tyr, avait été autorisé par le pape à prêcher une Croisade ; les souverains décrétèrent que ceux qui ne se croiseraient pas payeraient, pour les frais de la guerre contre Saladin, la *dime saladine*, c'est-à-dire le dixième de leurs revenus et de leurs biens mobiliers (1189).

Troisième Croisade. — La troisième Croisade n'a pas le caractère des deux précédentes : il faut que les rois donnent l'exemple aux peuples, et, s'ils prennent eux-mêmes la croix, c'est moins par ardeur religieuse que par un point d'honneur qui ne permet pas à des chevaliers d'abandonner un État lointain, fondé par les chrétiens. Au zèle irréfléchi succède le calcul : les chefs ne veulent emmener que des guerriers, et repoussent les gens inutiles ; ils commencent à comprendre les inconvénients de la route de terre, et vont gagner par mer la Palestine.

L'empereur Frédéric Barberousse prit les devants. En traversant l'Empire grec, gouverné alors par Isaac l'Ange, il fut plusieurs fois obligé de se procurer des vivres les armes à la main. Arrivé en Asie

Mineure, il eut à souffrir de la disette : les croisés étaient réduits à tuer les chevaux pour boire leur sang et manger leur chair. Cependant, après deux victoires sur le sultan d'Iconium, ils atteignirent la Cilicie. Là, l'empereur commit l'imprudence de se baigner, tout couvert de sueur, dans les eaux froides du Sélef, et, moins heureux qu'Alexandre le Grand, il y gagna une maladie mortelle (1190). L'un de ses fils, Frédéric, duc de Souabe, qui prit le commandement, n'avait pas le même ascendant sur l'armée : elle se débanda, les flèches des Turcs et les maladies en détruisirent la plus grande partie, et c'est à peine si un corps de 6,000 hommes avait échappé quand on arriva devant St-Jean d'Acre.

Philippe-Auguste, roi de France, s'était embarqué à Gênes, et Richard Cœur-de-Lion, roi d'Angleterre, à Marseille. Ils relâchèrent en Sicile. Richard, doué d'une grande force physique et d'une haute stature, audacieux, arrogant, brutal, voulut s'emparer de cette île, où la dynastie des rois Normands allait s'éteindre, et occupa Messine; Philippe était résolu à s'y opposer : les grands-maîtres des Hospitaliers et des Templiers s'interposèrent pour empêcher la lutte. Philippe fut plus irrité encore, lorsque sa sœur Alix, avec laquelle Richard était fiancé, eut été délaissée pour Bérengère de Navarre. Les deux flottes firent voile séparément vers St-Jean d'Acre, où Richard n'arriva qu'après avoir enlevé aux Grecs l'île de Chypre, qu'il vendit à Guy de Lusignan.

A la prise de St-Jean d'Acre (1191), le roi d'Angleterre montra toute la violence de ses passions. Il fit massacrer 2,500 Sarrasins, ses prisonniers ; une guirlande de têtes d'Infidèles fut suspendue au cou de son cheval ; il donna l'ordre d'arracher la bannière que Léopold, duc d'Autriche, avait plantée sur l'une des tours de la ville, et de la traîner dans la boue. Philippe-Auguste, éclipsé par les exploits guerriers de Richard, et blessé de sa hauteur, retourna en France sous prétexte de maladie. Richard continua seul la guerre contre Saladin. Ce fut, entre les deux princes, une rivalité de vigueur, de bravoure, de générosité ; on passait d'une bataille à un tournoi, ou bien quelque champion du Christ défiait en combat singulier ceux de l'Islam. Un contemporain comparait Richard, avec son bouclier tout couvert de flèches ennemies, à une pelotte hérissée d'aiguilles. Les forces des croisés s'épuisèrent rapidement, et le roi d'Angleterre désespéra de prendre Jérusalem ; arrivé sur une montagne du haut de laquelle on apercevait cette ville, il détourna la tête en pleurant : « Ceux-là ne sont pas dignes de voir la cité sainte, dit-il, qui ne peuvent pas la conquérir. » Il traita avec Saladin, qui laissa aux chrétiens toutes les villes du littoral depuis Joppé jusqu'à Tyr et permit aux pèlerins de visiter Jérusalem moyennant une légère contribution. Le souvenir de Richard Cœur-de-Lion fut durable parmi les Musulmans; longtemps après la Croisade, les mères disaient à leurs enfants, pour les effrayer : « Tais-toi, ou j'appellerai le roi Richard. » Lorsqu'un cavalier sarrasin voyait son cheval avoir peur d'un buisson, il lui demandait : « Penses-tu que ce soit le roi Richard ? »

En revenant de Palestine, Richard fut jeté par une tempête sur les côtes de la Dalmatie, qui appartenait au duc d'Autriche. Reconnu sous son déguisement de pèlerin, il fut arrêté par ordre de Léopold, qui l'enferma à Durenstein et le vendit ensuite pour 60,000 marcs d'argent à l'empereur Henri VI, fils de Frédéric Barberousse. On ignora pendant quelque temps ce qu'il était devenu. Enfin, le troubadour Blondel, qui le cherchait à travers l'Allemagne, chantait un jour une chanson qu'ils avaient composée ensemble : une voix lui répondit du fond de la forteresse de Trifels. La noblesse anglaise put alors négocier la rançon de son souverain (1192); elle paya 150,000 marcs d'argent.

Saladin survécut peu de temps à Richard. Avant d'expirer, il dit à l'un de ses officiers de porter dans les rues du Caire le drap dans lequel on devait l'ensevelir, et de crier : « Voilà tout ce que pourra emporter avec lui le maître de l'Orient. » Il ne laissa, pour tout héritage que 47 pièces d'argent et une d'or.

QUATRIÈME CROISADE. — Les dissensions qui s'élevèrent entre les trois fils de Saladin, et l'usurpation de leur oncle Malek-Adhel qui les déposséda, auraient pu profiter aux chrétiens. Mais ce ne fut point vers la Palestine que de nouveaux croisés tournèrent leurs efforts. Le pape Innocent III ayant fait prêcher une quatrième Croisade en France par Foulques, curé de Neuilly-sur-Marne (1202), les souverains ne purent y participer : Philippe de Souabe, frère d'Henri VI, et Othon de Brunswick se disputaient le pouvoir en Allemagne ; Jean-sans-Terre, frère et successeur de Richard Cœur-de-Lion, se sentait menacé par son neveu Arthur de Bretagne et par Philippe-Auguste. Il n'y eut que de petits seigneurs à la tête de l'expédition, Baudouin IX, comte de Flandre, Boniface, marquis de Montferrat, et Villehardouin, sénéchal du comté de Champagne. On décida que la guerre serait portée en Égypte, centre de la puissance des Ayoubites, parce que la défaite de cette famille entraînerait la soumission de la Palestine, et l'on s'adressa aux Vénitiens pour avoir des vaisseaux. Les marchands de Venise versèrent des larmes au récit des malheurs de la Terre Sainte ; mais l'esprit mercantile fut plus puissant sur eux que la foi, et ils demandèrent, comme prix de leur concours, 85,000 marcs d'argent (4 millions de francs) et la moitié des conquêtes à faire. Les croisés arrivèrent. Bien qu'ils eussent sacrifié tout ce qu'ils possédaient, ils ne purent réunir la somme entière. Le doge de Venise, Henri Dandolo, leur proposa alors de s'acquitter en soumettant, au profit de la République, la ville de Zara (Dalmatie), qui s'était soustraite à son obéissance. Le marché fut conclu, malgré les réclamations d'Innocent III, irrité de ce que la Croisade était ainsi détournée de son but.

Zara fut conquise. Les croisés étaient encore sous les murs de cette ville, quand Alexis l'Ange vint implorer leur secours au nom de son père Isaac, qu'un de ses frères avait détrôné et jeté en prison après lui avoir crevé les yeux : il promettait 200,000 marcs d'argent, un contingent de 10,000 hommes pour la Croisade, et la soumission de l'Église grecque au pape. Vainement Innocent III excommunia les Vénitiens; vainement Simon de Montfort se retira avec une partie des croisés : les autres acceptèrent les offres d'Alexis, et firent voile pour Constantinople. Ils affectaient de rappeler le schisme et les hérésies des Grecs, leurs perfidies pendant les premières Croisades; ils disaient que les Byzantins avaient vendu 4,000 captifs chrétiens aux Turcs, massacré les malades de l'hôpital de St-Jean, et tué un légat du Saint-Siége, dont la tête avait été traînée à la queue d'un chien dans les rues de Constantinople.

Cette ville ne fit pas longue résistance. l'usurpateur prit la fuite, et Isaac fut replacé sur le trône.

Mais Alexis ne put tenir ses promesses; les Grecs n'entendaient pas rentrer dans l'Église romaine. Ils étaient blessés, d'ailleurs, de la conduite des Occidentaux, qui insultaient à leurs usages. « Les croisés, dit un auteur byzantin, se revêtaient, pour en faire sentir le ridicule, de robes peintes, vêtement ordinaire des Grecs; ils mettaient nos coiffures de toile sur la tête de leurs chevaux, et leur attachaient au cou les cordons qui, d'après notre coutume, doivent pendre par derrière; quelques-uns tenaient dans leurs mains du papier, de l'encre et des écritoires pour nous railler, comme si nous n'étions que de mauvais scribes ou de simples copistes. » Il arriva plus d'une fois que le matelot vénitien enleva sans façon à l'empereur le diadème de pierreries qui ceignait son front, pour le coiffer de son bonnet de laine.

Un prince de la famille impériale, Ducas Murzuphle, profita de l'irritation publique pour exciter un soulèvement, étrangla Alexis, et remit en prison Isaac, qui y mourut de douleur. Alors les croisés, qui campaient hors de la ville, la prirent une seconde fois d'assaut, précipitèrent Murzuphle du haut d'une colonne, et se livrèrent au pillage. Quatre cent mille marcs d'argent furent mis en monceau dans une église pour être partagés. Les provinces de l'Empire furent réparties entre les principaux chefs, et reçurent les institutions féodales. Baudouin prit le titre d'empereur ; à la cérémonie du couronnement, on lui présenta un flocon d'étoupes enflammées, symbole de la brièveté de la vie : ce devait être aussi l'image de son empire éphémère. Boniface fut créé roi de Thessalonique ; on établit des principautés vassales à Thèbes, Athènes, Corinthe, Argos, Sparte, etc. Les Vénitiens, outre de nombreux chefs-d'œuvre des arts (1), s'approprièrent trois quartiers de Constantinople, les îles les plus importantes de la mer Egée et de la mer Ionienne, une partie de la Morée, etc., et, depuis cette époque, leurs doges ajoutèrent à leurs titres celui de « seigneurs d'un quart et demi de l'Empire grec. » Ainsi fut fondé l'*Empire latin*, et la quatrième Croisade n'alla pas plus loin.

On se plaignit en Occident de ce dénouement de la guerre sainte ; l'opinion se répandit que, si les expéditions avaient échoué, il fallait l'attribuer aux vices et aux fautes des croisés, et que des mains innocentes pourraient seules délivrer le Saint-Sépulcre. L'ardeur qui semblait être éteinte chez les hommes s'éveilla chez les enfants, à qui l'on annonçait une sécheresse assez forte pour tarir la mer sur leur passage. Cinquante mille enfants prirent la croix (1212) en France et en Allemagne ; la fatigue en fit

---

(1) Ce fut alors qu'on transporta à Venise le fameux quadrige de Lysippe.

périr le plus grand nombre sur les chemins; les autres s'embarquèrent à Marseille, et furent pris par des pirates qui les vendirent comme esclaves en Afrique.

Cinquième Croisade. — La cinquième Croisade ne put être entreprise qu'en 1217. A la voix du pape Honorius III, le roi de Hongrie André II s'embarqua à Spalatro; mais il n'était arrivé qu'à l'île de Chypre, lorsqu'une révolte le rappela dans ses États. Un seigneur français, Jean de Brienne, qui était devenu, par son mariage, héritier du titre de roi de Jérusalem, prit le commandement des croisés venus de Brindes, de Gênes et de Marseille, et porta la guerre en Égypte. On prit Damiette. Le sultan Malek-Kamel, fils et successeur de Malek-Adhel, proposa d'abandonner toute la Palestine, pour prix de l'évacuation de l'Égypte; mais le cardinal Pélage, légat du Saint-Siége, et les Templiers firent rejeter cette offre avantageuse, et exigèrent que l'armée, malgré la famine et la peste, marchât sur le Caire. Un débordement du Nil coupa les communications des croisés avec Damiette, et ils furent trop heureux d'obtenir la liberté de retourner en Europe, moyennant la restitution de leurs conquêtes (1221).

Sixième Croisade. — Jean de Brienne transmit ses droits sur la Palestine à son gendre Frédéric II, empereur d'Allemagne. Ce prince, dont le Saint-Siége avait favorisé l'élévation à l'Empire, avait pris, en retour, l'engagement de faire une Croisade. Il différa, sous divers prétextes, de tenir sa promesse, et ne partit qu'en 1228, frappé d'excommunication par Grégoire IX. Arrivé en Palestine, il entra en négociations avec Malek-Kamel ; il lui fit comprendre que Jérusalem n'était pas une position militaire, et que les chrétiens y attachaient un grand prix uniquement à cause des souvenirs de leur religion. Le sultan, qui avait besoin de la paix avec les chrétiens pour employer ses forces contre des rebelles en Syrie, consentit à livrer Jérusalem, Bethléem et Nazareth, à condition que les Musulmans y conserveraient leurs mosquées et le libre exercice de leur culte. Frédéric II entra donc sans coup férir à Jérusalem. Mais on avait appris qu'il était excommunié : il trouva l'église du Saint-Sépulcre tendue de deuil, abandonnée par les prêtres, et dut se couronner roi lui-même. Sur la nouvelle que le pape poussait Jean de Brienne à lui enlever les Deux-Siciles, il abandonna brusquement la Palestine.

EMPIRE DES MONGOLS. — C'était l'époque où les Musulmans, aussi bien que les chrétiens, étaient menacés par une révolution accomplie au-delà du Tigre : les Mongols fondaient un des plus vastes empires dont l'histoire fasse mention. Témoudjin, qui les commandait, avait jeté dans des chaudières d'eau bouillante les chefs de plusieurs tribus, et, arborant un étendard formé de neuf queues de bœufs blancs, s'était fait proclamer au nom du ciel *Gengis-Khan*, c'est-à-dire Khan des Khans (1206). C'était un destructeur plus sauvage encore qu'Attila; il disait à l'un de ses fils, qui avait épargné quelques vaincus : « Je te défends d'avoir de la compassion, c'est un signe de faiblesse. » Quelques faits suffisent pour montrer la terreur qu'il inspirait : un cavalier mongol entra seul dans un village très-peuplé de la Mésopotamie, et massacra les habitants les uns après les autres, sans qu'aucun d'eux osât se défendre; un autre, n'ayant pas d'arme pour tuer des prisonniers, leur ordonna de se coucher à terre pendant qu'il irait chercher une épée, et les malheureux l'attendirent sans bouger. Gengis-Khan subjugua la Tartarie, presque toute la Chine, et, à sa mort (1227), son empire s'étendait de la mer de Chine à la mer Noire.

Les conquêtes des Mongols produisirent des déplacements de population en Asie. Les Kharismiens, chassés des bords de la mer Caspienne, s'en allèrent au Sud, et, après avoir conquis la Syrie sur les Ayoubites, s'emparèrent de Jérusalem (1244). Cet événement détermina une nouvelle Croisade.

Septième Croisade. — Le roi de France Louis IX, atteint d'une grave maladie, fit vœu, s'il guérissait, de prendre la croix. Vainement sa mère Blanche de Castille et sa femme Marguerite de Provence le supplièrent de renoncer à son dessein: vainement Guillaume, évêque de Paris, offrit de le faire relever de son vœu par le pape. Le pieux roi renouvela, dans la plénitude de ses forces et de sa raison, le serment de partir pour l'Orient. Mais il ne trouva pas dans ses sujets l'ardeur dont il était lui-même rempli : il fallut promettre à ceux qui prendraient la croix une immunité d'impôts, aux débiteurs l'exemption de toutes poursuites pendant trois ans, à la plupart des chevaliers le paiement d'une solde. Louis IX eut aussi recours à une ruse pour entraîner les principaux seigneurs de sa cour : c'était l'usage qu'il leur distribuât des robes neuves en guise d'étrennes, la veille de la fête de Noël ; il y fit secrètement coudre des croix ; les seigneurs, à qui ces vêtements furent distribués dans un endroit obscur de la Ste-Chapelle, s'aperçurent, à la clarté des lampes de la messe de minuit, qu'ils portaient sur l'épaule le signe de la guerre sainte. Ils en rirent, disant que « le roi allait à la chasse aux pèlerins et s'était montré adroit pêcheur d'hommes ; » cependant ils se crurent moralement engagés à participer à la Croisade.

On partit d'Aigues-Mortes (1248). La flotte hiverna dans l'île de Chypre : ce fut une occasion de se livrer au plaisir, et, par suite des excès qu'ils avaient commis, beaucoup de croisés malades durent retourner dans leur pays. Les autres se dirigèrent vers l'Égypte au printemps suivant. En apercevant les Infidèles rangés sur le rivage, Louis IX sauta, l'épée à la main, dans les flots, et son exemple fut suivi par les chrétiens : l'ennemi culbuté laissa prendre Damiette. Six mois furent perdus à attendre des renforts amenés par Alphonse de Poitiers, l'un des frères du roi : pendant ce nouveau retard, le désordre reparut dans l'armée, l'ardeur militaire s'affaiblit, et la peste se déclara sous l'influence d'un climat brûlant. Quand enfin l'on se mit en marche vers le Caire, on éprouva de grandes difficultés au milieu d'un pays coupé par de nombreux canaux. L'avant-garde, sous les ordres de Robert d'Artois, frère du roi, fut attirée, par une fuite simulée des Infidèles, jusques dans la ville de Mansourah, dont les portes se refermèrent sur elle (1250), et y périt tout entière. Les jours suivants, les différents corps de l'armée chrétienne, séparés les uns des autres, en proie à la disette et aux maladies, épouvantés par le feu grégeois, coupés de leurs communications avec Damiette par les navires dont les Infidèles avaient couvert les différents bras du Nil, furent tour à tour réduits à mettre bas les armes.

La captivité ne servit qu'à mettre en lumière la résignation et la fermeté de Louis IX. Sans proférer aucune plainte sur lui-même, il ne se montra sensible qu'aux souffrances de ses compagnons d'infortune. Il ne changea rien à sa vie de prières, de jeûnes et d'austérités. Impassible devant les menaces, il arracha aux Infidèles ce cri d'admiration : « C'est le chrétien le plus fier qui jamais ait été vu dans le Levant. »

Une révolution s'accomplit en Égypte tandis que Louis IX était prisonnier. Le dernier sultan ayoubite, Touran-Schah, fut égorgé par la garde des Mamelouks. On a prétendu que ces derniers offrirent au roi de France de régner sur eux; du moins ils se montrèrent traitables. Ils rendirent la liberté à Louis IX moyennant la reddition de Damiette, et aux autres croisés au prix de 200,000 *besants* d'or (1). Louis IX alla rejoindre à Damiette la reine Marguerite, qui venait de donner le jour à un fils, appelé Jean Tristan à cause des circonstances douloureuses de sa naissance. Puis, au lieu de retourner dans ses États, il visita la Palestine : pendant quatre ans, il racheta des captifs, et répara les fortifications des villes qui restaient aux chrétiens. Les Infidèles le nommaient *le bon sultan des Francs*. Des ambassadeurs de l'Arménie, attirés par la renommée de sa sainteté, voulurent le voir. Le *Vieux de la Montagne*, chef des Assassins de Syrie, lui envoya un jeu d'échecs, un éléphant en cristal de roche, une chemise et un anneau, en disant : « Soyons unis comme les doigts de la main, et comme la chemise l'est au corps. » La nouvelle de la mort de Blanche

(1) Monnaie byzantine dont la valeur a beaucoup varié ; on l'a estimée de 16 à 45 fr.

de Castille rappela Louis IX en France (1254).

Révolutions en Orient. — La seconde moitié du xiiie siècle fut signalée en Orient par des révolutions importantes. Le calife abbasside Motassem, menacé par les Assassins, eut l'imprudence d'appeler à son secours les Mongols : Houlagou, l'un des descendants de Gengis-Khan, le sauva de ses ennemis, mais s'empara de Bagdad et mit fin au califat (1258).

D'un autre côté, l'Empire latin, fondé lors de la quatrième Croisade, ne put subsister. Des dynasties grecques s'étaient maintenues en Épire, à Trébizonde, à Nicée. En 1261, celle des Paléologues réussit à rentrer à Constantinople, où elle devait se maintenir jusqu'à la conquête des Turcs Ottomans.

Huitième Croisade. — Cependant, Louis IX n'avait pas renoncé aux Croisades ; il fut entraîné à une nouvelle expédition par son frère Charles d'Anjou, qui s'était emparé de Naples et de la Sicile (1), et qui convoitait encore le littoral de l'Afrique. Il se laissa persuader que le roi de Tunis voulait se convertir, mais qu'il était retenu par la crainte de ses sujets, et que la présence d'une armée chrétienne lui permettrait de se déclarer. Désireux de gagner une âme à Dieu, il prit la croix (1270). Cette expédition ne fut point populaire : le sire de Joinville,

(1) Voyez le chapitre suivant, page 316.

ami et biographe du pieux roi, prétexta une maladie pour ne point partir. « Tous ceux-là firent péché mortel, dit-il, qui lui conseillèrent l'allée. » Les croisés prirent terre près des ruines de Carthage; au lieu de les bien accueillir, le roi de Tunis fit empoisonner les sources et les fontaines; ils furent décimés par la peste, et Louis IX, après avoir vu périr Jean Tristan, succomba lui-même au fléau. Son fils Philippe le Hardi ramena en France les débris de l'armée. Quelques Anglais qui avaient participé à la Croisade sous la conduite du prince Édouard, fils d'Édouard Ier, voulurent aller en Palestine, d'où ils revinrent après quelques combats stériles. Le pape Grégoire X ayant inutilement fait appel, dans le concile de Lyon, aux princes et aux peuples de l'Occident (1274), les dernières places des chrétiens en Palestine tombèrent au pouvoir des Mamelouks. Quand St-Jean d'Acre eut succombé (1291), les Hospitaliers de St-Jean allèrent s'établir dans l'île de Rhodes, où, sous le nom de chevaliers de Rhodes, ils furent bientôt aux prises avec les Turcs Ottomans; les Templiers se dispersèrent dans les divers États chrétiens, surtout en France et en Angleterre, où ils possédaient de nombreuses commanderies; les chevaliers Teutoniques se rendirent sur les bords de la Baltique, où ils se consacrèrent à la conquête et à la conversion des idolâtres de la Poméranie, de la Prusse et de la Livonie.

Résultats des Croisades. — A ne considérer que le but des Croisades, ces expéditions furent stériles, puisque, malgré d'immenses sacrifices d'hommes et d'argent, le Saint-Sépulcre et la Palestine restèrent entre les mains des Infidèles. Aussi, certains historiens les ont condamnées comme une folie. Mais, si le but ne fut pas atteint, les Croisades n'en eurent pas moins des résultats considérables.

Ce fut d'abord une grande chose que l'union des peuples dans la fraternité du Christ. « Quand vit-on jamais, dit le chroniqueur Foulques de Chartres, tant de nations de langages différents réunies en une seule armée?... Lorsqu'un Breton ou un Germain m'adressait la parole, je ne savais lui répondre; mais, bien que séparés par la diversité des langues, nous paraissions ne former qu'un seul peuple, par notre amour pour Dieu. » Guibert de Nogent ajoute : « On en voyait aborder dans les ports de France, qui, ne pouvant se faire comprendre, mettaient leurs doigts l'un sur l'autre en forme de croix, pour marquer qu'ils voulaient s'associer à la guerre sainte. »

Dans chaque nation, les Croisades ont rapproché les unes des autres les classes du monde féodal. Sous la bannière de la croix, les roturiers combattirent au même titre que les nobles, à titre de soldats du Christ. Les artisans et les marchands des villes, les paysans des campagnes, partagèrent les fatigues, les misères, les périls et la gloire des plus puissants barons. Cette communauté rapprocha les distances sociales, et la commisération s'empara des rois et des princes en faveur du pauvre peuple qui les avait suivis. Richard Cœur-de-Lion s'élançait au milieu des dangers en s'écriant : « Je serais indigne du titre de roi, si je ne savais mépriser la mort pour défendre ceux qui m'ont accompagné dans la guerre. » Louis IX, se croyant près de mourir en Égypte, criait avec douleur : « Qui reconduira mon bon peuple en France ? » Et l'un des seigneurs disait à Joinville : « Nul chevalier ne saurait revenir sans infamie, quand il laisse aux Sarrasins le menu peuple en compagnie duquel il partit. » Les liens qui s'étaient formés ainsi pendant la Croisade ne pouvaient être complètement rompus au retour.

Les Croisades ont eu encore pour effet d'affaiblir les animosités religieuses. Les Juifs avaient été massacrés sur les bords du Rhin par les premiers croisés ; St Bernard s'opposa à de pareilles violences, voulant sauver ces hommes qui étaient, disait-il, les témoins vivants des promesses du Christ. A la première Croisade, la haine contre les Musulmans avait un caractère farouche : « C'était *chose amusante*, dit un contemporain (1), de voir les Turcs, pressés de tous côtés par les nôtres, se rejeter en fuyant les uns sur

---

(1) Raymond d'Agiles.

les autres, et se pousser mutuellement dans les précipices ; c'était un *spectacle délectable et joyeux.* » Parlant des massacres qui eurent lieu à Jérusalem, il ajoute : « On vit alors des *choses vraiment admirables.* A quelques-uns on coupait la tête ; les autres servaient de but à nos flèches, ou étaient contraints de sauter du haut des tours ; d'autres, après de longues tortures, étaient jetés dans les flammes et brûlés vifs. On voyait, par les rues et les places, des monceaux de têtes, de pieds et de bras ; au Temple de Salomon, les hommes avaient du sang jusqu'aux genoux, et les chevaux jusqu'au poitrail. Le comte de Toulouse faisait arracher les yeux, couper les pieds, les mains et le nez à ses prisonniers ; *combien il s'est illustré par cet exploit,* c'est ce qu'on ne saurait dire. » Les choses ne tardèrent pas à changer. Le roi Baudouin Ier épousa une jeune fille de Palestine, et, un jour qu'il traversait le désert, il fit arrêter ses troupes pour ne pas laisser sans secours une femme sarrasine. On fit trêve aux batailles pour donner des tournois, où les Musulmans furent invités à se rendre. Saladin inspira assez d'admiration aux chrétiens, pour que l'un de ses prisonniers, Hugues de Tibériade, lui conférât la chevalerie. On en était venu des deux côtés à se considérer comme gens braves et loyaux, à s'estimer comme hommes, abstraction faite de la différence des religions.

A ces résultats moraux des Croisades, ajoutons des

conséquences graves dans l'ordre politique. La nature même de la guerre entreprise par les Occidentaux favorisa l'extension du pouvoir des papes, chefs suprêmes de l'Église chrétienne : la papauté n'exerça jamais une puissance politique plus grande que pendant la période des Croisades. De plus, dans un temps où le droit de guerre armait les seigneurs les uns contre les autres, l'Église étendit la Trêve de Dieu à des royaumes entiers, et pour de longues années ; quiconque insultait la personne des Croisés, ou profitait de leur absence pour envahir leurs biens, était frappé de peines spirituelles. Les passions malfaisantes et haineuses eurent un frein, et, à ce titre, les Croisades contribuèrent à établir la paix en Europe.

Elles ont également aidé à l'affaiblissement de la Féodalité. Outre que des familles nobles périrent tout entières en Orient, bon nombre de seigneurs, au départ ou au retour, aliénèrent leurs domaines, et vendirent des franchises aux roturiers. La royauté et la bourgeoisie profitèrent de leur pénurie, l'une pour acheter des fiefs, l'autre pour arriver à la liberté.

Les Croisades, en rétablissant ou en multipliant les relations entre l'Occident et l'Orient, ont donné une grande impulsion au commerce et à l'industrie. C'est l'époque de la prospérité de Pise, de Gênes, de Venise, dont la marine transporta les objets d'échange sur tout le littoral méditerranéen, d'où ils arrivaient par terre sur les principaux marchés de l'Europe. Depuis le XIIIe siècle, de hardis voyageurs, Rubruquis, Marco-Polo, Jean du Plan-Carpin, Sanuto, Mandeville, etc., allèrent explorer l'Asie, et fournirent de précieux renseignements aux Occidentaux.

Enfin, les grands événements de l'histoire ébranlent fortement les esprits, et donnent l'essor aux imaginations. Ils sont souvent suivis d'un brillant développement de la littérature et des arts. Ainsi, la guerre de Troie donna naissance à un âge littéraire que les œuvres d'Homère représentent presque seules aujourd'hui. Aux guerres Médiques succéda le siècle de Périclès. Après avoir subjugué le monde, les Romains eurent leur siècle d'Auguste. De même, à l'époque des Croisades, la pensée littéraire secoua les liens de la langue latine, et revêtit la forme des langues modernes : en France, les Troubadours chantèrent dans le Nord, et les Trouvères dans le Midi ; l'Allemagne eut ses Minnesingers (chantres d'amour) ; les poëtes de l'Espagne célébrèrent les exploits du Cid ; et, au moment où les chrétiens abandonnèrent la Palestine, paraissait le Dante, créateur de la poésie italienne. C'était aussi l'âge le plus florissant de l'art au Moyen Age : l'architecture ogivale ou gothique produisait ses merveilleux chefs-d'œuvre.

La France eut la part la plus considérable et la plus glorieuse dans les Croisades. Après avoir sauvé l'Europe chrétienne au temps de Charles-Martel, elle prit l'initiative de l'attaque contre les Musulmans en Orient. Sur huit expéditions, elle en fit six, et toujours au premier rang. Les prédicateurs des Croisades, Pierre l'Ermite, Urbain II, S' Bernard, Foulques de Neuilly, etc., furent surtout des Français : « On avait pleuré en Italie, dit un historien; on s'arma en France. » La plupart des rois de Jérusalem et des Empereurs latins étaient d'origine française. Ce sont des Français qui ont raconté les Croisades, soit en latin, soit dans leur langue naturelle. La Palestine fut comme une France nouvelle, on y parla le français, et le nom de *Francs* désigna en Orient tous les Occidentaux. Les Turcs disaient : « La nature n'a fait que deux peuples de véritables soldats, les Turcs et les Francs. » C'est encore la France qui a fourni le dernier héros des Croisades, S' Louis. Aussi la considérait-on comme l'instrument des desseins de la Providence, et un chroniqueur intitula son récit : *Gesta Dei per Francos* (les Actes de Dieu par la main des Francs).

CHAPITRE XII.

GUERRES DU SACERDOCE ET DE L'EMPIRE.

État de l'Église au XIe siècle. — Pendant la période des Croisades, l'Europe chrétienne fut fortement ébranlée par une autre lutte qui devait aussi durer deux siècles, la lutte des papes et des empereurs.

Au XIe siècle, l'Église, envahie par la Féodalité, en avait adopté les mœurs. La papauté, après avoir été considérée comme une sorte de patrimoine dont disposaient les seigneurs voisins de Rome, était tombée sous le joug des empereurs d'Allemagne, qui exerçaient, sinon le droit de nomination directe, au moins le droit de confirmer l'élection faite par le clergé. Les évêques et les abbés, membres de la société féodale à titre de possesseurs de terres, prêtaient hommage à un suzerain, et recevaient de lui l'investiture spirituelle, par l'anneau ou la crosse, et l'investiture temporelle, par le sceptre ou l'épée : c'était reconnaître qu'ils relevaient de lui comme prêtres et comme seigneurs. Les dignités ecclésiastiques procurant richesses et pouvoir, on cherchait à les obtenir par la brigue ou à prix d'argent; puis on trafiquait des messes, des absolutions, des sacrements, de toutes les choses saintes.

Non seulement la servitude et la simonie furent, pour le clergé, les effets de son mélange avec la société féodale, mais encore, à tous les degrés de la hiérarchie, la discipline se relâcha. Les prélats déployèrent un luxe qu'ils ne purent alimenter sans dilapider le bien des églises et des pauvres, et furent plus occupés de guerre et de chasse que des devoirs du sacerdoce. Les chanoines et les moines, cessant d'habiter et de manger ensemble, se partagèrent les biens de la communauté, et ils restreignirent la règle à la seule obligation de se réunir pour les prières, si toutefois ils ne se faisaient pas remplacer. On en était venu à ne pas considérer le célibat comme une condition du sacerdoce. Enfin, par les progrès toujours croissants de l'ignorance, l'Église perdait l'ascendant qu'elle avait possédé sur le monde après la chute de l'Empire romain.

Grégoire VII. — Le mal était si profond, que les moyens les plus énergiques étaient nécessaires pour le guérir. Il fallait lutter à la fois contre les princes, dont le pouvoir devait être amoindri par l'émancipation de l'Église; contre le clergé lui-même, dont les passions ne pouvaient manquer de résister; et contre la force immense de l'habitude. La réforme vint d'en haut : le pape Grégoire VII entreprit de briser les liens qui enchaînaient le clergé au pouvoir séculier, de le subordonner complètement au Saint-Siége, de redresser ses mœurs, de lui rendre la domination des intelligences.

C'était le fils d'un charpentier de Toscane, et il se nommait Hildebrand. Sa vie irréprochable, son esprit élevé, ses connaissances dans la littérature profane et sacrée, la fermeté de son caractère, le rendaient éminemment propre au rôle de réformateur. Il vivait à l'abbaye de Cluny, lorsque l'évêque de Toul, Bruno, devenu pape sous le nom de Léon IX, l'emmena à Rome (1049); il devint cardinal, et conseiller de plusieurs pontifes. Sous Victor II, il fit déposer six évêques coupables de simonie. Il inspira à Étienne IX un décret qui interdisait le mariage des prêtres. Ce fut encore à son instigation que Nicolas II institua, en 1058, le collége des *Cardinaux*, auquel appartint désormais le droit exclusif d'élire les papes.

Elevé à la chaire de St Pierre sous le nom de Grégoire VII, en 1073, il déclara la guerre en son propre nom à la simonie et à l'incontinence qui souillaient l'Église. Défense fut faite, sous peine d'excommunication, au roi de France Philippe Ier et à l'empereur Henri IV, de trafiquer des dignités ecclésiastiques. Des moines reçurent la mission de prêcher contre les prêtres simoniaques ou mariés; ils jetèrent sur les places publiques et foulèrent aux pieds les hosties que ces prêtres avaient consacrées ; ils déclarèrent nuls les actes du ministère sacré qu'ils avaient accomplis. Dans plusieurs villes italiennes, la multitude seconda les moines, et chassa les prêtres qui repoussaient les ordres du pontife.

On fit également la guerre à l'ignorance. Grégoire VII recommanda à tous les évêques d'entretenir des écoles dans leurs diocèses. De nouveaux monastères furent établis, et devinrent des centres d'instruction. Ainsi, St Romuald fonda, dans la vallée de Camaldoli (Toscane), une congrégation dite des *Camaldules*. St Bruno créa l'ordre des *Chartreux*, près de Grenoble. L'abbaye du Bec, en Normandie, devint la plus grande école de l'Europe. L'impulsion donnée par Grégoire VII devait se faire sentir encore après lui. En effet, Robert d'Arbrissel fonda l'abbaye de Fontevrault, près de Saumur ; Étienne de Thiers, celle de Grammont (Limousin) ; la discipline s'étant relâchée dans l'abbaye bénédictine de Cluny, que Bernon avait fondée au xe siècle, Robert de Molème fonda l'abbaye de Cîteaux, dont se détachèrent bientôt ses « quatre filles, » celle de Clairvaux, fondée par St Bernard, celles de La Ferté, de Pontigny et de Morimond.

Une fois nommés selon les règles canoniques, affranchis des liens de la famille et tirés de l'ignorance, les prêtres devaient former une milice dévouée au pape et entièrement occupée des intérêts religieux. Grégoire VII a constitué l'Église en monarchie. « L'Église du Christ, dit-il dans ses Lettres, est fondée sur Pierre. Elle se compose de tous ceux qui confessent le nom du Christ et qui s'appellent chrétiens. Toutes les églises particulières sont donc membres de l'église de Pierre, qui est celle de Rome. Celle-ci est la mère de toutes les églises de la chrétienté, qui lui sont soumises comme des filles à leur mère. L'Église romaine prend soin de toutes les autres; elle peut en exiger honneur, respect, obéissance. Comme mère, elle commande à toutes les églises et à tous les membres qui leur appartiennent, archevêques, évêques, abbés et autres fidèles : en vertu de sa puissance, elle peut les instituer ou les déposer. » Grégoire VII amoindrit l'autorité et la juridiction des évêques, en permettant tout appel en cour de Rome, et en se réservant la connaissance des causes majeures. Ses légats reçurent le pouvoir de convoquer et de diriger les conciles provinciaux, et attirèrent à eux un grand nombre d'affaires au détriment des métropolitains.

Grégoire VII voulut en outre que l'Église fût séparée de la société laïque. « L'Église de Dieu, disait-il, doit être indépendante de tout pouvoir temporel. L'autel, la chaire de St Pierre viennent de Dieu seul, et dépendent de lui seul. L'Église est à cette heure dans le péché, parce qu'elle n'est pas libre, parce qu'elle est attachée au monde et aux mondains ; ses ministres ne sont pas légitimes, parce qu'ils sont institués par des hommes du monde. » Aussi, l'investiture donnée par un laïque à des prêtres lui semblait-elle monstrueuse : « Eh quoi? s'écriait-il, la plus misérable femme peut choisir son époux selon les lois de son pays, et l'épouse de Dieu, comme une vile esclave, doit recevoir le sien de la main d'autrui ? »

Grégoire VII alla plus loin : il soutint la supériorité du pouvoir spirituel sur le pouvoir temporel. « Le monde, dit-il, est éclairé par deux lumières, le soleil plus grand, la lune plus petite. L'autorité apostolique ressemble au soleil, la puissance royale à la lune. Comme la lune n'éclaire que grâce au soleil, les empereurs, les rois, les princes ne subsistent que grâce au pape, parce que celui-ci vient de Dieu... La puissance du siége de Rome est de beaucoup plus grande que celle des princes... Le roi est soumis au pape, et lui doit obéissance... Toute chose est subordonnée au pape ; les affaires spirituelles et temporelles doivent être portées devant son tribunal, etc. » Grégoire VII ne tendait à rien moins qu'à réduire les rois à l'état de vassaux en s'attribuant le droit de les déposer, et les peuples à l'état de tributaires en étendant à tous l'impôt du denier de St Pierre. Il réclama la suzeraineté de la Russie, de la Pologne, de la Hongrie, du Danemark et de l'Espagne, pays conquis sur les païens ou sur les Musulmans, et même celle de l'Angleterre. Ses prétentions devaient mettre la papauté aux prises avec les empereurs d'Allemagne, accoutumés depuis Othon le Grand à régner en maîtres sur l'Italie et sur l'Église.

Querelle des Investitures. — Fort de l'alliance que les pontifes ses prédécesseurs avaient contractée avec les Normands des Deux-Siciles, et profitant d'une révolte des Saxons contre l'empereur Henri IV, Grégoire VII interdit à ce prince de donner l'investiture ecclésiastique. Sans tenir compte de cette défense, Henri IV conféra l'évêché de Bamberg et l'abbaye de Fulde. Cité à comparaître à Rome, il fit prononcer, par un certain nombre d'évêques réunis à Worms, la déposition du pape (1076), comme hérétique, sacrilége, conspirateur et magicien. Celui-ci fut menacé dans Rome même par les Cenci : le chef de cette famille, préfet de la ville, l'arracha de l'église Ste-Marie-Majeure par les cheveux, au moment où il accomplissait les cérémonies de la nuit de Noël. Délivré par le peuple, il lança l'excommunication sur l'empereur. Henri IV se vit abandonné de ses sujets, et la diète de Tribur déclara que, pour conserver la couronne, il devrait obtenir l'absolution pontificale dans le délai d'un an. Il se rendit donc en Lombardie, au château de Canossa, possession de la comtesse Mathilde. Cette puissante amie du

Saint-Siége, à laquelle appartenaient la Toscane, le duché de Lucques, Parme, Plaisance, Modène, Spolète, Ferrare, Mantoue, Vérone, Brescia, Crémone, etc., recevait alors Grégoire VII. L'empereur dut rester dans les fossés intérieurs du château pendant trois jours et trois nuits, par un froid rigoureux, pieds nus, couvert d'une simple tunique de laine comme les pénitents, et sans autre nourriture que du pain. Le pontife consentit enfin à l'entendre, et lui donna l'absolution, à condition qu'il accepterait, quant à son rétablissement sur le trône, la décision de la diète germanique. Puis, au milieu de la messe de réconciliation, il rompit une hostie consacrée, et en mangea la moitié, en adjurant Dieu de le faire mourir sur-le-champ s'il était coupable des crimes que lui imputaient ses ennemis. L'empereur, à qui il présenta l'autre moitié de l'hostie, pâlit, et se refusa au jugement de Dieu (1077).

Quelques princes allemands, hostiles à Henri IV, l'ayant déposé, élurent à sa place Rodolphe, duc de Souabe. Grégoire VII envoya à ce prince une couronne d'or, sur laquelle étaient gravés ces mots :

Petra dedit Petro, Petrus diadema Rodolpho (1).

Soumise aux décisions du pape dans l'ordre spi-

---

(1) La Pierre (l'Église) a donné la couronne à Pierre, et Pierre la donne à Rodolphe.

rituel, l'Allemagne se sentit blessée quand il disposa de la couronne, et fournit une armée à Henri IV. La Lombardie, où les réformes de Grégoire VII avaient rencontré une vive opposition, protesta également. L'empereur livra bataille à l'Anti-César près de Volksheim, sur l'Elster (1080) : le futur héros de la première Croisade, Godefroy de Bouillon, y frappa mortellement Rodolphe avec le fer de lance qui surmontait la bannière impériale. Le même jour, Conrad, l'un des fils d'Henri IV, battit dans le Mantouan les troupes de Mathilde.

Après avoir raffermi son autorité, Henri IV fit déposer de nouveau Grégoire VII dans un concile tenu à Brixen (Tyrol), et nomma à sa place Guibert, archevêque de Ravenne, sous le nom de Clément III. Il marcha ensuite sur Rome, dont les portes lui furent ouvertes par les habitants. Mais Robert Guiscard accourut avec ses Normands au secours de Grégoire VII, qui se défendait dans le château St-Ange, et contraignit les Allemands à la retraite. Toutefois, les dispositions hostiles des Romains déterminèrent le pontife à suivre ses libérateurs à Salerne. Il y mourut (1085), en disant avec tristesse : « J'ai aimé la justice et haï l'iniquité ; voilà pourquoi je meurs en exil. » Napoléon Ier, capable de comprendre ce grand génie qui avait dominé et dirigé son siècle, a dit : « Si je n'étais pas Napoléon, je voudrais être Grégoire VII. »

Le pape était mort, mais son esprit lui survécut : la lutte, un instant interrompue, fut reprise par Urbain II. Henri IV s'empara de Mantoue et de Ferrare ; mais l'échec de ses troupes devant Canossa, la révolte de son fils Conrad et la prédication de la Croisade le forcèrent de suspendre les hostilités. Plus tard, son autre fils, Henri, s'étant soulevé à l'instigation du pape Pascal II, il se laissa attirer à Mayence dans une diète qui devait juger le différend. Là, le fils rebelle contraignit son père d'abdiquer, et le dépouilla des ornements impériaux. Le malheureux Henri IV erra quelque temps dans la vallée du Rhin, implorant en vain la pitié des princes ; réduit à vendre ses bottes pour acheter du pain, il ne put même obtenir de l'évêque de Spire une fonction modeste dans son église, et mourut à Liége de douleur et presque de faim (1106). La haine de ses ennemis le poursuivit au-delà du tombeau : son cercueil resta pendant cinq ans à la porte de l'église de Spire, jusqu'à la levée de l'excommunication dont il avait été frappé.

Le nouvel empereur, Henri V, après avoir feint par ambition une grande docilité envers le Saint-Siége, revendiqua le droit de donner les investitures, et passa les Alpes à la tête d'une armée. Pascal II consentit à signer la convention de Sutri (1111), d'après laquelle les ecclésiastiques devaient renoncer aux biens qu'ils tenaient de l'Empire, ne se réservant que les dîmes et les terres données par des particuliers. L'Église, ne recevant plus rien du pouvoir temporel, eût été affranchie de toute dépendance à son égard, et aurait recouvré la liberté de ses élections. Mais les évêques ne voulurent pas renoncer à leurs domaines, et le concile de Latran annula le traité. La mort de Mathilde (1115), qui avait légué tous ses États au Saint-Siége, amena encore de nouvelles contestations : Henri V réclama les fiefs de la comtesse à titre de suzerain, et les alleux comme son plus proche parent. Il entra de nouveau en Italie, et se fit sacrer à Rome par l'archevêque de Braga (l'anti-pape Grégoire VIII), tandis que le pape Calixte II se réfugiait en France. Cependant, frappé d'excommunication, il redouta les malheurs qu'elle avait attirés sur son père, et signa, en 1122, le *Concordat de Worms*. C'était une transaction par laquelle l'empereur laissait aux églises la liberté d'élection, et renonçait à investir avec l'anneau et la crosse; mais les prélats d'Allemagne continuaient à recevoir de lui les avantages temporels, qu'il leur conférait avec le sceptre. Tel fut le dénouement de la querelle des Investitures.

Avec Henri V s'éteignit la maison de Franconie (1125). La féodalité allemande éleva au trône le duc de Saxe, Lothaire II. Celui-ci, proclamé en présence d'un légat du Saint-Siége, demanda encore au pape la confirmation de son élection. Quand il alla se faire sacrer à Rome par Innocent II, il renonça au droit d'assister aux élections ecclésiastiques, et accepta les alleux de la comtesse Mathilde comme fiefs du Saint-Siége. Un tableau du palais de Latran le représenta recevant la couronne des mains du pape, avec cette inscription :

> *Rex venit ante fores, jurans prius Urbis honores ;*
> *Post homo fit papæ, sumit quo dante coronam* (1).

Les rôles étaient renversés : l'Empire s'humiliait devant la papauté. Le mécontentement commençait à se manifester en Allemagne, lorsque Lothaire II mourut (1138).

GUELFES ET GIBELINS. — Les princes allemands élurent Conrad III, de la maison des Hohenstaufen ou de Souabe. Mais le plus puissant seigneur de l'Empire, Henri le Superbe, maître de la Saxe, de la Bavière, du Hanovre, du Brunswick et du duché de Lunebourg, avait convoité la couronne. La guerre civile éclata. Alors prirent naissance les dénominations de *Guelfes* et de *Gibelins :* on appela Guelfes (de Welf, père d'Henri le Superbe) les adversaires de la maison de Souabe, et Gibelins (du château de Wiblingen) les partisans de cette maison. Transpor-

(1) Le roi est venu aux portes de Rome, dont il a juré de respecter les priviléges ; puis il est devenu *l'homme* (le vassal) du pape, qui lui a donné la couronne.

tés bientôt en Italie, ces noms prirent un autre sens : les Guelfes furent les ennemis de l'Empire, les partisans de l'indépendance italienne rangés sous la bannière des papes ; les Gibelins furent les partisans de la domination allemande. Plus tard encore, dans les querelles intestines des villes d'Italie, on nomma Guelfes les défenseurs des idées démocratiques ou républicaines, et Gibelins les soutiens d'un principat ou d'un gouvernement aristocratique.
— Henri le Superbe fut dépouillé de la Saxe et de la Bavière, et, après sa mort, les troupes de son jeune fils Henri le Lion furent battues à Winsberg, près d'Heilbronn (1141). La couronne se trouva alors affermie dans la maison de Souabe, qui devait la conserver jusqu'en 1254. Conrad III mourut en 1152, au retour de la seconde Croisade.

Arnaud de Brescia. — L'Italie était alors agitée par un moine, Arnaud de Brescia, qui avait étudié en France à l'école d'Abailard. Arnaud, dont on ne pouvait contester l'éloquence et la pureté de mœurs, professait, sur la Trinité, le baptême et la communion, des idées contraires à celles de l'Église romaine. Il attaquait la corruption du clergé, érigeait en doctrine le renoncement de l'Église aux biens temporels, et prétendait enlever à la papauté elle-même toute puissance politique. Les Romains, adoptant ses idées, proclamèrent la république : un Sénat fut institué pour légiférer, et un préfet reçut le pouvoir exécutif. Le pape Adrien IV réclama l'intervention de Frédéric Ier Barberousse, neveu et successeur de Conrad III. Frédéric, en traversant la Lombardie, châtia l'hostilité de Vérone, d'Asti, de Chieri et de Tortone, et ceignit la couronne de fer à Pavie. Arrivé dans les États romains, il se saisit d'Arnaud de Brescia, le fit mettre en croix, ordonna de brûler son corps et de jeter les cendres au vent (1155). Maître du château St-Ange et de la cité Léonine, il reçut la couronne impériale des mains du pape : mais les Romains, dont il refusait de reconnaître la république, le repoussèrent des autres quartiers de leur ville. Un échec de ses troupes, les ravages des fièvres, l'expiration du temps de service dû par les vassaux, l'obligèrent de retourner en Allemagne. Le pont sur lequel il traversa l'Adige faillit être emporté par des troncs d'arbres que les Véronais jetaient dans le courant.

Frédéric Barberousse et Alexandre III. — Le bon accord entre l'Empire et le Saint-Siége ne fut pas de longue durée. Frédéric ayant défendu aux ecclésiastiques de ses États de s'adresser à Rome pour la collation des bénéfices ou pour tout autre motif, Adrien IV lui écrivit une lettre dans laquelle était cette phrase : « Nous t'avons accordé la couronne impériale, et, s'il est d'autres *bienfaits* au-dessus de celui-là, nous n'aurions pas hésité à te les accorder encore (1). » Frédéric crut que l'Empire était qualifié *bénéfice* ou *fief*, c'est-à-dire dépendance de l'Église. Un légat, le cardinal Roland, envenima le différend, en s'écriant, dans la diète de Besançon : « Mais si l'empereur ne tient pas l'Empire du pape, de qui donc le tient-il ? » A ces mots, le comte palatin Othon de Wittelsbach s'élança sur lui l'épée à la main, et il l'aurait tué si l'empereur ne l'eût retenu. Mais dès-lors la seconde guerre du Sacerdoce et de l'Empire était allumée : les légats pontificaux furent rappelés d'Allemagne, et, Adrien IV étant venu à mourir, le conclave sembla braver Frédéric en donnant la tiare à Roland, qui prit le nom d'Alexandre III.

Frédéric Barberousse fondit sur la Lombardie (1158), où l'on courait aux armes pour défendre l'indépendance italienne, prit d'assaut Brescia, démolit les fortifications de Gênes, imposa aux Milanais une contribution de 9,000 marcs d'argent (environ 500,000 fr.), et les contraignit de défiler, nu-pieds et vêtus de noir, devant son trône. Réunissant ensuite, dans la plaine de Roncaglia, entre Crémone et Plaisance, 32 jurisconsultes de l'école récemment fondée à Bologne par Irnérius ou Werner, il les chargea de

(1. Il y eut une équivoque sur le mot *beneficium*, qui, au Moyen Age, signifiait *bénéfice* ou *fief* en même temps que *bienfait*.

fixer d'une manière certaine les droits de l'Empire sur l'Italie. Ces légistes, imbus des principes du Code Justinien, déclarèrent que tous les droits royaux appartenaient aux empereurs, héritiers des anciens Césars. En conséquence, Frédéric interdit les confédérations des villes, leva sur elles des impôts, leur envoya des *podestats* ou juges, et s'arrogea le droit de confirmer l'élection de leurs consuls.

Dans plusieurs villes, les podestats furent repoussés à coups de pierres. La lutte prit alors un caractère atroce. Frédéric saccageait les campagnes, pendait les paysans qu'il pouvait saisir, et faisait crever les yeux aux fourrageurs ennemis. Pendant le siège de Crême, les têtes des prisonniers servaient de jouets sous les tentes des soldats allemands, et, quand la ville succomba, elle fut livrée aux flammes (1160). Les Milanais soutinrent à leur tour un siège long et meurtrier ; leur ville fut rasée, on y passa la charrue, on sema du sel sur son emplacement en signe de stérilité (1162).

Loin d'épouvanter les Italiens, ces violences les exaspérèrent ; la vue des Crémasques et des Milanais fugitifs excita une immense pitié. A la voix d'Alexandre III, les villes du Nord de l'Italie formèrent à Pontido une confédération connue sous le nom de *Ligue lombarde* (1164) ; Milan fut reconstruite, et se mit à la tête des coalisés. Frédéric Barberousse rentra en Italie (1167), marcha droit à Rome, et incendia l'église et le quartier de St-Pierre ; mais la peste se mit dans son armée, et il dut rentrer précipitamment dans ses États. Les Lombards en profitèrent pour élever une ville qu'ils appelèrent Alexandrie en l'honneur du pape, « le zélé propugnateur de la liberté italienne. » Les Allemands affectèrent de donner le nom d'*Alexandrie-de-la-Paille* à cette cité nouvelle, dont les maisons, construites à la hâte, étaient couvertes en chaume et défendues par une simple palissade ; mais, lorsque Frédéric, débarrassé des troubles qui le retenaient en Allemagne, vint en faire le siége (1174), il fut honteusement repoussé.

L'empereur fit un dernier effort en 1176. Il rencontra l'armée de la Ligue lombarde à Legnano, au N.-O. de Milan. Les Italiens avaient au milieu d'eux un *carroccio*, sorte de char sacré, surmonté d'une croix et d'un drapeau, et que gardait le *bataillon de la mort*, corps de 900 Milanais enchaînés par les serments les plus redoutables. Frédéric Barberousse, bien qu'abandonné par Henri le Lion et ses vassaux avant la bataille, attaqua résolument l'ennemi. Ses troupes furent mises en déroute ; il eut trois chevaux tués sous lui, perdit son étendard et son bouclier, ne sauva sa vie qu'en se cachant sous des cadavres, puis erra seul pendant trois jours avant d'arriver à Pavie.

La bataille de Legnano termina la lutte. L'empereur alla trouver Alexandre III à Venise, où une trêve fut signée (1177). On raconte qu'il précédait le pontife, une baguette à la main, pour écarter la foule sur son passage; qu'il lui baisa les pieds en signe de soumission; qu'il lui tint l'étrier, puis conduisit son cheval par la bride. Suivant une tradition contestée, Alexandre lui aurait mis le pied sur la tête en sautant à cheval, et se serait écrié : *Super aspidem et basiliscum ambulabis, et conculcabis leonem et draconem* (1). — La paix définitive ne fut conclue qu'en 1183, à Constance. Les villes italiennes gardèrent leurs magistrats, leurs lois, leurs milices, ainsi que les droits qu'elles avaient acquis par usage ou par prescription; elles purent se fortifier et se confédérer. Mais tout magistrat dut jurer fidélité à l'empereur; tous les habitants furent tenus de renouveler tous les dix ans le serment de foi et d'hommage, et de supporter le *fodrum* (droit de pourvoirie) lorsque l'empereur viendrait en Italie; un commissaire impérial statua en appel, dans chaque ville, sur les procès importants, mais conformément aux lois de la cité. Les biens de la comtesse Mathilde furent laissés en usufruit à l'empereur pendant quinze ans.

Frédéric Barberousse employa les dernières années de son règne à guerroyer contre Henri le Lion et

(1) Tu marcheras sur l'aspic et le basilic, et tu fouleras aux pieds le lion et le dragon.

d'autres vassaux indociles, et alla mourir en Asie-Mineure pendant la troisième Croisade (1190). Son fils Henri VI avait épousé Constance, fille de Roger II, roi des Deux-Siciles : Guillaume le Bon, petit-fils de ce prince, étant mort sans héritier direct, il voulut prendre possession du royaume. Mais un parti lui opposa Tancrède, fils naturel de Guillaume. La rançon que paya Richard Cœur-de-Lion au retour de la Croisade paya les frais d'une expédition allemande dans le midi de l'Italie (1194). Tancrède mourut, après s'être vu enlever Gaëte, Naples, Salerne, Messine, Catane, Syracuse et Palerme ; Henri VII ordonna qu'il fût exhumé, puis décapité par la main du bourreau, fit crever les yeux à son fils, et l'enferma dans un couvent. Le comte Jordano, qui encourageait la résistance des Siciliens, fut attaché sur une chaise de fer rougie au feu, et on lui enfonça avec des clous dans la tête une couronne également ardente. Un grand nombre de prêtres et de prélats furent brûlés ou écorchés vifs. Ainsi le royaume des Deux-Siciles fit partie des domaines de la maison de Souabe.

Innocent III. — Après la mort d'Henri VI (1197), son frère Philippe, héritier de la Souabe et des biens de Mathilde, et Othon IV de Brunswick, fils d'Henri le Lion, se disputèrent la couronne d'Allemagne. Le fils d'Henri VI, Frédéric II, âgé de trois ans, reçut les Deux-Siciles, sous la tutelle de Constance.

Cette princesse remit son pouvoir, dès l'année suivante, entre les mains d'Innocent III, qui arrivait à la chaire de St Pierre à l'âge de 37 ans.

Innocent III, élève de l'Université de Paris, connaissait à fond la théologie, la jurisprudence et les lettres sacrées (1). Animé des mêmes idées que Grégoire VII, il approcha plus que lui de cette monarchie chrétienne qui eût donné au Saint-Siége la domination universelle. « Dieu nous a mis sur le trône, écrivait-il à Philippe-Auguste, non seulement pour que nous jugions les peuples, d'accord avec les princes, mais aussi pour que nous jugions les princes à la face des peuples. » Après avoir rétabli pleinement l'autorité pontificale à Rome, il réunit au domaine de l'Église la Marche d'Ancône, ainsi que les possessions de Mathilde en Romagne et en Toscane, et encouragea les villes italiennes à se confédérer, comme celles de Lombardie, pour la défense de leurs frontières. Selon l'expression d'un historien, il foula l'autorité impériale sous la sandale de St Pierre, et lui fit rendre en Italie le dernier soupir. Pour étendre son action sur toute la chrétienté, il trouva un grand secours dans deux ordres religieux qui furent les fermes soutiens de la puissance ecclésiastique : les

---

(1) On lui attribue la composition du *Veni, sancte Spiritus* et du *Stabat mater*.

Dominicains ou *Frères prêcheurs* (1), institués par St Dominique, archidiacre d'Osma (Vieille-Castille), pour combattre l'hérésie; et les *Franciscains* ou *Frères Mineurs* (2), établis par St François d'Assise, et voués à la prédication. Innocent III dicta ses volontés aux rois de Castille, d'Aragon et de Portugal, étouffa le schisme grec chez les Bulgares, jugea les contestations qui s'étaient élevées pour la succession aux trônes de Danemark et de Hongrie, excommunia Philippe-Auguste à cause de son divorce, protégea contre ses attaques Jean-sans-Terre, roi d'Angleterre, et fit prêcher une Croisade contre les Albigeois (3). En Allemagne, il soutint d'abord Othon IV contre Philippe de Souabe; mais, celui-ci ayant péri victime d'une vengeance particulière (1208), et Othon ayant refusé de renoncer aux biens de Mathilde, il donna la couronne impériale au jeune Frédéric II, qui s'engageait, par la convention d'Egra (1212), à faire cette restitution, à donner aux Deux-Siciles un gouvernement séparé, et à entreprendre une Croisade. La cause d'Othon IV fut encore plus compromise lorsqu'il soutint Jean-sans-Terre contre

---

(1) Leur premier couvent à Paris fut établi rue Saint-Jacques; delà leur vint le nom de *Jacobins*.

(2) Comme ils portaient une ceinture de corde, ils furent appelés aussi *Cordeliers*.

(3) Voyez les détails dans l'HISTOIRE DE FRANCE de notre collection.

Philippe-Auguste et se fit battre à Bouvines (1214). Toutefois il conserva l'Empire jusqu'à sa mort (1218).

Frédéric II. — Arrivé à l'Empire, Frédéric II, que la mort d'Innocent III avait délivré d'un tuteur importun, ne tint aucune de ses promesses. Loin de renoncer aux Deux-Siciles, il y consolida son autorité par l'établissement de la hiérarchie administrative et des lois des Romains, par la création de l'Université de Naples, par l'exil des évêques suspects d'hostilité à l'égard de sa famille. Il enleva des montagnes de la Sicile, où ils s'étaient maintenus jusqu'alors, 20,000 Sarrasins, qui allèrent former à Nocéra et à Lucéria (Capitanate) des colonies invulnérables aux anathèmes pontificaux. Honorius III ne put obtenir qu'il partît pour la Terre Sainte, et Grégoire IX ne le décida au départ qu'en le frappant d'excommunication (1). A son retour, Frédéric II trouva la ligue lombarde reconstituée, l'Italie soulevée contre lui par le pape, et son beau-père Jean de Brienne en armes dans les Deux-Siciles.

Ce fut le commencement d'une troisième guerre du Sacerdoce et de l'Empire. Il ne s'agit plus d'investitures, ni de l'indépendance de l'Italie : les contemporains purent croire que le christianisme lui-même était en péril. Frédéric II, qu'on avait vu

---

(1) Voyez dans ce volume le récit de la 6ᵉ Croisade, page 276.

enrôler des Sarrasins, puis traiter avec le sultan ayoubite en Palestine, avait adopté les mœurs orientales, et inclinait, disait-on, vers l'islamisme. Il fut accusé d'avoir écrit le livre des *Trois imposteurs*, dans lequel Moïse, Jésus-Christ et Mahomet étaient placés au même rang (1). Pendant la lutte contre les papes, il leur prodigua les qualifications d'*Antéchrist*, de *Balaam*, de *Prince des ténèbres*, de *grand dragon de l'Apocalypse*, etc. On s'explique ainsi la violence que montrèrent les deux partis.

Frédéric II commença par désarmer les rebelles des Deux-Siciles, et Grégoire IX, sur la demande des prélats romains qu'effrayaient les dépenses de la guerre, signa, en 1230, la paix de San-Germano : l'empereur obtenait l'absolution, et promettait de respecter la liberté des élections ecclésiastiques. Mais ce n'était qu'une trêve : Frédéric en profita pour combattre l'insurrection excitée en Allemagne par Henri, l'un de ses fils ; ce jeune prince fut enfermé dans un château de la Pouille, où il succomba quelques années après.

La guerre se ralluma en 1237, à l'occasion de la révolte des villes lombardes contre Eccelino de Romano, podestat de Vérone. Frédéric II saccagea

---

(1) On ne sait comment fut admise la réalité de ce livre, qui n'existait pas ; on en a fabriqué un en Autriche au milieu du XVIII° siècle.

Mantoue, Brescia, Vicence, infligea aux Guelfes une grande défaite à Corte-Nova, et s'empara de leur *carroccio*. Ce fut la fin de la ligue lombarde. Mais Grégoire IX, irrité de ce que l'empereur donnât l'île de Sardaigne, sur laquelle le Saint-Siége avait des prétentions, à son fils Enzio, se mit à la tête des Italiens. Il offrit la couronne impériale à un prince français, Robert d'Artois; Louis IX ne voulut pas intervenir dans cette querelle, et répondit : « Il suffit à Robert d'être frère du roi de France. » Plusieurs princes allemands déclinèrent aussi cet honneur.

Frédéric II envahit les États pontificaux. Le pape, bloqué dans Rome, convoqua néanmoins un concile pour prononcer solennellement la déposition de son ennemi; mais Enzio, réuni aux Pisans, attaqua près de la Méloria (1) les bâtiments génois qui portaient les prélats d'Occident, et les prisonniers, envoyés à Pise, où on les attacha avec des chaînes d'argent, ne recouvrèrent la liberté que sur les instances de Louis IX (1241). Grégoire IX étant mort sur ces entrefaites, les cardinaux lui donnèrent pour successeur un vieillard, Célestin IV, qui régna dix-huit jours seulement; puis, le conclave ne put s'entendre pendant deux ans sur le choix d'un nouveau pape. Enfin, en 1243, le génois Sinibald Fieschi fut proclamé sous le nom d'Innocent IV. C'était un ami de

---

(1) Ile près de Livourne.

l'empereur ; mais les intérêts de l'Empire et ceux de la Papauté étaient si opposés, que la guerre continua. Frédéric II disait avec tristesse : « Je perds un ami, et je ne gagne pas un pape. »

Innocent IV, menacé en Italie, se retira à Lyon, ville soumise alors à son archevêque, et y convoqua un concile général (1245). L'empereur s'y fit représenter par son chancelier Pierre des Vignes et par le jurisconsulte Taddeo de Suessa. Le premier garda un silence qui fit soupçonner sa fidélité ; mais le second défendit énergiquement son maître. Vainement il rappela que Frédéric avait naguère sauvé la chrétienté, en écrasant près de Liegnitz les Mongols qui avaient envahi l'Europe orientale. Quand le concile lança l'anathème sur l'empereur et délia ses sujets du serment de fidélité, Taddeo s'écria en se frappant la poitrine : « Jour de colère, jour de calamité et d'abomination ! » A cette nouvelle, Frédéric se fit apporter ses couronnes, en enfonça une sur sa tête, et dit avec colère « Je la tiens encore, et, avant qu'on me l'arrache, il faudra verser beaucoup de sang. »

La guerre, en effet, devint atroce. Un parti reconnut Henri Raspon, landgrave de Thuringe ; mais ce *roi des prêtres* fut battu près d'Ulm par Conrad, fils de l'empereur, et mourut de douleur. Guillaume de Hollande, qui accepta ensuite la couronne, fut repoussé par les Allemands. En Italie, Frédéric II pilla le couvent du mont Cassin, et en chassa les religieux. Quand des moines tombaient entre ses mains, il leur faisait imprimer avec un fer rouge une croix sur la tête. Il envoyait au gibet quiconque était trouvé porteur de lettres favorables au pape. Durant le siége de Parme, il ordonna, chaque jour, de mettre à mort quatre prisonniers sous les yeux des habitants. Se défiant de tous ceux qui l'entouraient, il fit crever les yeux à Pierre des Vignes, accusé d'avoir voulu l'empoisonner, et ce malheureux se brisa la tête contre les murs de son cachot. Un seul malheur put l'abattre : ce fut la captivité d'Enzio, qui était tombé entre les mains des Bolonais. Ni les menaces ni les prières n'obtinrent la délivrance du jeune prince; Frédéric II découragé se retira dans le midi de l'Italie, où il mourut de chagrin (1250).

La maison de Souabe fut poursuivie par le malheur. Conrad IV, fils de Frédéric, porta pendant quatre ans le titre d'empereur, et périt, dit-on, empoisonné. Enzio resta 23 ans en prison, charmant ses ennuis par la poésie; il tenta un jour de s'échapper, caché dans un tonneau, mais une boucle de ses cheveux blonds le trahit. Marguerite, fille de Frédéric, fut maltraitée par son époux Albert le Dénaturé, landgrave de Thuringe, qui tenta même de la faire étrangler au château de Wartbourg ; avant de s'enfuir, elle voulut dire un dernier adieu à ses enfants, et, dans l'excès de sa douleur, mordit l'un d'eux à la joue ; elle erra misérablement en Allemagne, et finit bientôt ses jours à Francfort. Frédéric-le-Mordu fit plus tard la guerre à son père.

Enfin Frédéric II avait laissé un fils naturel, Manfred, héritier du royaume des Deux-Siciles. Le pape Urbain IV excita Charles d'Anjou, frère de Louis IX, à attaquer ce prince. En 1266, une rencontre eut lieu près de Bénévent. Manfred voulait négocier ; Charles d'Anjou répondit : « Je ne veux avec lui ni paix ni trêve. Il m'enverra au Paradis, ou je l'enverrai en Enfer. » Un acte déloyal lui donna la victoire : il ordonna de frapper les chevaux, contrairement aux usages de la chevalerie. Les soldats allemands démontés furent accablés sous le poids de leur armure. Manfred portait sur son casque un aigle d'argent, qui tomba : « C'est le signe de Dieu, » s'écria-t-il, et, se jetant au milieu des ennemis, il tomba percé de coups. On refusa la sépulture sacrée à son cadavre, qui fut seulement recouvert d'un monceau de pierres. Les Deux-Siciles tombèrent au pouvoir de la maison d'Anjou. — Deux ans après, le duc de Souabe Conradin, fils de Conrad IV, et son cousin Frédéric d'Autriche, vinrent réclamer les domaines de leur famille. Charles d'Anjou les vainquit à Tagliacozzo, et leur fit trancher la tête à Naples. On raconte que son gendre, Robert de Flandre, frappa de son épée le juge qui avait lu la sentence, en lui disant : « Il ne t'appartenait pas, misérable, de condamner si nobles et si gentils seigneurs. »

En résumé, la Papauté a triomphé dans ses trois guerres contre l'Empire d'Allemagne : l'Église est affranchie du joug de la féodalité, et, par la mort d'Eccelino, qui périt en combattant les Milanais près de Cassano (1259), l'Italie échappe à la domination étrangère. La victoire du pouvoir pontifical devait éclater à tous les yeux, lorsqu'au jubilé de l'année 1300, le pape Boniface VIII parut en public avec les ornements impériaux, précédé de l'épée, du globe et du sceptre. Il réunissait les attributs des puissances spirituelle et temporelle.

CHAPITRE XIII.

DERNIERS TEMPS DU MOYEN AGE.

§ I.

Décadence de l'Empire d'Allemagne.

GRAND INTERRÈGNE. — Pendant la dernière période du Moyen Age, l'Empire et la Papauté, qui avaient occupé le premier rang en Europe, tombèrent en décadence. Les années qui suivirent la chute de la maison de Souabe, jusqu'à l'avènement de la maison d'Autriche, furent appelées en Allemagne le *Grand Interrègne*, parce qu'il n'y eut pas réellement d'empereur. Les princes répartirent, il est vrai, leurs suffrages sur plusieurs souverains; mais ceux-ci n'eurent pas assez d'autorité pour se faire respecter. Ainsi, *Guillaume*, comte de Hollande, fut poursuivi à coups de pierre dans la rue par un habitant d'Utrecht, et sa femme dévalisée sur un grand chemin par un gentilhomme : il périt dans un combat contre les Frisons. *Richard de Cornouailles*, frère du roi d'Angleterre Henri III, et cousin d'Othon IV de Brunswick, n'avait pu obtenir qu'à prix d'or les voix de quelques électeurs, et il se borna à prendre la couronne à Aix-la-Chapelle. *Alphonse X*, roi de de Castille, petit-fils, par les femmes, de Philippe de Souabe, ne vint même jamais en Allemagne pour répondre à l'appel de ses partisans.

En nommant des souverains étrangers, dont le pouvoir ne reposait sur aucune propriété d'Allemagne, les seigneurs eurent pour but de se rendre complètement indépendants; ils usurpèrent les domaines de l'Empire, et commirent autour de leurs châteaux toutes sortes de rapines, au point qu'un écrivain du temps disait : « Autrefois je voyais des tournois et des hommes armés; aujourd'hui on se fait honneur de voler des bœufs et des moutons. » — Mais le Grand Interrègne eut encore d'autres effets. Le Danemark, la Pologne, la Hongrie, rompirent les liens de vassalité qui les unissaient à l'Empire; l'ancien royaume d'Arles commença de se rattacher à la France. Les villes libres, n'étant plus protégées par une autorité centrale, formèrent des associations, afin de se défendre contre les brigandages des seigneurs : ainsi prirent naissance, par exemple, la *Confédération des villes du Rhin*, qui embrassa plus de 60 villes, et la *Hanse* ou la *Ligue hanséatique* (1), dont le commerce devait bientôt s'étendre à toute l'Europe.

(1) De l'allemand *hansen*, s'associer.

Avènement de la maison d'Autriche. — L'anarchie qui désolait l'Allemagne détermina le pape Grégoire X à intervenir, en 1273 : il menaça les électeurs, qui depuis deux années laissaient le trône vacant, de procéder lui-même au choix d'un empereur. Les princes se décidèrent alors à proclamer un petit seigneur qui ne pouvait leur porter ombrage, *Rodolphe, comte de Habsbourg* (1), landgrave d'Alsace, et avoué ou protecteur des villes d'Uri, de Schwitz et d'Unterwalden. C'était un géant, au nez aquilin, au front chauve, sobre jusqu'à se contenter de carottes crues pour son repas, deux fois excommunié à cause de ses désordres de jeunesse. Le jour de son couronnement, Rodolphe donna une preuve de sa présence d'esprit. Il était d'usage que l'empereur, après cette cérémonie, prît le sceptre, et donnât l'investiture aux grands vassaux. Ceux-ci avaient cru échapper à l'investiture en dérobant le sceptre : mais Rodolphe prit la croix qui se trouvait sur l'autel, et, disant aux seigneurs : « Cette croix qui a sauvé le monde peut bien remplacer le sceptre impérial, » il s'en servit pour donner l'investiture

L'Italie, tombeau de tant d'armées allemandes, ne parut point à Rodolphe valoir de nouveaux sacrifices : « Elle ressemble, disait-il, à la caverne du lion; on voit les pas de ceux qui y pénètrent, non

(1) Château de la Suisse. Argovie.

de ceux qui en sortent. » Il abandonna donc toute prétention sur la péninsule, renonça définitivement aux biens de la comtesse Mathilde, et abandonna aux villes pour quelque argent le droit de se gouverner elles-mêmes, pour rétablir la paix en Allemagne, relever l'autorité impériale, et fonder la grandeur de sa propre maison.

Véritable chevalier, dit un contemporain, il allait, vêtu misérablement et les coudes percés, à la poursuite de tous ceux qui troublaient l'ordre public. Il châtia le comte de Wurtemberg, qui s'intitulait « l'Ami de Dieu, et l'ennemi des hommes. » Les droits régaliens furent repris aux seigneurs qui les avaient usurpés ; dans la Thuringe seule, 70 châteaux-forts furent rasés, et 29 nobles condamnés à mort.

Ottocar, roi de Bohême, avait conquis ou gagné par héritage un grand nombre de provinces. Après avoir dédaigné la dignité impériale, il refusait l'hommage féodal : « Que me veut Rodolphe ? disait-il ; il a été mon écuyer, je lui ai payé ses gages, je ne lui dois plus rien. » Rodolphe lui fit la guerre pendant deux ans, et le contraignit d'abandonner l'Autriche, la Styrie, la Carinthie, la Carniole, et de recevoir à genoux l'investiture de la Bohême et de la Moravie. Il avait pris, dit-on, ses dispositions pour que sa tente, dressée sur le pont du Danube à Vienne, s'entr'ouvrît au milieu de la cérémonie, de manière que toute l'armée pût voir Ottocar à ses pieds. Celui-ci, furieux d'un tel affront, reprit les armes quelques mois après ; il fut vaincu et tué dans le Markfeld, près de Vienne (1278). Rodolphe retint alors la Moravie pendant cinq ans pour les frais de la guerre, ne laissa que la Bohême à Wenceslas, fils de son rival, et forma de l'Autriche, de la Styrie, de la Carinthie et de la Carniole un patrimoine à son fils aîné Albert. Telle fut l'origine de la maison de Habsbourg-Autriche.

Rodolphe établit aussi dans sa famille l'usage de s'agrandir par des mariages. Cinq de ses filles furent unies au comte palatin du Rhin, aux ducs de Saxe et de Bavière, au margrave de Brandebourg et au roi Wenceslas ; un de ses fils épousa l'héritière du Tyrol.

A sa mort (1291), son fils *Albert d'Autriche*, que les électeurs trouvaient trop puissant, fut écarté du trône, et l'on choisit *Adolphe de Nassau*, prince pauvre, qui ne put même acquitter les frais de son couronnement. Mais Albert leva des troupes, vainquit et tua Adolphe à Gelheim, près de Worms, et se fit proclamer empereur (1298). Son avidité et ses violences le rendirent odieux : il contraignit les seigneurs des bords du Rhin à lui céder les péages sur ce fleuve, tenta d'usurper la Hollande, la Thuringe, la Bohême, déposséda Jean de Souabe, son neveu et son pupille, et fut assassiné par ce prince sur les bords de la Reuss, au moment où il allait réprimer une révolte des Suisses (1308).

Insurrection des Suisses contre l'Autriche. — La Suisse, tour à tour la proie des Burgondes et des Francs, avait fait partie du royaume de Bourgogne transjurane, puis passé, avec le royaume d'Arles, sous la suzeraineté des empereurs d'Allemagne. Elle s'était morcelée en seigneuries ecclésiastiques ou laïques, et en petites républiques. A la fin du XIIIe siècle, la famille de Habsbourg entreprit de convertir en domination le protectorat qu'elle exerçait sur quelques cantons. Le bailli ou gouverneur Hermann Gessler se fit bâtir des résidences fortifiées, augmenta les péages, rançonna le commerce, et se montra impitoyable dans les châtiments; il alla jusqu'à enlever leurs bœufs aux Suisses en disant : « Que ces manants tirent eux-mêmes la charrue. »

En 1307, Werner Stauffacher, du canton de Schwitz, Walter Furst, du canton d'Uri, et Arnold Melchthal, du canton d'Unterwalden, se rendirent, avec dix amis chacun, au Rütli, lieu isolé sur le lac des Quatre-Cantons, et y jurèrent de délivrer leur pays. Parmi les conjurés se trouvait Guillaume Tell, connu par son caractère hardi, et pour la sûreté de son coup d'œil au tir de l'arc. En entrant dans Altorf, il vit au bout d'une perche un bonnet que Gessler avait ordonné à tous les Suisses de saluer en passant. S'étant refusé à cette humiliation, il fut arrêté, et condamné à abattre d'un coup de flèche une pomme placée sur la tête de son jeune fils. Il y réussit ; mais, comme il avoua qu'une seconde flèche, cachée sous ses vêtements, était destinée au tyran si l'enfant eût été atteint, on le retint prisonnier. Gessler le conduisait à Kussnacht, de l'autre côté du lac, lorsqu'un ouragan terrible s'éleva. Guillaume Tell consentit à saisir les rames, atteignit une rive escarpée, et, après y avoir sauté, repoussa du pied la barque au milieu des flots. Gessler, échappé avec peine à leur fureur, se mit à la poursuite du fugitif, qui le frappa mortellement d'une flèche (1).

Cet événement fut le signal de l'insurrection. Les députés des trois cantons, assemblés à Brünnen (Schwitz), formèrent une ligue de dix ans pour la défense de leur liberté. Le duc d'Autriche Léopold, second fils de l'empereur Albert, leva une armée de 25,000 hommes pour comprimer la révolte : il se confiait tellement dans la victoire, qu'il avait fait provision de cordes pour pendre les Suisses ou pour les emmener prisonniers. La rencontre eut lieu à Morgarten (1315). Les Suisses n'étaient qu'au nombre de 1,300, et ne pouvaient opposer que des piques aux épées et aux massues des chevaliers bardés de

---

(1) L'histoire de Guillaume Tell a été révoquée en doute par quelques écrivains, sous prétexte qu'il existe une légende semblable dans l'histoire du Danemark au XI° siècle.

fer. Cinquante bannis du canton de Schwitz vinrent demander à combattre dans leurs rangs : on leur répondit qu'exilés par la loi, ils n'avaient pas le droit de mourir pour la patrie. Ils se portèrent sur les limites du canton, et, en roulant des masses de rochers sur la cavalerie autrichienne, contribuèrent à sa défaite.

La victoire de Morgarten assura l'indépendance helvétique. Aux trois cantons se joignirent successivement ceux de Lucerne (1332), de Zurich (1351), de Glaris et de Zug (1352), enfin celui de Berne (1358), et ils s'estimèrent assez forts pour repousser l'alliance que leur offrirent cinquante et une villes de Souabe et de Franconie. Cependant l'Autriche tenta de rétablir sa domination en 1386; le duc Léopold II envahit la Suisse, et pénétra jusqu'à Sempach, au N.-O. de Lucerne. Ses bataillons, serrés sur quatre rangs, présentaient une muraille de piques; les Suisses essayèrent en vain de les enfoncer. Alors un habitant d'Unterwalden, Arnold Winckelried, embrassa autant de piques qu'il put, et les attira sur sa poitrine : il tomba percé de coups, mais il avait ouvert une brèche, par laquelle ses compagnons se précipitant jetèrent le désordre dans les rangs ennemis. Léopold fut tué. — Deux ans après, les Autrichiens reparurent; ils furent encore battus à Naefels (Glaris), et reconnurent l'indépendance des huit cantons. Un neuvième, celui d'Appenzell, entra dans la confédération en 1403.

Maison de Luxembourg. — L'Allemagne était restée étrangère à la guerre de l'Autriche contre les Suisses. Après l'assassinat d'Albert Ier, sa famille, dont les progrès alarmaient les princes de l'Empire, fut écartée du trône pour plus d'un siècle, et, dans cet intervalle, la couronne appartint presque sans interruption à la maison de Luxembourg.

Henri VII, premier prince de cette maison, élu en 1308, maria son fils Jean avec l'héritière de la Bohême. Puis il entreprit de relever le parti gibelin en Italie. Dante, victime des agitations de la république florentine, l'appelait pour rétablir la paix, et écrivait, afin de seconder le rétablissement de la domination impériale, un traité *De la Monarchie*, où il cherchait à établir que la puissance des empereurs était supérieure à celle des papes, car l'Empire existait avant l'Église. Henri VII se fit couronner roi d'Italie à Milan, non avec la couronne de fer, qui était alors en gage entre les mains de quelques Juifs pour une somme d'argent, mais avec une couronne d'acier, et accorda à Mathieu Visconti le titre de vicaire impérial dans le Milanais. Moins bien accueilli dans le reste de la Lombardie, repoussé de Florence, il alla jusqu'à Rome, où il reçut la couronne impériale des mains d'un simple prêtre. Il retournait dans ses États, quand il mourut (1313). La tradition de son empoisonnement dans une hostie par un moine du parti guelfe doit être rejetée, à cause du silence des contemporains.

L'Empire eut un interrègne de quatorze mois. Les électeurs s'étant ensuite partagés entre *Frédéric le Bel*, fils aîné d'Albert 1er, et *Louis de Bavière*, l'Allemagne fut livrée à la guerre civile pendant huit ans. Enfin Frédéric, vaincu et pris à Mühldorf, se désista de ses prétentions (1322). Louis de Bavière eut à soutenir une guerre contre la papauté, mais ce ne fut qu'un pâle reflet des anciennes luttes du Sacerdoce et de l'Empire. Le pape Jean XXII (1), qui avait pris parti pour Frédéric le Bel, suscitait encore à l'empereur un adversaire en Italie, le roi de Naples, Robert le Savant, et lui ordonnait de renoncer au pouvoir, sous peine d'excommunication. Louis de Bavière en appela au futur concile, répondit aux anathèmes du pape en le déclarant déchu, et alla se faire couronner à Milan et à Rome (1328) : mais ses exactions détachèrent bientôt de lui tous les Italiens. Le roi Jean de Bohême, fils d'Henri VII, prêta main-forte au pape, se rendit en Lombardie avec un corps de troupes, abolit les réformes opérées par l'empereur dans le gouvernement des villes, et déposa les officiers qu'il avait institués (1331). Louis de Bavière dut s'humilier et solliciter son absolution. — Be-

---

(1) Les papes résidaient alors à Avignon. Voyez le § II de ce chapitre, page 335.

noît XII, successeur de Jean XXII, recommença bientôt la lutte. L'Allemagne soutint énergiquement son chef : les princes, réunis à Francfort (1338), proclamèrent l'indépendance de la couronne germanique à l'égard du Saint-Siége, déclarèrent que l'empereur élu par la majorité des électeurs n'avait besoin ni d'obtenir l'assentiment du pape ni de se faire couronner par lui, levèrent l'interdit lancé par Benoît XII, et traitèrent en ennemis publics les prêtres qui se refuseraient à célébrer les offices. Quelques électeurs opposèrent néanmoins à Louis de Bavière un rival, Charles de Luxembourg, fils de Jean de Bohême (1) : l'empereur, découragé, songeait à résigner la couronne, lorsqu'il mourut d'apoplexie foudroyante dans une chasse à l'ours près de Munich (1347).

Charles IV, alors accepté par les Allemands, fut surnommé *le Roi des prêtres*, à cause de la docilité qu'il montra envers le Saint-Siége : dès son avènement, il condamna les actes de son prédécesseur, se désista, en faveur de l'Église, de toute prétention sur les États romains, sur la Corse et la Sardaigne, promit de ne venir à Rome que pour son couronnement et d'en sortir aussitôt, de n'exercer aucune souveraineté en Lombardie et en Toscane sans le

(1) C'est ce Jean qui fut tué en France en combattant contre les Anglais à Crécy (1346).

consentement du pape, et d'accorder les investitures qu'exigerait la cour pontificale. Il se compromit encore par sa conduite en Italie, où on le vit, semblable, dit un historien, à un marchand en foire, plumer et débiter l'aigle impérial, mettre à l'encan les dignités, vendre Padoue, Vicence et Vérone aux Vénitiens, créer à Rome, moyennant finance, quinze cents *chevaliers du Tibre*, etc. Il tremblait à la vue des soldats que les villes faisaient défiler devant lui, et pelait des branches de saule avec un canif tandis qu'on lui adressait de savantes harangues. Le poëte Pétrarque, qui, comme Dante, avait rêvé un Empire aussi puissant que celui des anciens Césars, ne put s'empêcher de maudire ce prince, qui manquait à sa fortune. Charles IV fut exposé à toutes sortes d'insultes : à Milan, Jean-Galéas Visconti le mit sous clef jusqu'à ce qu'il lui eût donné le titre de vicaire impérial en Lombardie; à Pise, on mit le feu à sa maison; le préfet de Crémone le fit attendre deux heures aux portes de la ville; ailleurs on ne voulut pas le recevoir. Son indifférence pour les outrages passa pour de la lâcheté. La disette d'argent où il se trouvait sans cesse le fit tomber dans le mépris, à tel point qu'un boucher de Worms l'arrêta pour dettes, et qu'on le retint dans une hôtellerie où il n'avait pu payer sa dépense. Toutefois, il a bien mérité de ses États héréditaires : Prague fut dotée d'une Université modelée sur celle de Paris, la Bohême couverte de monuments et sillonnée de canaux. Il agrandit les domaines de sa maison par l'achat de la Lusace, de la Silésie et du Brandebourg.

Au règne de Charles IV appartient la *Bulle d'or*, acte ainsi appelé du sceau qui y était suspendu ; elle devait régir jusqu'en 1806 l'Empire d'Allemagne. Cet acte, rédigé par le jurisconsulte italien Barthole, et accepté par la diète de Nuremberg (1356), restreignit le droit d'élire les empereurs à sept grands-officiers de la couronne, dont trois ecclésiastiques et quatre laïques : l'archevêque de Mayence, archichancelier d'Allemagne ; celui de Trêves, archichancelier du royaume d'Arles ; celui de Cologne, archi-chancelier d'Italie ; le roi de Bohême, grand-échanson ; le comte palatin du Rhin, grand-sénéchal, et vicaire de l'Empire pendant la vacance du trône ; le duc de Saxe, grand-maréchal ; et le margrave de Brandebourg, grand-chambellan. Certains droits royaux étaient concédés à ces électeurs, comme ceux de battre monnaie, d'exploiter les mines et les salines sur leur territoire, de juger sans appel ; toute offense à leur personne était un crime de lèse-majesté ; leur électorat était indivisible, et se transmettait par ordre de primogéniture. Les empereurs devaient être élus à Francfort-sur-le-Mein, et sacrés à Aix-la-Chapelle par l'archevêque de Cologne. Enfin la Bulle d'or établit à la diète germanique une chambre particulière pour la noblesse inférieure, et une troisième pour les députés des villes.

A la mort de Charles IV (1378), son fils aîné *Wenceslas*, à qui échut la Bohême, fut en outre élu empereur; le second, Sigismond, obtint le Brandebourg, et devint bientôt roi de Hongrie; le troisième, Jean, reçut la Lusace et la Silésie. Le règne de Wenceslas fut un temps d'anarchie et de désordre. Vainement ce prince essaya d'y remédier, en interdisant les ligues des seigneurs ou des villes, en divisant l'Allemagne en quatre cercles ou grandes circonscriptions dont chacune devait être administrée par un conseil et un capitaine général, et en instituant un tribunal chargé de maintenir la paix publique. Ses ordres furent méconnus. Il se retira par dépit en Bohême, et là, si l'on en croit des récits probablement exagérés par la crédulité populaire, il commit des cruautés qui lui valurent le surnom de Néron : ainsi, dit-on, il fit massacrer plus de 3,000 Juifs, pour s'emparer de leurs richesses ; il ne sortait qu'accompagné du bourreau, à qui il livrait ceux qui lui déplaisaient sur sa route ; il attirait les étrangers dans les bains publics de Prague, où des chiens qu'il nourrissait de chair humaine les dévoraient ; il fit jeter dans la Moldau Jean Népomucène, vicaire de l'archevêque, qui refusait de lui révéler la confession de la reine. On lui reprochait aussi de s'enivrer : il écrivit un jour aux habitants de Nuremberg, que la meilleure preuve qu'ils pussent lui donner de leur dévouement était de lui envoyer deux pièces de leur meilleur vin.

En 1400, Wenceslas fut déposé par les trois électeurs ecclésiastiques et par le comte palatin *Robert*. Ce dernier prit la couronne, et montra son impuissance dans une guerre contre Jean-Galéas Visconti, qui refusait l'hommage. Il fut battu sur les bords du lac de Garde, et traîna une existence misérable jusqu'en 1410. Alors le collége électoral se divisa, et nomma simultanément trois empereurs, Wenceslas, son frère Sigismond, et Josse ou Jodoce, margrave de Moravie. Ce dernier mourut dès l'année suivante, Wenceslas se désista, et Sigismond fut seul maître de l'Empire.

Guerre des Hussites. — Le règne de Sigismond fut signalé par les progrès d'une hérésie qui compta de nombreux partisans, surtout en Bohême. Jean Huss, recteur de l'Université de Prague, enseignait que l'Écriture était la seule autorité infaillible, attaquait le culte de la Vierge et des Saints, les indulgences, la confession auriculaire, l'abstinence des viandes, l'autorité du pape et des évêques; il demandait la communion sous les deux espèces comme dans la primitive Église, et delà vinrent les noms d'*Utraquistes* et de *Calixtins* donnés à ses partisans (1). Afin de ramener le clergé à la discipline et

---

(1) Le premier dérive du latin : *sub utráque specie* (sous

aux bonnes mœurs, il proposait, soit de le priver de toute intervention dans les affaires temporelles, soit de le dépouiller des biens dont il faisait mauvais usage. Cité devant le concile de Constance (1415), il refusa d'abjurer ses opinions, fut arrêté malgré le sauf-conduit que lui avait accordé Sigismond, et envoyé au bûcher avec Jérôme de Prague, son principal disciple.

Ce fut le signal d'une terrible guerre religieuse : les Hussites, qui jusques-là s'étaient contentés de demander la liberté de conscience, vengèrent le sang par le sang. Réunis au nombre de 40,000 sur une montagne voisine de Prague, qu'ils fortifièrent et appelèrent Thabor (ce qui les fit nommer *Thaborites*), ils prirent pour chef suprême un officier de Wenceslas, Jean Ziska (le Borgne), s'emparèrent de Prague, et jetèrent les ministres du roi par les fenêtres du château ; Wenceslas en mourut de frayeur (1419). Sigismond, en intervenant dans la Bohême avec des troupes allemandes, donna à la lutte le caractère d'une guerre de races : le supplice de vingt-trois chefs de rebelles à Breslau, et celui de 1,600 sectaires que l'on précipita en un seul jour dans les puits des mines de Kuttemberg, ne firent qu'exciter les passions. Les Hussites saccagèrent la Silésie, la

---

les deux espèces) ; le second rappelle qu'ils réclamaient l'usage du *calice* dans la communion.

Moravie et l'Autriche; Sigismond perdit une grande bataille à Auska, et dut sortir de la Bohême (1424). Ziska mourut au milieu de ses exploits : avant d'expirer, il ordonna qu'on fît de sa peau un tambour, afin de conduire encore ses compagnons à la victoire. En souvenir de sa mort, les Hussites se donnèrent le nom d'*Orphelins*.

Un ancien moine, Procope le Rasé, qui lui succéda, avait autant d'enthousiasme religieux, mais n'exerçait pas le même ascendant sur les Hussites. Il remporta la victoire d'Aussig sur l'électeur de Saxe, et ravagea la Franconie et la Bavière; plus de 200 villes et châteaux et 1,400 villages furent anéantis, et il ne fallut pas moins de 3,000 chariots pour transporter le butin à Prague. Cependant, le concile de Bâle (1431) ayant accordé aux Hussites la communion sous les deux espèces, une partie d'entre eux déposa les armes. Les autres furent taillés en pièces par Sigismond à Bœhmischbroda (1434), et Procope resta sur le champ de bataille. La Bohême fut domptée, sans renoncer toutefois à ses doctrines religieuses : elle fut, au siècle suivant, un pays bien préparé pour les prédications de Luther, qui voyait en Jean Huss son précurseur et l'appelait « l'Étoile du matin de la Réforme. »

Sigismond survécut peu de temps aux troubles provoqués par les Hussites. Avec lui finit la maison de Luxembourg : depuis l'élection de son gendre

Albert II (1437-1439), la couronne impériale ne sortit plus de la maison d'Autriche, mais l'Empire n'était plus, selon le mot d'un écrivain, que « l'ombre d'un grand nom. »

§ II.

Affaiblissement de la Papauté.

LES PAPES A AVIGNON. — La puissance politique de la Papauté, comme celle de l'Empire, subit de graves atteintes au xive et au xve siècle. Le souverain pontificat, humilié par le roi de France Philippe le Bel dans la personne de Boniface VIII (1), tomba dans un véritable esclavage lorsque Clément V eut consenti, en 1305, à transférer sa résidence dans une ville française. Le séjour des papes à Avignon (1308-1378) a été appelé à bon droit *la captivité de Babylone*; car, tout en continuant à exercer leur suprématie sur les rois éloignés, ils sacrifièrent aux princes français les libertés de l'Église. L'un d'eux, Benoît XII, s'excusait en pleurant d'avoir excommunié Louis de Bavière, parce que Philippe VI de

---

(1) Voyez les détails de cette querelle dans l'HISTOIRE DE FRANCE de notre collection.

Valois, dont ce prince soutenait le rival, Édouard III d'Angleterre, l'avait menacé du bûcher.

La cour d'Avignon contribua aussi par ses mœurs à compromettre l'autorité pontificale. Nicolas Clémengis, recteur de l'Université de Paris, recueillit, dans un livre intitulé *De corrupto Ecclesiæ statu* (De l'État de corruption de l'Église), les plaintes qui s'élevaient de toutes parts. La société ecclésiastique retombait dans le désordre dont Grégoire VII l'avait délivrée : on voyait les bénéfices accumulés dans un petit nombre de mains, ou distribués soit à des jeunes gens, soit à des hommes indignes, la simonie impudemment pratiquée, les devoirs du sacerdoce négligés, les habitudes mondaines en vigueur.

Rienzi. — L'absence des papes était funeste aux États romains, où leurs vicaires ne pouvaient réprimer les violences des familles nobles, spécialement des Orsini et des Colonna. Un certain Nicolas Rienzi en profita pour reprendre les projets de Crescentius et d'Arnaud de Brescia. C'était le fils d'un de ces pauvres hères qui portaient de l'eau par la ville sur des ânes. La lecture des écrivains de l'antiquité avait fait naître en lui une vive admiration pour la république romaine. Doué d'une parole facile et brillante, il évoqua tous les souvenirs qui pouvaient réveiller les idées politiques des Romains : il parcourait les rues et les places publiques, parlant des gloires passées à ceux qui l'entouraient, expliquant les inscriptions les plus propres à flatter leur vanité, les faisant rougir de leur dégradation présente par la vue des monuments de l'ancienne grandeur de Rome. Ou bien encore il cherchait à frapper leur imagination par des tableaux saisissants. Sur l'un d'eux, un navire luttait contre la tempête ; c'était, disait-il, Rome livrée à toutes sortes de maux par l'abandon des papes. Sur un autre, il y avait une femme habillée de noir ; c'était Rome veuve des souverains pontifes. Un troisième représentait une mer agitée et cinq vaisseaux, dont quatre étaient submergés, tandis que le dernier résistait encore : les uns offraient l'image de Ninive, de Babylone, de Jérusalem et de Carthage, l'autre celle de Rome, qui était sur le point de périr, et qui ne pouvait se sauver qu'en rétablissant l'*ancien et bon État*.

Le peuple de Rome, entrant avec enthousiasme dans les desseins de Rienzi, lui conféra le titre de tribun, le chargea de rédiger et d'appliquer une constitution républicaine, et prit les armes pour la soutenir (1347). Rienzi mit tous ses soins à établir une bonne police dans Rome et aux environs, organisa des milices urbaines, fit pendre quelques brigands qu'on arrêta dans la ville, créa des magasins de blé pour les pauvres et des asiles pour les veuves et les orphelins, rétablit la circulation et la sécurité sur les routes, et amena les familles nobles, qui s'étaient réfugiées dans les forteresses de leurs domaines, à jurer la paix publique. Pétrarque le célébra en prose et en vers; plusieurs villes d'Italie lui envoyèrent des soldats ou de l'argent; ses députés furent accueillis partout avec faveur.

Mais Rienzi n'était pas un homme d'État; il avait dans le caractère plus de vanité que d'énergie, plus de poésie dans l'esprit que de sens pratique, et il s'abandonna aux entraînements d'une ambition puérile. Il se mit à vivre avec un faste princier. Un jour, revêtu du costume que prenaient les anciens empereurs lors de leur couronnement, il se rendit au Capitole, et là, le bâton de commandement à la main, avec sept couronnes sur la tête, symbole des sept vertus, il répéta quatre fois, en montrant de son épée les quatre points cardinaux : « Ceci est à moi. » Il envoya même des ordres à l'empereur Charles IV, au roi Louis de Hongrie, à la reine Jeanne de Naples, enjoignit au pape Clément VI de revenir à Rome, et déclara libres toutes les villes d'Italie. Tout le monde s'irrita de le voir élever des prétentions si exorbitantes et s'arroger de pareils pouvoirs. Attaqué par les Colonna, il s'enfuit de Rome pendant la nuit (1348). Après avoir passé quelques années dans un couvent des Apennins, il passa en Allemagne : Charles IV le livra au pape. Jugé peu dangereux, absous même de l'excommunication grâce aux sollicitations de Pétrarque, il vécut en paix dans Avignon. Lorsque le cardinal Albornoz fut envoyé par Innocent VI avec un corps de troupes pour rétablir l'autorité pontificale dans les États romains, Rienzi consentit à y exercer le pouvoir au nom du pape. Mais le peuple n'eut que du mépris pour sa conduite; excités par les nobles, quelques émeutiers égorgèrent Rienzi, dont le corps fut suspendu au gibet (1354).

Grand schisme d'Occident. — La Papauté eut à traverser une crise plus redoutable encore. Les Italiens demandaient depuis longtemps, par la voix de Pétrarque et de Ste Catherine de Sienne, le retour des souverains pontifes à Rome, lorsque Grégoire XI, malgré l'opposition de sa cour et du roi de France Charles V, fit un voyage dans cette ville; il y mourut en 1378. Les Romains entourèrent les cardinaux qui l'avaient suivi, et les menacèrent de « leur rendre la tête aussi rouge que leur chapeau, » s'ils n'élisaient pas un pape italien. Un Napolitain, Urbain IV, fut nommé. C'était un vieillard sévère, inflexible, et peu capable de tolérer la mollesse de la cour d'Avignon. Un jour que son secrétaire lui apportait de l'argent, il le menaça, en cas de récidive, de le faire noyer dans le Tibre, et pour cette fois il se contenta de jeter la somme par la fenêtre. Les cardinaux, dont quelques-uns furent livrés au bourreau, s'échappèrent de Rome, et, réunis à Anagni, déclarèrent que l'élection d'Urbain VI, imposée par la violence, était nulle. Ils proclamèrent un anti-pape, le cardinal Robert de Genève, qui, sous le nom de Clément VII, alla résider à Avignon. Telle fut l'origine du grand schisme d'Occident ; la chrétienté fut divisée en deux camps ennemis, d'où l'on se renvoya mutuellement les accusations d'usurpation et d'hérésie. La France, l'Espagne, le Portugal, la Savoie, la Lorraine et l'Écosse reconnurent le pape d'Avignon ; l'Italie, la Hollande, l'Allemagne, l'Angleterre, la Hongrie, la Pologne, la Bohême, les États scandinaves se rallièrent au pape romain.

Les pontifes rivaux ne s'occupèrent que de se soutenir eux-mêmes et d'enrichir leurs partisans. On espérait qu'à leur mort le scandale finirait : mais chacun d'eux avait créé des cardinaux intéressés à lui donner des successeurs. Aussi, après Urbain VI, on nomma à Rome Boniface IX, Innocent VII et Grégoire XII ; après Clément VII, la cour d'Avignon choisit Benoît XIII. Le roi de France Charles VI intervint, en 1395, pour réconcilier les partis. D'après le conseil de l'Université de Paris, il députa son oncle le duc de Bourgogne et son frère le duc d'Orléans vers Benoît XIII, afin de l'engager à s'entendre avec Grégoire XII. Ce dernier avait de bonnes dispositions : « Si l'on m'indiquait, disait-il, un lieu où l'accord puisse se faire, quand même il serait situé au-delà des mers, j'irais à pied, le bâton de pèlerin à la main. » Mais Benoît XIII ne fut pas d'aussi facile composition : Charles VI ayant envoyé des troupes pour l'assiéger dans Avignon, il traîna les négociations en longueur, et finit par s'enfuir en Espagne (1399).

La mesure la plus efficace pour mettre un terme au schisme parut être la réunion d'un concile œcuménique. Les cardinaux des deux obédiences se rendirent à Pise (1409). Le droit de convoquer les conciles était regardé, depuis des siècles, comme une attribution du pape; mais les docteurs, entre autres Gerson, chancelier de l'Université de Paris, pensèrent que l'Église pouvait par elle-même se réunir et se réformer. Benoît XIII et Grégoire XII ayant refusé de comparaître à Pise, le concile les déposa, et élut l'archevêque de Milan, qui prit le nom d'Alexandre V, et que remplaça bientôt Jean XXIII. Au lieu de deux papes, on en eut trois; le concile de Pise n'avait fait qu'augmenter l'anarchie.

Les efforts de l'empereur Sigismond déterminèrent la réunion d'un nouveau concile à Constance, en 1414. Cette assemblée, qui attira 150,000 étrangers dans la ville, ne compta pas moins de 18,000 ecclésiastiques, dont deux cents docteurs de l'Université de Paris, et beaucoup de princes et de seigneurs y assistèrent. On commença par travailler à la paix de l'Église : Grégoire XII abdiqua volontairement; mais Benoît XIII, frappé de déposition, refusa de se soumettre, et, du fond de l'Espagne, lança tous les jours, jusqu'à la fin de sa vie, une excommunication contre le concile. Quant à Jean XXIII, lorsqu'il traversait la ville de Trente pour se rendre au concile, son bouffon lui avait dit ce proverbe de jeu : « Qui passe trente, perd. » Il fut arrêté à Constance, s'échappa sous un déguisement de postillon, et, repris par ses ennemis, passa plusieurs années en prison. — La paix semblait devoir rentrer dans l'Église ; mais une question divisa les membres du concile. Les Allemands et les Anglais demandaient qu'on procédât immédiatement aux réformes devenues nécessaires dans l'Église, avant de choisir un pape, tandis que les Italiens et les Espagnols ne voulaient pas laisser l'Église sans chef. En se déclarant pour ces derniers, Gerson, Pierre d'Ailly et les autres représentants de la France firent triompher leur avis : un membre de la famille Colonna fut élu sous le nom de Martin V. Le concile dressa ensuite un plan de réforme, d'après lequel le pape ne devait rien décider sans le conseil des cardinaux, et, en certains cas, sans l'avis d'un concile ; il pouvait être déposé par un concile œcuménique pour hérésie ou simonie ; les dispenses étaient limitées, les appels en cour de Rome réduits à un petit nombre de cas, la levée des décimes sur le clergé interdite à moins d'autorisation par un concile général ; l'élection des évêques était attribuée aux chapitres seuls, et leur juridiction nettement déterminée ; tous les ecclésiastiques étaient astreints à la résidence : la simonie des prêtres était une cause de déchéance ; des peines étaient édictées contre les moines qui violaient les obligations de leur institut. Martin V sut faire échouer les desseins du concile, en dirigeant d'abord l'attention générale sur l'hérésie de Jean Huss, puis en différant de jour en jour les réformes demandées. En 1418, il prononça la dissolution de l'assemblée. Les réclamations de la chrétienté le contraignirent cependant de promettre la convocation d'un nouveau concile pour la réforme des abus ; mais il mourut en laissant à son successeur Eugène IV le soin d'accomplir ce devoir.

Les Pères du concile qui se réunit à Bâle en 1431 se mirent à l'œuvre avec tant d'ardeur, que le pontife s'en effraya et ordonna de suspendre les séances. A combattre les réformes il y avait un dangereux aveuglement ; le cardinal Julien Cesarini ne put s'empêcher d'adresser des plaintes à Eugène IV : « Je parlerai à Votre Sainteté, disait-il, avec une grande confiance, comme Ambroise à Théodose. Hélas ! la cognée est à la racine, l'arbre penche ; il pourrait encore se soutenir, et nous le précipitons à terre. Ma voix s'est lassée de donner des avertissements ; il ne me reste plus qu'à pleurer. » Le pape n'écouta pas les conseils. Non seulement les Pères ne tinrent aucun compte de son injonction, mais ils reprirent les propositions du concile de Constance relativement à la supériorité des conciles œcuméniques, décrétèrent que ces conciles seraient convoqués périodiquement, qu'ils ne pourraient être dissous que du consentement des deux tiers de leurs membres, et que le pape serait tenu d'y paraître par lui-même ou par ses légats. Ils déterminèrent la forme de l'élection du pape et le serment qu'il devait prêter, limitèrent les dons qu'il pouvait faire à ses parents, restreignirent le nombre des cardinaux à vingt-quatre, etc. — Eugène IV, à la nouvelle de ces réformes, déclara le concile dissous, et convoqua ses partisans à Ferrare (1437); le concile de Bâle qualifia cette assemblée de schismatique, déposa Eugène IV comme hérétique, et nomma un antipape, Amédée VIII, duc de Savoie, qui avait renoncé aux affaires publiques, et qui prit le nom de Félix V. Le schisme recommençait (1439). Le concile de Ferrare, transféré à Florence, et le concile de Bâle s'excommunièrent mutuellement; il en résulta que leur autorité s'affaiblit comme celle des papes. Les souverains de l'Europe s'interposèrent entre les partis; après de longues négociations, le concile de Bâle se sépara, Félix V abdiqua, et tous les fidèles se soumirent à Nicolas V, successeur d'Eugène IV (1449).

Le gouvernement de l'Église recouvra ainsi son unité. Mais le grand schisme d'Occident n'en laissa pas moins des traces profondes dans la chrétienté : le respect pour le Saint-Siége et pour les conciles avait diminué : par l'abus des anathèmes, les armes ecclésiastiques s'étaient émoussées ; après même que la paix fut rétablie, les principes émis dans le concile de Bâle furent adoptés par les Églises nationales de France et d'Allemagne.

§ III.

Progrès de la bourgeoisie et de la royauté.

France (1). — En Allemagne, les villes durent leurs premières franchises aux concessions que leur fit l'autorité monarchique dans sa lutte contre les seigneurs (2), et elles surent les étendre pendant l'anarchie du Grand-Interrègne, au moyen des ligues qu'elles contractèrent ensemble (3). Les villes italiennes, après l'extinction des Carlovingiens, conservèrent les traditions du régime municipal des Romains, et les guerres du Sacerdoce et de l'Empire leur servirent à consolider leurs libertés (4). En France, l'émancipation de la bourgeoisie eut trois

---

(1) Pour toute cette partie, voyez les détails dans notre Histoire de France.
(2) Voyez page 231.
(3) Voyez page 319.
(4) Voyez page 305.

causes principales : la perpétuité de l'administration romaine dans la plupart des villes du Midi, la concession des chartes de liberté par les seigneurs en retour de certains services, et la révolution communale ou insurrection armée dans le Nord. Ce mouvement, annoncé par la révolte du Mans contre Guillaume le Conquérant, s'étendit surtout pendant le règne de *Louis VI le Gros* (1108-1137).

Alors la royauté capétienne commença de prendre son essor. Louis VI, après avoir fait l'essai de ses forces contre les seigneurs indociles de l'Ile-de-France, s'en prit à un vassal plus puissant, Henri Ier Beauclerc, duc de Normandie et roi d'Angleterre. Cette guerre, signalée par le combat de Brenneville (1119), n'eut pas un résultat heureux, puisque le château de Gisors, objet du litige, demeura au pouvoir des Anglais. Du moins Louis le Gros ménagea l'alliance du clergé et des Communes à sa dynastie, et fit conclure à son fils, avec Éléonore de Guyenne, un mariage qui lui apporta les provinces maritimes situées entre la Loire et l'Adour.

Louis VII le Jeune (1137-1180), longtemps gouverné par Suger, abbé de St-Denis, prit part à la seconde Croisade. Au retour de cette expédition, il répudia Éléonore (1152), et renonça aux provinces qui constituaient sa dot. Le mariage d'Éléonore avec Henri II Plantagenet, roi d'Angleterre (1154), donna un développement considérable à la puissance anglaise sur le continent, et la famille capétienne courait de graves dangers, si Henri II n'eût été occupé tour à tour en Angleterre par des querelles avec Thomas Becket, archevêque de Cantorbéry, et en France par la révolte de ses propres enfants (1).

Philippe II Auguste (1180-1223) entretint, comme son père, la guerre entre Henri II et ses fils, et fut particulièrement l'ami de l'un d'eux, Richard Cœur-de-Lion. Il réunit au domaine de la couronne l'Amiénois et le Vermandois, enlevés au comte de Flandre, et l'Artois, que lui apporta en dot Isabelle de Hainaut. Ayant abandonné la troisième Croisade après les premières opérations, il profita de l'absence de Richard pour se jeter sur la Normandie, acte déloyal qu'il expia bientôt par la défaite de Fréteval, et qui lui eût coûté peut-être sa couronne, si le roi d'Angleterre ne fût allé périr devant la forteresse de Chalus (Limousin), où il croyait trouver de grands trésors (1199). Jean-sans-Terre, frère et successeur de Richard, eut à défendre ses provinces du continent contre son neveu Arthur de Bretagne; mais Philippe-Auguste, en querelle avec le pape Innocent III pour avoir répudié sa seconde femme Ingeburge de Danemark, ne put tirer parti des embarras des Anglais. Ce fut seulement après le meurtre d'Arthur, et après condamnation de Jean-sans-Terre

---

(1) Voyez plus loin.

par ses pairs comme coupable de félonie, qu'il envahit la Normandie, le Maine, l'Anjou, la Touraine et le Poitou (1204-1206). L'Angleterre fut préservée d'une invasion, moins par les menaces d'Innocent III, dont Jean s'était reconnu vassal, que par l'incendie des navires destinés au transport des Français. L'alliance de Jean-sans-Terre avec l'empereur Othon IV et les comtes de Flandre et de Boulogne, ne servit qu'à rendre plus intime l'union de la royauté française et des communes, et à leur fournir l'occasion d'une grande victoire à Bouvines (1214). Appelé par les barons anglais, que mécontentaient les revers, la tyrannie et la déloyauté de leur roi, Louis de France, fils de Philippe-Auguste, ne put cependant se maintenir au-delà de la Manche : abandonné après la mort de Jean, battu à Lincoln, il revint sur le continent (1217). — Pendant le règne de Philippe-Auguste eut lieu la quatrième Croisade. Ce prince n'y prit aucune part, non plus qu'à l'expédition contre les Albigeois, dont il recueillit cependant les fruits ; car les seigneurs du Nord, après avoir dépouillé de leurs terres les hérétiques du Languedoc, placèrent cette province sous la suzeraineté royale. Philippe-Auguste est le créateur de l'administration monarchique : il divisa le domaine royal en circonscriptions appelées bailliages dans le Nord, sénéchaussées dans le Midi, et qui se subdivisaient en prévôtés. Il fonda l'Université de Paris, recula l'enceinte fortifiée de cette ville, et commença le pavage des rues.

Louis VIII le Lion (1223-1226) enleva aux Anglais l'Aunis, la Saintonge, l'Angoumois, le Limousin et le Périgord, et, dans une expédition contre les Albigeois, prit possession du pays de Beaucaire et de Carcassonne.

Pendant la minorité de son fils *Louis IX* (1226-1270) et la régence de la reine-mère Blanche de Castille, une coalition de seigneurs se forma contre la royauté. Blanche sut ramener à elle Thibaut de Champagne, à qui elle acheta les comtés de Blois, de Chartres et de Sancerre, dompta par la force Pierre Mauclerc, duc de Bretagne, et imposa à Raymond VII, comte de Toulouse, le traité de Meaux (1229), par lequel ce prince accordait à Alphonse de Poitiers, l'un des frères du roi, la main de sa fille et unique héritière. Elle travailla encore à l'extension du domaine royal par le mariage de Louis IX et de son frère Charles d'Anjou avec Marguerite et Béatrix, filles de Bérenger IV, comte de Provence.

Devenu majeur, Louis IX eut à réprimer à son tour une révolte féodale : Hugues de Lusignan, comte de la Marche, fut chassé de ses domaines; les Anglais, ses alliés, perdirent les batailles de Taillebourg et de Saintes (1242), et signèrent la trêve de Bordeaux (1243), qui laissait en la possession du vainqueur tout le pays situé au nord de la

Garonne. Louis IX fit ensuite la septième Croisade, durant laquelle Blanche de Castille, chargée du gouvernement, châtia une insurrection des Pastoureaux ou paysans. A son retour, il signa le traité de Corbeil (1258), par lequel il renonçait à ses droits de suzeraineté sur le Roussillon et la Catalogne en faveur de Jacques Ier, roi d'Aragon, qui abandonnait les siens sur le Languedoc; et le traité d'Abbeville (1259), qui restituait aux Anglais les provinces enlevées par Louis VIII, moyennant désistement de leurs prétentions sur les conquêtes de Philippe-Auguste. Le reste de son règne fut consacré à la législation : les principaux abus de la féodalité (guerres privées, duel judiciaire, refus de la monnaie royale, etc.) furent réprimés; l'autorité royale étendue par la multiplication des appels et des cas royaux, et par la création d'*enquêteurs* analogues aux envoyés de Charlemagne; les excès de la puissance ecclésiastique arrêtés par la Pragmatique-Sanction; la bourgeoisie relevée par l'influence accordée désormais aux légistes et par la création du Parlement. La royauté commença alors à contrôler la gestion financière des Communes, et à intervenir dans l'élection de leurs magistrats. Elle a commis une faute et s'est créé des embarras pour l'avenir, en détachant du domaine royal certaines provinces pour les donner en apanage aux princes du sang.

Louis IX étant mort pendant la huitième Croisade,

son fils *Philippe III le Hardi* lui succéda (1270-1285). Il fit deux guerres malheureuses : l'une, pour soutenir en Castille les infants de La Cerda ; l'autre, contre Pierre III d'Aragon, qui avait accepté la souveraineté de la Sicile après le massacre des Vêpres siciliennes (1). Mais il hérita du comté de Toulouse à la mort d'Alphonse de Poitiers, et prépara, par le mariage de son fils, la réunion du royaume de Navarre et du comté de Champagne au domaine royal. La bourgeoisie fit aussi de nouveaux progrès, grâce à l'ordonnance qui permit aux roturiers d'acquérir des fiefs ; les lettres d'anoblissement octroyées par les rois l'appelèrent même à former une noblesse nouvelle, pourvue des mêmes droits et priviléges dans l'État que l'aristocratie territoriale.

Philippe IV le Bel (1285-1314), après avoir conquis la Guyenne sur les Anglais (1293), la restitua sous forme de dot lors du mariage de sa fille Isabelle avec le prince de Galles. Vainqueur de Guy de Dampierre, comte de Flandre, près de Furnes (1297), il essaya d'imposer à la Flandre sa domination : mais le massacre des Français à Bruges, et le désastre de Courtray (1302), imparfaitement réparé à la bataille de Mons-en-Puelle (1304), le contraignirent de renoncer à son dessein, et il ne put conserver que la Flandre française (Lille, Douai, Orchies et Béthune).

---

(1) Voyez le chapitre suivant.

Au milieu même de cette guerre, les impôts exigés du clergé par Philippe le Bel, l'arrestation de Bernard Saisset, nommé malgré le roi à l'évêché de Pamiers, et les prétentions de Boniface VIII à la suprématie universelle, avaient amené un grave différend entre le pouvoir civil et le pouvoir ecclésiastique. Le roi réunit pour la première fois les États-Généraux (1302), où furent appelés les députés de la bourgeoisie formant un tiers-état ou 3e ordre à côté du clergé et de la noblesse; fort d'une approbation qu'il en avait perfidement obtenue, il voulut faire arrêter le pontife. Boniface VIII, injurié, maltraité dans Anagni, ne survécut pas aux violences dont il avait été l'objet, et, après le règne éphémère de Benoît XI, un archevêque de Bordeaux, Bertrand de Goth, acceptant les conditions de Philippe pour obtenir son appui, fut élevé à la chaire de St-Pierre sous le nom de Clément V. Le nouveau pape consentit à transporter sa cour à Avignon (1308), et à supprimer l'ordre des Templiers (1312), dont les biens avaient allumé les convoitises du roi. Le grand-maître de l'Ordre, Jacques Molay, vit périr beaucoup de ses chevaliers, et monta lui-même sur le bûcher (1314). — Philippe le Bel réunit au domaine royal la Marche et l'Angoumois, que lui avait engagés le dernier des Lusignan, et le pays de Lyon, acheté de force à l'archevêque. On lui doit une nouvelle organisation du Parlement et la multiplication des impôts: ses expédients vexatoires en matière de finances (spoliation des Juifs, lois somptuaires, altération des monnaies, etc.) firent exécrer sa mémoire.

Les trois fils de Philippe le Bel régnèrent successivement après lui. *Louis X le Hutin* (1314-1316), menacé par une réaction féodale, envoya au gibet Enguerrand de Marigny, surintendant des finances, mit en prison ou exila les autres ministres de son père, et confirma les priviléges de plusieurs provinces. Il affranchit par ordonnance tous les serfs de la couronne.

Son fils posthume, *Jean Ier*, ne vécut que quelques jours ; les États-Généraux, interprétant un texte de l'ancienne loi Salique, décidèrent que les femmes ne pouvaient hériter de la couronne. Jeanne, fille de Louis le Hutin, reçut comme dédommagement la Navarre et le comté d'Évreux, et *Philippe V le Long* (1316-1322), second fils de Philippe le Bel, fut appelé au trône. Le nouveau roi essaya de remédier à l'abus des apanages, en déclarant l'inaliénabilité des domaines de la couronne. A sa mort, comme il ne laissait que des filles, son frère *Charles IV le Bel* lui succéda. Avec ce prince finit, en 1328, la descendance directe de Hugues Capet. Édouard III, roi d'Angleterre, dont la mère était fille de Philippe le Bel, prétendit vainement au trône de France : ce fut un neveu de ce dernier prince qui commença la seconde branche des Capétiens, celle des Valois.

Il y eut alors un temps d'arrêt dans le développement de la royauté française. Les Valois, en effet, ont généralement abandonné la politique de leurs prédécesseurs : au lieu de chercher à élever leur pouvoir en abaissant la féodalité, ils se sont fait une cour de grands seigneurs; ils ont multiplié les tournois et les fêtes de toute sorte, entrepris de rendre à la chevalerie son éclat primitif, et compromis la France dans des guerres désastreuses. Loin de s'appuyer sur les bourgeois et les paysans, ils les ont écrasés d'impôts et poussés à la révolte.

Philippe VI (1328-1350) débuta par une guerre contre les Flamands, qui avaient chassé leur comte Louis de Nevers; il les vainquit à Cassel (1328), et les fit rentrer dans le devoir. Puis il s'engagea dans la guerre de Cent ans avec l'Angleterre. La rivalité deux fois séculaire des Anglais et des Français, la nécessité pour ces derniers d'affranchir complètement leur territoire du joug étranger, et l'opposition des intérêts commerciaux des deux peuples en Flandre et dans le midi de la France, furent les causes principales de la lutte. Édouard III, furieux d'avoir été repoussé par les États-Généraux et contraint de venir rendre hommage dans Amiens à Philippe VI comme duc de Guyenne, se laissa encore abuser sur les dispositions des Français par Robert d'Artois, que le Parlement avait banni comme faussaire : il comptait d'ailleurs sur le concours de Jacques Arteveld, brasseur de Gand, que les Flamands, révoltés de nouveau contre leur comte, avaient mis à leur tête. Il prit les armes en 1337. Vainqueur de la flotte française près du port de l'Écluse (1340), il traversa la Flandre, et menaça la frontière septentrionale de la France : mais il échoua devant Tournai, ainsi que Robert d'Artois devant St-Omer, et une trêve fut conclue. Presque aussitôt la guerre recommença indirectement sur un autre théâtre : le duc de Bretagne, Jean III, étant mort (1341), son frère, Jean de Montfort, et sa nièce, mariée à Charles de Blois, neveu de Philippe VI, se disputèrent son héritage ; des chevaliers Anglais allèrent combattre sous les ordres du premier, et des Français défendirent les droits de la seconde. Les femmes des deux prétendants, qui portaient le nom de Jeanne, ayant pris une part brillante aux hostilités, la guerre de la succession de Bretagne fut appelée Guerre des deux Jeanne. Les succès de Jeanne de Montfort inspirèrent à Philippe VI la pensée d'employer la perfidie pour faire triompher la cause de Charles de Blois. Pendant une suspension d'armes, il attira à Paris, sous prétexte d'un tournoi, les seigneurs du parti de Montfort, et en fit décapiter quinze. Édouard III se chargea de les venger. N'ayant plus le libre passage en Flandre parce qu'Arteveld venait de périr dans une émeute, il débarqua à l'extrémité du Cotentin, ravagea la Normandie, et parvint jusqu'aux environs de Paris. Obligé de reculer devant des forces supérieures, il opéra sa retraite par la Picardie. Sa victoire sur Philippe VI à Crécy (1346) lui coûta trop cher pour qu'il reprît l'offensive; mais il s'assura pour l'avenir un port de débarquement par la prise de Calais (1347). Un horrible fléau, connu sous le nom de Peste noire, suspendit les hostilités. — Au milieu des calamités de la fin de son règne, Philippe VI acheta le Dauphiné : l'héritier de la couronne porta désormais le titre de Dauphin. Il obtint aussi de Jacques II, roi d'Aragon, la cession de la seigneurie de Montpellier.

Son fils, *Jean II le Bon* (1350-1364) inaugura son règne par un acte déloyal : il fit exécuter, sans jugement, le connétable Raoul, comte d'Eu, soupçonné d'entretenir des intelligences avec les Anglais, et donna sa charge à un étranger, Charles de La Cerda. Le roi de Navarre, Charles le Mauvais, petit-fils par sa mère de Louis X le Hutin, vengea Raoul, son ami, en assassinant le nouveau connétable à Laigle. Sans l'application qu'on avait faite de la loi Salique, il aurait régné sur la France; considérant les Valois comme des usurpateurs, il était disposé à leur susciter des embarras, et s'allia même avec l'Angleterre. Mais il eut l'imprudence d'accepter une invitation du dauphin Charles, gouverneur de la Normandie, fut arrêté par Jean le Bon dans un festin à Rouen, et jeté en prison. Quelques seigneurs de son cortége ayant été décapités, leurs parents implorèrent Édouard III, dont le fils, le Prince Noir, qui commandait en Guyenne, envahit le centre de la France. Jean le Bon, vaincu à la bataille de Poitiers, et fait prisonnier malgré la bravoure de Philippe le Hardi, l'un de ses fils, fut emmené en Angleterre (1356). Pendant sa captivité, le dauphin dirigea les affaires. Les États-Généraux, auxquels ce prince demanda des subsides (1357), ne consentirent à les lui accorder qu'à de dures conditions, telles que la convocation de l'assemblée deux fois par an, le vote de l'impôt par les députés, la nomination d'une commission permanente chargée d'en surveiller l'emploi, etc. Cette révolution, qui substituait à la monarchie absolue un gouvernement constitutionnel et représentatif, était due principalement à l'influence d'Étienne Marcel, prévôt des marchands de Paris. Par l'oubli de ses promesses, le dauphin provoqua Marcel à des violences qui effrayèrent la bourgeoisie modérée, et en même temps une insurrection de paysans, connue sous le nom de Jacquerie (1358), fut imputée aux excitations du prévôt. Se voyant abandonné des Parisiens, Marcel, qui avait rendu la liberté au roi de Navarre, se disposait à lui livrer la ville, quand il périt de la main de Maillart, un des capitaines de la milice bourgeoise. L'autorité du dauphin se trouva alors rétablie. Le refus que fit Charles de ratifier un traité signé par son père avec Édouard III, fut la cause d'une nouvelle invasion anglaise. On s'entendit pourtant à Brétigny (1360) : les Anglais obtinrent la restitution de leurs provinces au midi de la Loire ; Jean le Bon, renonçant à ses droits de suzeraineté sur ces provinces, paya en outre une rançon de trois millions d'écus d'or, et recouvra la liberté. Il n'en usa que pour commettre de nouvelles fautes : héritier du duché de Bourgogne par l'extinction de la famille qui le possédait, il en fit un apanage pour son fils Philippe le Hardi, dont les descendants devaient causer de grands maux à la France ; puis, sous prétexte qu'un autre de ses fils, le duc d'Anjou, remis en otage comme garantie de l'exécution du traité de Brétigny, s'était échappé, il alla se constituer prisonnier en Angleterre, où il mourut.

Le dauphin, devenu roi sous le nom de *Charles V* (1364-1380), ne ressembla pas aux princes de sa famille : peu belliqueux, tout-à-fait étranger aux idées de la chevalerie, plus entouré de légistes que de seigneurs, il dirigea les affaires du fond de son palais. L'année même de son avènement, un gentilhomme breton, Du Guesclin, qu'il éleva plus tard au rang de connétable, défit à Cocherel le captal de Buch, Jean de Grailly, lieutenant de Charles le Mauvais, et ce prince dut renoncer à son comté d'Évreux. On s'occupa ensuite de terminer la guerre de la succession de Bretagne : au combat d'Auray, Charles de Blois fut tué ; Du Guesclin, tombé entre les mains du capitaine Anglais Jean Chandos, fut remis en liberté lors du traité de Guérande (1365), qui confirma la possession du duché de Bretagne à Jean de Montfort et donna le comté de Penthièvre comme dédommagement à la veuve de Charles de Blois. — Charles V, dans le but de rendre complètement la paix à la France, éloigna les Grandes Compagnies, bandes d'aventuriers qu'on entretenait pendant la guerre; il chargea Du Guesclin de les conduire au secours d'Henri de Transtamare contre son frère Pierre le Cruel, roi de Castille. Celui-ci fut soutenu par les Anglais. Vaincu à Navarette (1367), Du Guesclin prit sa revanche à Montiel (1368); Pierre, fait prisonnier, fut poignardé par son frère, qui monta sur le trône de Castille. Cette expédition au-delà des Pyrénées eut un double avantage pour Charles V : elle l'avait délivré de plusieurs milliers de pillards, et elle lui procurait le concours de la flotte castillane dans la guerre qui se rallumait avec l'Angleterre. En acceptant, en effet, malgré les renonciations du traité de Brétigny, de défendre les seigneurs du midi opprimés par le Prince Noir (1369), le roi de France provoqua de nouvelles hostilités. Les libertés qu'il promit aux villes dépendantes des Anglais déterminèrent de nombreuses défections, que le sac de Limoges (1370) ne put arrêter, et le Prince Noir, vaincu par la maladie, renonça au commandement. Deux armées, amenées par Robert Knolles et par le duc de Lancastre, périrent de fatigue et de faim sans trouver l'occasion de combattre : les Français évitaient les batailles rangées, mais enlevaient les villes une à une. Les Castillans, leurs alliés, battirent la flotte anglaise en vue de la Rochelle. Édouard III, qui ne conserva bientôt plus que Calais, Bordeaux et Bayonne, signa la trêve de Bruges (1375). Pendant la minorité de son fils Richard II, les Français reprirent les armes : tandis que les navires castillans incendiaient Portsmouth, ils attaquèrent les Anglais dans le Midi. Du Guesclin mourut pendant le siége de Châteauneuf-Randon, et Charles V le suivit de près au tombeau. — Ce prince a réformé l'administration des finances et celle de la justice, fondé la Bibliothèque royale, élevé la Bastille du faubourg St-Antoine à Paris, et fixé, par l'ordonnance de Vincennes (1374), la majorité des rois à quatorze ans.

Charles VI, son fils, régna de 1380 à 1422. Comme il était mineur à son avènement, ses oncles, les ducs d'Anjou, de Berry, de Bourgogne et de Bourbon, prirent la direction des affaires. Leur administration est signalée par l'insurrection des Maillotins à Paris (1), et par celle des Flamands, sous les ordres de Philippe Arteveld, fils de l'ancien brasseur. Le duc

(1) Ainsi nommés parce qu'ils s'armèrent de maillets de plomb.

de Bourgogne, qui avait épousé l'héritière du comte Louis de Mâle, fit décider qu'on châtierait tout d'abord la révolte en Flandre. Arteveld fut vaincu à la bataille de Rosebecque (1382); puis on désarma les Maillotins, et leurs principaux chefs subirent le dernier supplice. — Charles VI, devenu majeur (1386), prépara deux expéditions contre l'Angleterre. Ses oncles, les ayant fait échouer, furent éloignés de la cour, et les anciens conseillers de Charles V revinrent au pouvoir. L'un d'eux, Olivier de Clisson, faillit périr sous les coups d'un seigneur disgracié, Pierre de Craon, qui s'enfuit en Bretagne; comme Jean de Montfort refusa de livrer le meurtrier, Charles VI lui déclara la guerre (1392). Quand il traversait la forêt du Mans, une apparition, préparée, dit-on, par ses oncles, lui fit perdre la raison. Le duc de Bourgogne devint alors le principal chef du gouvernement, et trouva un adversaire dans le duc Louis d'Orléans, frère du roi. La rivalité de ces deux seigneurs devait engendrer la guerre civile. Philippe le Hardi étant mort (1404), son fils Jean-sans-Peur, après avoir feint une réconciliation avec le duc d'Orléans, le fit assassiner (1407), et un cordelier, Jean Petit, osa prononcer en public l'apologie de ce crime. La veuve de la victime, Valentine de Milan, fortifia, par le mariage de son fils Charles avec la fille de Bernard, comte d'Armagnac, le parti d'Orléans, connu dès-lors sous le nom de parti des Armagnacs. La guerre commença en 1410. Jean-sans-Peur s'appuya dans Paris sur la corporation des bouchers, et même sur la plus vile populace, docile aux ordres de l'écorcheur Caboche et du bourreau Capeluche. Les violences de ces hommes irritèrent la bourgeoisie, qui ouvrit les portes de la ville aux Armagnacs (1413). La lutte fut bientôt suspendue par une invasion des Anglais en Normandie : le roi Henri V, affaibli par le siége d'Harfleur, se retirait à travers la Picardie, lorsque les Armagnacs lui offrirent la bataille près d'Azincourt, et la perdirent (1415). Cette défaite, ainsi que leurs cruautés dans Paris, détacha d'eux leurs partisans ; les Bourguignons, rappelés en 1418, massacrèrent un grand nombre de leurs ennemis. Cependant, Jean-sans-Peur avait horreur de ses propres alliés, et souffrait impatiemment leurs exigences : il essaya de se rapprocher des Armagnacs, qui avaient emmené le dauphin. Dans une entrevue qu'il eut avec ce prince sur le pont de Montereau, il fut assassiné (1419). Son fils, Philippe le Bon, se vengea en signant avec les Anglais, qui venaient de prendre Rouen, le désastreux traité de Troyes (1420) : au mépris des droits du dauphin, qu'abandonnait la reine elle-même Isabeau de Bavière, il reconnaissait Henri V comme héritier de la couronne de France après la mort de Charles VI, dont le prince anglais épousait la fille Catherine. Le dauphin protesta ; mais, malgré un échec des Anglais près de Baugé (1421), sa cause paraissait être gravement compromise. Henri V fut reçu dans Paris. La mort l'enleva quelques semaines avant Charles VI (1422); son fils Henri VI n'en fut pas moins proclamé roi de France, sous la tutelle du duc de Bedford, l'un de ses oncles.

Charles VII (1422-1461), que les Anglais appelèrent par dérision le roi de Bourges, avait à reconquérir sur eux une grande partie de la France. Son règne commença par des revers, à Crevant-sur-Yonne (1423) et à Verneuil (1424). Mais d'habiles capitaines, Dunois, Barbazan, Xaintrailles, Arthur de Richemont, travaillèrent à relever sa fortune. La mésintelligence se mit entre les Bourguignons et les Anglais, lorsque l'un des oncles d'Henri VI, le duc de Glocester, régent d'Angleterre, eut disputé à un parent de Philippe le Bon la main de Jacqueline de Hainaut, et que Bedford eut refusé de lui livrer Orléans, dont il faisait le siège, jusqu'à la délivrance du duc Charles, captif au-delà de la Manche depuis Azincourt. Enfin les souffrances causées aux provinces du continent par la guerre de Cent Ans avaient développé la haine des populations pour les Anglais, et il se produisit un sentiment de patriotisme dont Jeanne Darc fut la plus vive image. La présence de l'héroïque jeune fille releva le courage des troupes royales : Orléans fut délivré (1429), les Anglais battus à Patay, et Charles VII sacré à Reims.

Retenue au camp malgré son désir, en butte à la jalousie des généraux du roi, Jeanne vit encore ses avis méconnus. Blessée dans une attaque malheureuse contre Paris, prise par les Bourguignons à Compiègne et vendue aux Anglais, elle subit à Rouen le supplice du feu, comme sorcière et hérétique (1431). — L'impulsion qu'elle avait donnée ne se ralentit pas. Les troupes de Charles VII s'emparèrent de l'Orléanais et de la Beauce ; des soulèvements éclatèrent en Normandie contre les Anglais ; la mort de Bedford et d'Isabeau délivra le roi de deux ennemis acharnés ; enfin le traité d'Arras (1435) réconcilia Philippe le Bon avec Charles VII, et mit fin à la guerre des Bourguignons et des Armagnacs. Paris fit sa soumission (1436), et entraîna par son exemple toute l'Ile-de-France. Une mutinerie de seigneurs, la Praguerie (1), sévèrement réprimée par Arthur de Richemont, suspendit pendant quelque temps la lutte (1440). Puis, Charles VII en personne s'empara de Pontoise ; la haute Normandie fut conquise, et Henri VI sollicita la trève de Tours (1444). On profita de ce temps de repos pour diriger des bandes d'aventuriers, qu'on appelait les Écorcheurs, contre les Suisses que menaçait l'Autriche : le dauphin Louis en fit tuer 20,000 à la bataille de St-Jac-

(1) Par allusion aux troubles suscités à Prague par les Hussites.

ques, près de Bâle; ce fut le principal fruit de sa victoire. — A la reprise des hostilités contre les Anglais, Dunois envahit la Normandie, et reçut la soumission de Rouen. Arthur de Richemont assura la conquête de la province entière par sa victoire à Formigny, près de Bayeux, sur un corps d'Anglais qu'avait amené Thomas Kyriel (1450). L'année suivante, Dunois alla occuper la Guyenne; mais le mécontentement des habitants, que Charles VII frappait de lourds impôts, fournit aux Anglais les moyens d'y reparaître. Talbot, qui les commandait, fut vaincu et tué à Castillon (1453) par Chabannes, comte de Dammartin, et Bureau de la Rivière, premier organisateur de l'artillerie française.

Ainsi finit la guerre de Cent Ans. La France avait conquis son unité territoriale, et les Anglais n'y possédaient plus que Calais. L'incapacité militaire et l'indiscipline des nobles, les alliances de quelques-uns d'entre eux avec les Anglais, avaient mis en péril l'existence même du royaume : ce fut une rude atteinte à l'influence de la féodalité, car la nation comprit qu'il y avait pour elle plus de sécurité, d'ordre et de force sous un gouvernement monarchique. La royauté profita de ces dispositions; l'armée permanente que Charles VII organisa pendant la seconde partie de son règne, sous le nom de Francs-Archers et de Compagnies d'ordonnance, et que l'on entretint au moyen d'une taille perpétuelle votée par les États-Généraux d'Orléans, servit dans les temps modernes à triompher des dernières résistances des seigneurs.

Angleterre. — Depuis la conquête normande jusqu'à la fin du Moyen Age, l'histoire d'Angleterre offre le spectacle d'une lutte durant laquelle la royauté, aux prises avec le clergé, la noblesse et la bourgeoisie, perdit peu à peu sa puissance.

Avant de partir pour l'Angleterre, Guillaume le Conquérant avait promis, s'il réussissait dans son entreprise, d'abandonner la Normandie à son fils aîné Robert Courte-Heuse (1). Requis de tenir sa parole, il répondit : « Mon habitude n'est pas de me déshabiller avant de me mettre au lit. » Robert prit les armes. Assiégé dans le château de Gerberoy en Beauvaisis, il fit une sortie, et, au milieu de la mêlée, désarçonna un cavalier ; il levait le poignard pour l'achever, lorsqu'il reconnut son père à la voix. Se jetant alors à ses pieds, il implora son pardon. Guillaume le maudit d'abord, mais se réconcilia plus tard avec lui. — Guillaume périt, en 1087, dans une guerre contre le roi de France Philippe 1er, son suzerain. Provoqué par une grossière plaisanterie de ce prince, il avait envahi le Vexin français, et incendié Mantes : son cheval, ayant posé le pied sur

---

(1) On appelait *Heuses* de grosses et grandes bottes que portaient les cavaliers.

une poutre ardente, fit un violent écart ; le pommeau de la selle entra dans le corps du duc, qu'on emporta mourant à Rouen. Il fut inhumé à Caen, dans l'église St-Étienne, qu'il avait fondée. Au moment où l'on allait le descendre dans le caveau, un normand, nommé Asselin, poussa la clameur de *Haro* (1), et déclara que le terrain sur lequel l'église s'élevait lui avait été ravi. Il fallut sur-le-champ transiger avec lui. L'entrée du caveau était trop étroite : on dut forcer le cercueil, qui se brisa, et l'infection du cadavre fit précipiter la cérémonie.

D'après le testament du roi, Robert Courte-Heuse devait hériter de la Normandie, et l'un de ses frères, *Guillaume le Roux* (2), du royaume d'Angleterre. Mais un certain nombre de barons anglais s'étant déclarés en faveur de Robert, la guerre civile s'alluma. Elle n'était pas encore terminée, lorsqu'on prêcha la première Croisade : Robert prit la croix, et laissa son duché en gage à son frère pour 10,000 marcs d'argent. — Le gouvernement de Guillaume le Roux fut odieux : les droits féodaux furent exigés de tous les seigneurs avec une rigueur excessive, et rien

---

(1) Abréviation de *Ha ! Rollon*. C'était un appel au premier duc de Normandie, qui avait laissé une grande réputation de justice.

(2) Il était rouge de cheveux et de visage ; delà son surnom.

ne put être obtenu sans argent, pas même la justice ; les soldats et les gens de la cour eurent toute licence. Chasseur obstiné, impitoyable pour les délits commis dans les forêts royales, il fut appelé par ses sujets « le gardien des bois et le berger des bêtes fauves. » Alors commença la lutte du clergé contre le pouvoir royal : Anselme, archevêque de Cantorbéry, ayant réclamé pour les prêtres la dispense de l'hommage au roi et le privilége d'être jugés par des tribunaux particuliers dits *Cours de chrétienté*, fut envoyé en exil. Cette peine prononcée contre un prélat que les savants admiraient comme l'un des plus grands génies de l'époque, et que le peuple vénérait déjà comme un saint, causa une vive irritation ; lorsque Guillaume fut, dans une partie de chasse, frappé d'une flèche imprudemment lancée, dit-on, par son favori Gauthier Tyrrel, on regarda sa mort comme un châtiment de Dieu (1100). Un grand bouc noir, dit une légende, emporta le cadavre ; c'était le diable qui s'emparait du persécuteur de l'Église.

Le troisième fils de Guillaume le Conquérant, *Henri Ier Beauclerc* (1), se hâta de prendre la couronne. Il octroya aussitôt une charte par laquelle il promettait de gouverner avec modération, de respecter les anciennes franchises, de restituer aux

1. C'est-à-dire l'instruit, le wise.

églises leurs immunités, de renoncer aux droits de tutelle, de mariage et de pourvoirie, de ne pas lever d'impôts plus forts que ceux exigés sous les rois anglo-saxons. Il rappela St Anselme, et permit à Londres et à d'autres villes de se donner des institutions municipales. Son but était de gagner des partisans dans la lutte qu'engageait contre lui Robert Courte-Heuse, revenu de la Palestine. Robert, battu et pris à Tinchebray, près de Mortain (1106), passa les vingt-sept dernières années de sa vie au château de Cardiff (1), où on lui aurait, dit-on, crevé les yeux. Mais il avait un fils, Guillaume Cliton, en faveur duquel Louis VI le Gros réclama la Normandie. La défaite des Français à Brenneville (1119) ruina les espérances de Cliton, qui reçut de son protecteur le comté de Flandre devenu vacant. Henri Beauclerc passa dans la tristesse le reste de ses jours : il perdit son fils dans le naufrage de *la Blanche Nef* près de Barfleur (1120), et depuis ce temps on ne le vit jamais sourire. Sa fille Mathilde, mariée à l'empereur d'Allemagne Henri V, devint veuve en 1125, et épousa plus tard le duc d'Anjou, Geoffroy, surnommé *Plantagenet* parce qu'il avait coutume de porter à sa coiffure une branche de genêt fleuri. D'après le droit féodal, elle ne pouvait être reine d'Angleterre : aussi, à la mort de son père

---

(1) Dans le pays de Galles.

(1135), un certain nombre de nobles, violant le serment de fidélité qu'ils lui avaient prêté, offrirent la couronne à *Étienne de Blois*, petit-fils de Guillaume le Conquérant par sa mère. Étienne, comblé de domaines en Angleterre, avait cependant promis de protéger Mathilde; « il fit la garde du loup, » et accepta le trône. La guerre civile tourna au profit de l'aristocratie : car, pour se l'attacher, Étienne distribua des fiefs pris sur le domaine royal, limita ses droits de chasse, et permit au clergé et aux barons de fortifier leurs domaines. Mathilde appela vainement les Écossais à son aide : David, roi d'Écosse, perdit à Allerton, près d'York, la *bataille de l'Étendard* (1138), ainsi appelée parce que les soldats d'Étienne avaient attaché les bannières de plusieurs saints à un mât planté sur un chariot gigantesque. Mais Étienne ne ménagea plus ses partisans après la victoire; abandonné par eux, il tomba au pouvoir de ses ennemis à Lincoln (1141). Un arrangement fut conclu, d'après lequel Étienne conserva le trône, à condition d'adopter et de reconnaître pour son successeur Henri Plantagenet, fils de Geoffroy et de Mathilde.

Henri II (1154-1189) commença la dynastie des Plantagenets, qui devait occuper le trône jusqu'en 1485. Les Anglais le comptent parmi leurs plus grands rois. Très-actif malgré son énorme corpulence, brave sans cependant aimer la guerre, capable de perfidie s'il y trouvait son avantage, il rendit l'énergie au pouvoir monarchique. Les concessions faites par Étienne de Blois aux feudataires furent révoquées, leurs forteresses détruites, et ils furent contraints de payer un tribut en argent, qui servit à mettre sur pied 20,000 hommes de troupes soldées, pour remplacer les milices féodales. Déjà maître de la Normandie, du Maine, de la Touraine et de l'Anjou, il acquit encore sur le continent, par son mariage avec Éléonore de Guyenne (1154), que le roi de France Louis VII avait répudiée, l'ancien duché d'Aquitaine, le Poitou, l'Aunis, la Saintonge, le Limousin, la Guyenne et la Gascogne. Peu de temps après, il enleva le Quercy au comte de Toulouse, réunit à ses domaines le comté de Nantes, et maria son fils Geoffroy avec Constance, héritière du duché de Bretagne. Mais l'essor de la puissance anglaise fut arrêté brusquement par des discordes intestines.

L'influence que donnaient au clergé ses richesses et ses priviléges, était un obstacle aux desseins de la royauté. Les tribunaux ecclésiastiques provoquaient de justes plaintes, s'il est vrai, comme le dit un contemporain, qu'ils eussent en moins de douze ans renvoyé absous plus de cent prêtres coupables d'homicide. Henri II voulut supprimer les *priviléges de clergie*. Pour y parvenir, il fallait avoir, sur le siége de Cantorbéry, un primat docile. Le roi jeta les yeux sur un homme d'origine anglo-saxonne, Thomas Becket, qu'il avait élevé au poste de chancelier d'Angleterre, son compagnon de plaisirs, et son rival en faste et en prodigalités. Becket repoussa d'abord les offres de son maître, déclarant qu'il ne se plierait pas à ses volontés. Puis, sur les instances d'Henri II, il accepta la dignité épiscopale. On le vit renoncer au luxe, se donner entièrement à l'étude, à la prière, aux mortifications, aux œuvres de charité. Une lutte ne tarda pas à s'engager entre l'archevêque et le roi au sujet de la juridiction épiscopale ; mais Becket ne fut pas soutenu par les prélats d'origine normande, à qui Henri II fit accepter les *Statuts de Clarendon* (1164). Ces statuts portaient que les bénéficiaires ecclésiastiques seraient soumis à toutes les obligations des feudataires laïques ; que les élections canoniques se feraient avec l'assentiment du roi, qui recevrait ensuite le serment de fidélité des élus ; que les membres du haut clergé ne sortiraient plus du royaume sans une permission royale ; que, pendant la vacance des évêchés et des abbayes, le roi en percevrait les revenus ; que les ecclésiastiques accusés de crimes seraient traduits devant les tribunaux ordinaires ; que les appels en matière ecclésiastique iraient des évêques au roi ; que le consentement des seigneurs serait nécessaire pour admettre les habitants de leurs domaines à recevoir les ordres sacrés ; que tout noble, excommunié pour avoir refusé de comparaître devant un tribunal épiscopal, pourrait mettre la main sur l'évêque et sur ses clercs. Encouragé par le Saint-Siége, Thomas Becket protesta contre les statuts de Clarendon, et excommunia quiconque les soutenait : mais menacé d'arrestation comme ne pouvant justifier de l'emploi de sommes reçues pendant qu'il était chancelier, il dut se réfugier en France, dans le monastère de Pontigny. Henri II le fit déposer comme félon, proscrivit tous ses parents et confisqua leurs biens, interdit aux Gallois, ses partisans, de mettre le pied en Angleterre, et les exclut des écoles ; il enjoignit aux Bénédictins de Citeaux, pour peu qu'ils tinssent aux biens de leur ordre dans les possessions anglaises, d'exclure le fugitif de leurs couvents. L'archevêque sortit de Pontigny, en disant : « Celui qui nourrit les oiseaux de l'air prendra soin de moi et de mes compagnons d'exil. » Il fut réduit à mendier son pain. Cependant Louis VII et un légat du pape Alexandre III réussirent à opérer un rapprochement entre les deux ennemis. Becket retourna en Angleterre, sans s'effrayer de sinistres avis : « Je serais assuré, disait-il, d'être mis en morceaux, que je ne prolongerais pas pour cela mon absence loin d'un troupeau qui en a gémi depuis sept ans. » Le peuple lui fit un accueil enthousiaste, et s'arma pour le protéger ; une catastrophe était facile à prévoir. Becket prêcha dans sa cathédrale sur ce texte : « Mes frères, je suis venu mourir au milieu de vous; » et il écrivit au pape : « Ordonnez que l'on récite pour moi les prières des agonisants. » Henri II, d'un naturel impétueux et violent, en était venu à de fréquents accès de fureur ; il mordait ses pages, et battait ses courtisans. Un jour, il s'écria : « Eh quoi ! un misérable qui a mangé mon pain, un homme qui est venu à ma cour sur un cheval boiteux, portant toute sa fortune en croupe, ose m'insulter, et pas un des lâches chevaliers qui s'engraissent à ma table n'ira me délivrer de ce prêtre insolent ! » Quatre Normands partirent pour Cantorbéry, et égorgèrent Becket dans sa cathédrale, sur les marches de l'autel (1170). Ce meurtre excita une horreur générale ; Henri II, menacé d'excommunication, et apprenant que Louis VII s'apprêtait à envahir les provinces anglaises du continent, fit sa soumission à l'Église. Il jura qu'il n'avait ni désiré ni ordonné la mort de Thomas Becket, autorisa la célébration d'une fête au jour anniversaire de sa mort, promit de prendre la croix pour se rendre en Terre-Sainte, et alla pieds nus au tombeau du prélat, où il reçut à genoux l'absolution d'un légat et fut flagellé par les évêques. Les statuts de Clarendon furent abolis ; quelques écrivains ajoutent même que, par un traité secret, Henri II, en son nom et au nom de ses successeurs, reconnut tenir des papes la couronne d'Angleterre.

Voulant effacer la honte de cette humiliation, il entreprit la conquête de l'Irlande. Cette île, appelée par les poëtes *la verte Érin*, l'*émeraude des mers*, et nommée aussi l'*île des Saints* à cause des hommes qu'elle avait produits, était partagée entre plusieurs chefs de tribus, qui se faisaient une guerre acharnée. L'un d'eux commit l'imprudence d'appeler Henri II à son secours. Ce prince fut excité d'ailleurs par le Saint-Siége, dont le clergé irlandais méconnaissait la suprématie. Il soumit les provinces d'Ulster, de Munster et de Leinster, mais ne put pénétrer au milieu des montagnes du Connaught.

Les dernières années de Henri II furent troublées par des dissensions domestiques. N'ayant épousé Éléonore, plus âgée que lui, que par calcul politique, il l'avait abandonnée pour Rosamonde, fille du comte de Clifford. Éléonore poignarda la favorite à Woodstock. Enfermée dans une forteresse de la Guyenne, elle poussa ses enfants, Geoffroy, Henri Court-Mantel et Richard Cœur-de-Lion, à se révolter. Il ne demeura près du roi que son plus jeune fils, Jean-sans-Terre, ainsi appelé parce qu'on ne lui avait pas encore assigné d'apanage. Les Aquitains prirent les armes par désir de l'indépendance plutôt que pour soutenir les princes rebelles, et un troubadour guerrier, Bertrand de Born, encouragea les combattants par ses chants. Louis VII et Philippe-Auguste soutinrent aussi l'insurrection. Au milieu de cette guerre impie, Geoffroy mourut des suites d'un tournoi et Henri Court-Mantel de maladie. Henri II, frappé d'avoir vu la foudre tomber près de lui dans une entrevue avec le roi de France, les suivit de près au tombeau (1189). On raconte que Richard vint s'agenouiller auprès du corps exposé dans l'abbaye de Fontevrault, et qu'alors le sang coula des yeux, des narines et de la bouche du mort, qui désignait ainsi son meurtrier.

Richard Cœur-de-Lion (1189-1199) n'avait pas de qualités, sinon la force et la bravoure, qui justifient aux yeux de la postérité le renom chevaleresque dont il jouit auprès de ses contemporains. Il disait : « Il est d'usage dans notre famille que les fils haïssent leur père ; nous venons du diable, et nous retournons au diable. » Il commença par faire argent de tout, vendant les terres, les villes, les châteaux, son bien et celui d'autrui : « Je vendrais Londres, disait-il, si je trouvais un acheteur. » Puis il partit pour la troisième Croisade, et se signala en Terre-Sainte autant par sa brutalité que par ses exploits héroïques. Pendant son absence, les Anglo-Saxons se révoltèrent contre la domination normande : Robin-Hood se mit à la tête des Outlaws dans la forêt de Sherwood ; un autre chef, Guillaume-à-la-longue-barbe, prit les armes à Londres même. Jean-sans-Terre profita du désordre pour usurper la couronne, tandis que Philippe-Auguste, d'accord avec lui, envahissait la Normandie. Mais Richard revint de Palestine ; lorsqu'on apprit qu'il était délivré de sa captivité en Allemagne, le roi de France écrivit à son complice : « Prenez garde à vous, le diable a rompu sa chaîne. » Jean-sans-Terre, plus lâche encore qu'ambitieux, acheta son pardon en faisant massacrer dans un festin les Français de la garnison d'Évreux, dont il envoya les têtes à son frère. Richard, après avoir rétabli son autorité en Angleterre, ressaisit, par la victoire de Fréteval, tout ce que lui avait enlevé Philippe-Auguste. Entraîné dans le Limousin par la cupidité, il périt devant la forteresse de Chalus, frappé d'une flèche par Bertrand de Gordon, dont il avait tué le père et les frères. Avant d'expirer, il avait fait grâce à son meurtrier ; mais à peine eut-il rendu le dernier soupir, que Gordon fut écorché vif.

Richard ne laissant pas d'héritier direct, les habitants du Maine, de la Touraine et de l'Anjou reconnurent pour roi son neveu *Arthur de Bretagne*, fils de Geoffroy, tandis que *Jean-sans-Terre* se faisait proclamer en Angleterre. Philippe-Auguste se déclara en faveur d'Arthur. Après une courte guerre, ce jeune prince tomba entre les mains de Jean, qui, suivant la tradition populaire, le poignarda à Rouen et le jeta dans la Seine (1203). Ce meurtre lui coûta ses plus belles provinces du continent, occupées par le roi de France (1204-1206), et qu'il ne se montra pas soucieux de défendre ; il passait son temps à boire, à jouer aux échecs ou aux dés. Un crime et une honte nationale suffisent pour ébranler un trône : la forfanterie de Jean-sans-Terre dans la prospérité, sa pusillanimité au milieu du péril, la dissolution de ses mœurs, ses violences et ses rapines, contribuèrent encore à le perdre. Excommunié par Innocent III, il menaça de couper le nez et les oreilles à tous les défenseurs de la cour de Rome, et ordonna de laisser mourir plusieurs prêtres sous des chapes de plomb ou de les traîner à la queue d'un cheval. Dans la pénurie d'argent, il rançonnait les Juifs, et leur faisait arracher les dents une à une, jusqu'à ce qu'ils eussent livré leurs trésors. Quand il craignit une invasion de Philippe-Auguste en Angleterre, il se plaça sous la protection du pape, puis implora le secours des Arabes d'Espagne, à qui il promettait de se faire musulman. Après sa défaite à La Roche-aux-Moines, près de la Loire, et celle de ses alliés à Bouvines (1214), le mécontentement public éclata. Les seigneurs, dirigés par Guillaume, comte de Pembroke, se joignirent au clergé, qui avait pour chef Étienne Langton, archevêque de Cantorbéry, et à la population anglo-saxonne, si rudement éprouvée par la conquête normande. Voyant ses ennemis maîtres de Londres, Jean-sans-Terre signa la *Grande Charte* (1215). Cet acte fameux reconnaissait les droits de juridiction et de propriété du clergé, ses immunités en matière d'impôt, la liberté des élections, le droit d'appel au pape, la faculté pour les prélats de sortir du royaume. Le roi s'engageait encore à ne point user des droits de relief, de mariage, de tutelle et de pourvoirie, à ne pas réformer les sentences des seigneurs, à ne percevoir d'impôts et à ne faire de levées d'hommes qu'avec le consentement de l'assemblée des grands vassaux. Dans ces concessions faites aux confédérés, Jean-sans-Terre ne voyait qu'une restriction de ses droits, et disait avec colère : « Ils pourraient aussi bien me demander ma couronne. » Tout, en effet, était au profit des deux classes privilégiées ; les villes obtenaient seulement la confirmation de leurs priviléges et coutumes, et étaient exonérées de quelques corvées ; on ne songeait pas aux paysans, la classe la plus nombreuse ; il n'y avait pas de réforme dans le gouvernement, on ne constituait point une représentation nationale. Toutefois, le peuple profita de quelques articles de la Grande Charte : ainsi, désormais personne ne pouvait être arrêté, jeté en prison, condamné que par un jugement de ses pairs, principe qui constituait le jury ; les instruments de l'artisan et du laboureur ne devaient plus être saisis pour le payement d'une dette ou d'une amende ; des assises régulières étaient établies dans chaque comté, et les juges ne pouvaient prononcer que d'après la loi du pays. — Quelques jours après avoir signé la Grande Charte, Jean dut en accepter une autre, dite *Charte des forêts*. Elle adoucissait la rigueur des peines pour délits de chasse sur les terres du roi, et permettait à tout homme libre de traverser les forêts royales avec ses pourceaux et d'élever des oiseaux pour la chasse sur sa propriété; elle établissait un conseil de vingt-quatre barons, pour surveiller le roi et ses officiers, et pour appeler le pays aux armes, si ses droits étaient violés.

Jean-sans-Terre n'avait pas prêté sincèrement le serment qu'on exigeait de lui. En proie à la colère, il s'accablait lui-même d'imprécations, et brisait des morceaux de bois avec ses dents. Il fit annuler la Grande Charte par Innocent III, et leva des mercenaires sur le continent pour soutenir la guerre civile. Les barons, de leur côté, offrirent la couronne à Louis, fils de Philippe-Auguste. Le roi, bientôt abandonné de tout le monde, se retira dans l'île de Wight : là, il mena la vie de pirate, vivant au jour le jour de ce qu'il pillait, égorgeant tous ceux qui abordaient sur la côte, et mettant le feu aux maisons où il avait passé la nuit. Il mourut, dit-on, d'une indigestion; selon certains récits, il aurait succombé à un accès de rage, en apprenant la perte de ses trésors dans une tempête (1216). Son règne ne laissa dans l'esprit des Anglais qu'un souvenir de mépris et d'horreur : « L'infection de l'Enfer, disait un poëte contemporain, est moins grande que celle de son âme. »

Les barons ayant expulsé le prince français, qui voulait se maintenir malgré eux en Angleterre, *Henri III*, fils de Jean, fut reconnu roi. Cet enfant, à qui l'on n'avait pas voulu faire porter la peine des fautes de son père, subit la tutelle du comte de Pembroke, puis celle de Hubert de Burgh. Quand il eut atteint sa majorité, il s'entoura de ministres étrangers; fils d'Isabelle d'Angoulême, époux d'Éléonore de Provence, il distribua les emplois à des Poitevins et à des Provençaux. La Grande Charte fut audacieusement violée; à ceux qui se plaignaient le poitevin Pierre des Roches, évêque de Winchester et confident du roi, répondait: « Je ne suis pas Anglais, je ne connais pas vos chartes et vos lois. » Les revers qu'on éprouva en France dans la guerre contre Louis VIII et Louis IX (1) portèrent l'irritation des Anglais à son comble. Simon de Montfort, comte de Leicester, se mit à la tête de l'aristocratie, et contraignit Henri III à convoquer à Oxford une assemblée des grands vassaux (1258). Cette assemblée, la première qui ait reçu officiellement le nom de *Parlement*, et que les Anglais appelèrent le *Parlement enragé*, imposa au roi les *Statuts* ou *Provisions d'Oxford* : la Grande Charte était confirmée; le con-

(1) Voyez page 349.

seil des barons devait nommer annuellement les juges, le chancelier, le trésorier et autres officiers royaux ; il avait la garde des châteaux royaux, où aucun étranger ne pouvait exercer le commandement ; trois Parlements devaient être convoqués chaque année.

Henri III ne se résigna pas longtemps à cette usurpation de son autorité. Délié par le pape du serment qu'il avait dû prêter, il consentit toutefois à soumettre son différend avec les barons à l'arbitrage de Louis IX. Celui-ci décida que les Provisions d'Oxford devaient être annulées, et qu'au roi seul appartenait de nommer à toutes les charges, mais qu'il fallait respecter les priviléges, chartes et libertés que l'Angleterre possédait avant la querelle. Cette sentence ne satisfit personne, et l'on en vint aux armes. Simon de Montfort remporta une victoire à Lewes (Sussex), en 1264, et fit prisonniers dans Londres Henri III et son fils Édouard. Afin de consolider son pouvoir, il convoqua un Parlement, dans lequel il appela, outre les barons et les membres du haut clergé, deux chevaliers ou francs-tenanciers de chaque comté et deux bourgeois des villes : c'était créer, à côté de la *Chambre des lords*, une *Chambre des communes*, et organiser le gouvernement représentatif. — Cependant, le prince Édouard, à qui l'on avait permis l'exercice du cheval, profita d'une circonstance favorable pour fuir à toute bride, et rallia ses partisans. Il vainquit à son tour les barons près d'Evesham (Worcester), en 1265; Simon de Montfort fut tué; on lui coupa la tête, les pieds et les mains, et l'on traîna son cadavre sur le champ de bataille. L'autorité royale se trouva raffermie, sans que toutefois les Communes perdissent les avantages qu'elles avaient obtenus pendant la lutte.

A la mort de Henri III (1272), son fils *Édouard I*^{er}, qui était allé à la huitième Croisade, se hâta de revenir de la Terre Sainte : en traversant la France, il faillit être assassiné dans une église de l'Anjou par des parents de Simon de Montfort. Le premier acte de son règne fut la soumission des Gallois. Le pays de Galles avait servi de refuge aux Cambriens à l'époque de l'invasion saxonne, et à un certain nombre d'Anglo-Saxons lors de la conquête normande : il avait conservé son idiome particulier, le celtique, et les bardes ou poëtes y entretenaient, avec le sentiment de l'indépendance, la haine de l'étranger. Le roi Léolyn ayant refusé l'hommage, Édouard Ier l'attaqua (1277). Pour atteindre les Gallois, il fit venir des Basques accoutumés à gravir les montagnes. Après une lutte acharnée, Léolyn fut pris et tué; on planta sa tête, couronnée de lierre, sur la Tour de Londres. Son frère David résista quelque temps encore : livré à ses ennemis, on lui arracha les entrailles, et on les fit brûler sous ses yeux; puis il fut pendu, coupé en quartiers, et les lambeaux de son corps exposés dans les quatre principales villes du royaume. Tous les bardes furent proscrits (1283). Désormais l'héritier de la couronne d'Angleterre porta le titre de Prince de Galles.

Une courte guerre contre le roi de France Philippe-le-Bel, qui s'empara momentanément de la Guyenne, profita aux libertés anglaises : les vassaux ne consentirent à servir sur le continent qu'après que le roi eut accordé au Parlement le vote de l'impôt. Les ressources qui furent mises alors à sa disposition lui permirent d'intervenir dans les affaires de l'Écosse. La race des anciens rois de ce pays s'étant éteinte, une foule de prétendants se trouvèrent en présence : deux seulement étaient sérieux, Jean Baliol et Robert Bruce. Édouard Ier, choisi pour arbitre, se déclara en faveur du premier, qui consentait à lui rendre hommage. Mais il lui fit sentir trop rudement le joug : Baliol dut comparaître plusieurs fois devant le monarque anglais pour répondre de ses actes. Sommé de livrer les principales forteresses de l'Écosse, il prit les armes en 1297 ; mais il fut vaincu à Dunbar, et exilé en Normandie ; il mourut peu de temps après aux Andelys. L'Écosse fut traitée en pays conquis : on transporta ses archives à Londres, ainsi que la pierre vénérée sur laquelle ses rois s'asseyaient, le jour de leur couronnement, dans leur résidence de Scone (1) ; un Parlement se réunit à Berwick, et re-

(1) Selon la tradition, c'était la pierre sur laquelle Jacob avait reposé à Béthel.

connut la suzeraineté de l'Angleterre ; des Anglais furent investis de toutes les fonctions publiques. Les Ecossais des basses terres (Lowlands) subirent la domination étrangère ; mais ceux des montagnes ou hautes terres (Highlands) se préparèrent à la résistance. A leur tête se mit un gentilhomme de taille gigantesque, William Wallace, obligé de fuir pour avoir brûlé quelques Anglais dans une cabane. Les insurgés commencèrent par des incursions sur le territoire qu'occupait l'ennemi : ils s'en allaient avec peu de chevaux, sans bagages, chacun emportant derrière soi un sac de grain et une marmite, et disparaissaient après chaque coup de main ; quand le butin de l'expédition était consommé, la femme présentait à son mari une paire d'éperons sur un plat, et il partait, en quête d'une nouvelle proie. Encouragé par le succès, et ses forces s'étant accrues, Wallace s'aventura dans les plaines, et triompha d'une armée anglaise près de Stirling : le trésorier des vaincus ayant été trouvé parmi les morts, on l'écorcha, et l'on fit de sa peau des sangles et des selles. Mais des montagnards aux jambes et aux bras nus, sans armure défensive, simplement couverts de leurs manteaux rayés, ne pouvaient tenir longtemps contre les cavaliers anglais, tout bardés de fer, et contre des archers si habiles que chacun d'eux, disait-on, portait douze Écossais à sa ceinture. Dans une nouvelle rencontre, à Falkirk (1298), Wallace fut défait et rentra dans les montagnes. Bientôt, livré par un traître, il fut mis à mort: sa tête, couronnée d'un diadème de papier, fut plantée sur la Tour de Londres, et ses membres exposés sur les ponts de cette ville.

En 1305, un nouveau chef ranima le patriotisme écossais: c'était Robert Bruce, fils du prétendant de ce nom. Il servait dans les troupes d'Édouard Ier; un jour qu'au sortir d'un combat, les mains encore teintes de sang, il prenait son repas avec des Anglais, il entendit l'un d'eux dire à ses compagnons: « Voyez donc cet Écossais qui mange son propre sang ! » A ces paroles il rougit de sa conduite, et s'échappa du camp anglais: afin de déguiser sa marche, il avait fait ferrer son cheval à rebours, de sorte qu'en paraissant gagner Londres il s'en éloignait. L'Écosse répondit à son appel; mais il fut vaincu à Methuen, et se réfugia dans les monts Grampians. Il y fut traqué comme une bête fauve; il allait être atteint par des chiens dressés à le suivre, quand il leur fit perdre sa trace en marchant longtemps dans un cours d'eau. Ne pouvant se maintenir en Écosse, il se retira dans une petite île sur les côtes de l'Irlande. Il en revint en 1307, et ranima l'insurrection: Édouard Ier mourut en marchant contre lui; on grava ces mots sur son tombeau: « Ci-gît le marteau de l'Écosse. » Il avait recommandé qu'on portât ses ossements en tête de l'armée, assurant que l'ennemi n'en supporterait pas la vue.

Son fils, *Édouard II* (1307-1327), était un prince efféminé, qui confia la direction des affaires à un Gascon nommé Gaveston. Ce favori, comblé de biens et d'honneurs, blessa la noblesse par son faste et son arrogance. Éloigné sur la demande formelle du conseil des barons, il reçut un commandement en Irlande, mais fut bientôt rappelé. Les seigneurs irrités imposèrent alors à Édouard II une commission de *lords ordonnateurs*, chargée de régler la maison du souverain et l'administration de l'État, et d'exiger la réforme de la justice et des finances, le maintien du titre des monnaies, la convocation annuelle du Parlement, et l'exil perpétuel de Gaveston. Le roi ayant protesté contre ces exigences en se retirant à York, la noblesse, commandée par le comte Thomas de Lancastre, se fit elle-même justice : Gaveston, saisi au château de Scarborough où il s'était réfugié, fut décapité à Warwick (1312). — Ces dissensions avaient permis aux Écossais d'expulser les troupes anglaises ; quand Édouard II, dans l'espoir de relever son crédit, alla attaquer Robert Bruce, il perdit la bataille de Bannockburn (1314). Après cet échec, il retomba sous l'empire de deux favoris, Spencer père et fils. Ceux-ci profitèrent d'une alliance formée contre eux par Thomas de Lancastre avec les Écossais, pour l'envoyer au supplice avec plusieurs de ses partisans (1321). Mais la reine Isabelle de France, qui avait été contrainte de se retirer sur le continent par l'influence des Spencer, réunit, avec le concours de son frère Charles IV et du comte de Hainaut, une armée d'aventuriers, et reparut en Angleterre. Les deux favoris furent pris, et conduits au gibet avec une couronne d'orties sur la tête. Le Parlement prononça ensuite la déposition d'Édouard II. Ce prince, qu'on enferma au château de Berkeley, fut trouvé mort quelques jours après : sa femme lui avait fait plonger un fer rouge dans le corps (1327).

Isabelle gouverna au nom de son jeune fils *Édouard III*; mais, en partageant le pouvoir avec un favori, Roger Mortimer, que son orgueil rendit odieux, elle devint elle-même impopulaire. Les revers de Mortimer dans une guerre contre l'Écosse, la renonciation à la suzeraineté de ce pays en vertu du traité de Northampton, le mariage d'une fille d'Isabelle avec David, fils de Robert Bruce, aggravèrent l'irritation générale. Édouard III, devenu majeur (1329), enferma sa mère dans un château-fort et envoya le favori au supplice. Abusant ensuite de la jeunesse de David Bruce, il lui opposa Édouard Baillol, fils de l'ancien prétendant Jean Baillol; les Écossais, battus à Dupplin (1332), subirent le joug. Mais, quand les Anglais se furent éloignés, ils se révoltèrent. Une victoire d'Édouard III à Halidon-Hill, près de Berwick (1333), ne dompta pas l'Écosse, qui, soutenue par l'argent et les hommes de la France, parvint à se débarrasser de Baliol. Aussi, lorsque la guerre de Cent Ans eut éclaté, David Bruce se déclara en faveur de Philippe de Valois, et, tandis qu'Édouard III gagnait la bataille de Crécy, il fondit sur l'Angleterre (1346). Mais la reine Philippa de Hainaut le vainquit et le fit prisonnier à Nevil'Cross, près de Durham. Il ne recouvra la liberté que onze ans plus tard, au prix de 100,000 marcs d'argent. — Ce fut vraisemblablement en souvenir de la victoire de Crécy, où le mot des Anglais avait été *garter* (jarretière), que fut institué l'Ordre de la Jarretière, destiné à n'être jamais conféré à plus de vingt-cinq personnes (1349). La tradition lui attribue une autre origine : la comtesse de Salisbury ayant perdu sa jarretière dans un bal, Édouard III l'aurait ramassée, et, se l'attachant à la jambe comme un insigne précieux, aurait dit pour réprimer quelques sourires malins : « Honni soit qui mal y pense ; » parole dont on a fait la devise de l'Ordre.

Le règne d'Édouard III fut presque tout entier rempli par la guerre contre la France : la victoire de Poitiers (1356) et le traité avantageux de Brétigny (1360) furent suivis de désastres, qui ne laissèrent, lors de la trêve de Bruges (1375), que bien peu de possessions aux Anglais sur le continent. Dans ses dernières années, Édouard III se laissa dominer par une favorite, Alice Perrers, qui vendit la justice et vola les deniers publics. Ce fut lui qui fonda la prospérité manufacturière de l'Angleterre, en attirant des ouvriers flamands, et qui développa l'Université d'Oxford. La haine contre les Français consolida alors la nationalité anglaise, en faisant oublier l'ancienne distinction des Normands et des Anglo-Saxons : il fut interdit d'employer désormais la langue franco-normande dans les tribunaux et dans le Parlement. Le régime constitutionnel a fait des progrès sous Édouard III : tout impôt levé sans le consentement du Parlement fut déclaré illégal ; le concours des deux Chambres devint nécessaire pour changer la loi ; le droit fut reconnu aux Communes de s'enquérir des abus, et de mettre en accusation les conseillers du roi ; enfin, le crime de haute trahison, au lieu d'être laissé à l'appréciation du gouvernement, fut défini et limité à sept cas très-graves.

Édouard III avait vu mourir son fils aîné, le Prince Noir ; ce fut *Richard II*, fils de ce prince, qui hérita du trône (1377), sous la tutelle de ses oncles, les ducs de Clarence, de Lancastre, d'York et de Glocester. Sa minorité fut agitée par des troubles à la fois religieux et politiques. Au temps d'Édouard II, un hérésiarque nommé Walter Lollard avait attaqué les cérémonies de l'Eglise, l'invocation des Saints, le mariage, etc., et enseigné que les Anges rebelles avaient été injustement chassés du ciel. Il s'était fait de nombreux partisans en Allemagne. Brûlé vif à

Cologne par ordre du clergé, il eut, en Angleterre, des disciples qui prirent le nom de *Lollards*. Parmi eux se trouva Jean Wiclef, professeur de théologie à Oxford. Il commença par soutenir Édouard III, lorsque ce prince refusa de payer au Saint-Siége les arrérages du tribut que Jean-sans-Terre avait promis à Innocent III. Puis il nia la préséance de Rome sur les autres Églises, la supériorité des évêques sur les simples prêtres, le dogme de la transsubstantiation, la présence réelle de J.-C. dans l'Eucharistie, la nécessité du baptême et de la confession auriculaire. Il rejetait aussi le célibat des prêtres et les vœux monastiques, soutenait que le pouvoir spirituel cesse chez les ecclésiastiques par le seul fait d'une mauvaise conduite, refusait au clergé le droit d'avoir des tribunaux et de posséder aucuns biens temporels. Enfin il traduisit la Bible en langue anglaise, afin que chaque homme pût se rendre compte des vérités imposées à sa croyance, en raisonner, les admettre ou les rejeter. — Les idées d'indépendance et d'égalité répandues par Wiclef en matière religieuse eurent des conséquences graves dans l'ordre politique. Les régents ayant obtenu du Parlement l'autorisation de lever de nouvelles taxes, une insurrection formidable éclata. Un forgeron du comté de Kent, Wat-Tyler, dont la fille fut insultée par l'un des collecteurs de l'impôt, réunit 60,000 paysans, à la tête desquels il marcha sur Londres (1381). Un prêtre nommé John Ball s'était joint à lui, échauffait les esprits par ses prédications, et l'on répétait des chants dont on a conservé ce refrain : « Lorsqu'Adam bêchait et qu'Ève filait, où étaient les gentilshommes ? » Les hommes étant égaux, il fallait abolir la distinction entre les serfs et les hommes libres ; les insurgés incendièrent donc plusieurs châteaux. Le maire de Londres voulait leur résister ; mais les bourgeois ouvrirent les portes de la ville, en disant : « Ce sont nos gens, tout ce qu'ils font est pour nous. » Les paysans mirent à mort le chancelier et le primat, auxquels ils attribuaient tous leurs maux, égorgèrent les ouvriers flamands qui faisaient tort aux ouvriers anglais, et mirent le feu à l'hôtel du duc de Lancastre. Ils demandaient l'abolition du servage, et la liberté de vendre et d'acheter dans les foires et marchés. Richard II, qui s'était enfermé dans la Tour de Londres, voulut avoir une entrevue avec Wat-Tyler, et s'avança en barque jusqu'au milieu de la Tamise : mais les cris des paysans effrayèrent son escorte, qui le fit rentrer à la Tour. Cependant la conférence eut lieu, quelques jours après, dans la plaine de Smithfield. Wat-Tyler s'approcha du roi en brandissant son épée au-dessus de sa tête, soit par menace, soit pour montrer sa force et son adresse ; le maire de Londres l'abattit alors d'un coup de masse d'armes. Les paysans prenaient leurs arcs, lorsque Richard II s'avança résolument et leur dit :

« Vous n'avez plus de chef, suivez votre roi. » Il leur imposa par sa fière attitude, jusqu'au moment où la cavalerie féodale arriva, tomba sur eux et en fit un grand carnage. Le juge Tresilyan parcourut ensuite les comtés rebelles, et envoya au supplice tous ceux qui furent convaincus d'avoir participé à l'insurrection. John Ball eut la tête tranchée ; Wiclef, dont les doctrines avaient contribué au mal, comparut devant un concile, entendit sa condamnation, et, après s'être rétracté, alla mourir obscurément dans la cure de Lutterworth.

Richard II se laissa gouverner par Tresilyan, créé lord-chef de justice, Michel de la Poole, nommé duc de Suffolk et chancelier d'Angleterre, et Robert de Vère, qu'il fit comte d'Oxford et vice-roi d'Irlande. Le duc de Glocester se mit à la tête des seigneurs, et, soutenu d'ailleurs par la faveur populaire, accusa les ministres devant le Parlement (1388). Cette assemblée, nommée par les uns le *bon Parlement* et par les autres le *Parlement impitoyable*, envoya Tresilyan au gibet, dépouilla Michel de la Poole de son office de chancelier, et le condamna à la prison; Robert de Vère réussit à gagner les Pays-Bas, où il ne tarda pas à mourir. Mais Richard II, devenu majeur, vengea ses favoris : Glocester, qu'on soupçonnait d'aspirer à la couronne, fut arrêté en 1397, et étouffé entre deux matelas dans sa prison. Le gouvernement prit dès lors un tel caractère de violence, que, pendant une expédition de Richard II contre les Irlandais révoltés, Henri de Hereford, fils du duc de Lancastre, revint de France où il était exilé, rallia les mécontents, et se fit proclamer roi sous le nom de Henri IV. Arrêté à son retour, déposé par le Parlement, Richard II fut enfermé au château de Pontefrack (York); selon quelques historiens, on l'y laissa mourir de faim ; selon d'autres, neuf hommes furent envoyés pour le tuer, et il ne succomba qu'après en avoir abattu quatre à coups de hache (1399).

Henri IV (1399-1413) ne fut pas reconnu sans contestation : car l'ordre ordinaire des successions appelait au trône, non la famille de Lancastre, mais celle de Clarence, issue du second fils d'Édouard III. Le jour de sa proclamation, le nouveau roi avait fait jeter dans le Parlement quarante gantelets comme signes de défi; les partisans de la maison de Clarence ne se laissèrent pas longtemps intimider. Le duc de Northumberland, Percy Hotspur (1), prit les armes en 1403, de concert avec Owen Glendour, descendant des rois du pays de Galles. Vaincu à la bataille de Shrewsbury, il obtint son pardon; mais le comte de Worcester, son complice, monta sur l'échafaud. Cet exemple ne découragea pas les conspirateurs ; un nouveau complot coûta la vie au duc de Norfolk et à Richard Scroop, archevêque d'York.

(1) Surnom qui veut dire *chauds éperons*.

Percy, qui se révolta de nouveau en 1408, périt dans une rencontre avec les troupes royales. Cependant, au moment d'expirer, Henri IV ne croyait pas avoir établi solidement la famille de Lancastre sur le trône; car il disait à son fils, qui avançait la main pour saisir la couronne: « N'y touchez point; elle ne nous appartient pas encore, c'est à peine si je l'ai possédée moi-même. »

Henri V (1413-1422) avait eu une jeunesse fort dissipée; associé à quelques seigneurs débauchés, dont Falstaff est le type, il fréquentait les tavernes, et se mêlait même aux voleurs de grand chemin. Mais à peine monté sur le trône, il réforma ses habitudes vicieuses. Ce fut peut-être le désir de faire oublier ses torts qui l'entraîna vers la guerre étrangère. La victoire d'Azincourt (1415), la prise de Rouen (1419) et le traité de Troyes (1420) éblouirent, en effet, les Anglais, qui parurent oublier son despotisme.

Son fils *Henri VI* (1422-1461), placé sous la tutelle du duc de Glocester, l'un de ses oncles, eut un règne désastreux. Les Anglais perdirent alors toutes leurs possessions du continent, excepté Calais (1); ce fut une des causes principales des troubles qui devaient ensanglanter l'Angleterre pendant la seconde moitié du XVe siècle.

(1) Voyez plus haut, pages 363-365.

CHAPITRE XIV.

REVUE DES ÉTATS SECONDAIRES.

§ I. *Italie.*

Le caractère des Italiens, qui n'a pas changé depuis l'antiquité, explique les révolutions qu'ils ont traversées jusqu'aux temps modernes. Leur pays, dont le Nord, formé du bassin du Pô, est séparé de la partie péninsulaire par les Apennins, et qui, au centre et au midi, est divisé par les ramifications de ces montagnes en étroites vallées, se trouve dans des conditions essentiellement favorables à l'isolement des populations. Des groupes se forment, se développent seuls; chacun aime la liberté, mais la liberté pour soi, avec l'esclavage des autres. Qu'un État devienne assez fort pour dompter les énergies individuelles, il aura une puissance prodigieuse: il en fut ainsi de Rome, qui employa plusieurs siècles à vaincre l'Italie, mais dont l'empire fut d'autant plus solide qu'il avait été fondé plus lentement. Déque Rome eut cessé de commander au monde, le faisceau des forces italiennes fut brisé ; pendant la période des invasions barbares, il n'y eut plus d'autorité centrale. Les empereurs d'Allemagne semblèrent à la veille d'unir l'Italie à leurs États ; mais la guerre du Sacerdoce et de l'Empire fit évanouir leurs espérances. La papauté, captive bientôt après dans Avignon, puis déchirée par le schisme d'Occident, perdit l'occasion de rallier tous les Italiens autour du Saint-Siége. Chaque région de l'Italie put s'appartenir à elle-même et fixer sa constitution : il s'établit ici des *tyrannies* ou principautés, là des gouvernements républicains.

Royaume de Naples. — *Charles d'Anjou*, fondateur de la dynastie angevine dans le royaume de Naples ou des Deux-Siciles, essaya cependant de rétablir à son profit l'unité italienne. Il profita du Grand Interrègne pour prendre le titre de vicaire impérial, donna des podestats à plusieurs villes de la Lombardie, et fit la police des États pontificaux, où 130 seigneurs, accusés de félonie, furent enfermés et brûlés dans une cabane. Il étendait même ses convoitises au-delà de l'Italie, sur la côte septentrionale de l'Afrique et sur l'Empire grec ; dans ce but il acheta les droits du dernier empereur latin de Constantinople, renversé par la famille des Paléologues. Mais tous ses desseins échouèrent. Les villes italiennes auxquelles il proposa de le choisir pour souverain répondirent : « Nous vous voulons pour ami, non pour maître. » Les papes cessèrent de seconder cette maison d'Anjou qui menaçait d'être aussi dangereuse que la maison de Souabe pour l'Italie et le Saint-Siége. La Croisade entreprise contre Tunis par Louis IX, frère de Charles d'Anjou, ne réussit pas. Enfin une insurrection de la Sicile occupa les troupes destinées à attaquer les Grecs.

On dit que Conradin avait jeté, du haut de l'échafaud, son gant dans la foule, comme un appel à la vengeance. Ce gant, ramassé par le médecin Jean de Procida, ami de Frédéric II et de Manfred, fut porté à Pierre III, roi d'Aragon, qui avait épousé Constance, fille de Manfred et cousine de Conradin. Jean de Procida parcourut, déguisé en franciscain, l'Italie, l'Espagne et la Grèce, suscitant partout des ennemis à Charles d'Anjou. Le lundi de Pâques de l'année 1282, à l'heure des vêpres, les habitants de Palerme assaillirent les Français et les égorgèrent. Le massacre, connu sous le nom de *Vêpres siciliennes*, s'étendit à la Sicile entière, dont les habitants reconnurent la souveraineté de Pierre III. Charles d'Anjou envoya une flotte contre Messine ; un Calabrois rebelle, Roger de Loria, amiral du roi d'Aragon, attaqua cette flotte, en prit une partie, et brûla le reste en vue de Reggio. Charles, contemplant du rivage cet incendie, rongea de fureur le bâton qu'il tenait à la main. Son fils, *Charles le Boiteux*, fut fait prisonnier dans une nouvelle rencontre en vue de Naples : il recouvra la liberté lorsque mourut son père (1285), mais à la condition d'abandonner la Sicile aux Aragonais. Cette île appartint au second fils de Pierre III et à sa postérité, tandis que la maison d'Anjou régna sur l'Italie méridionale.

L'histoire du royaume de Naples ne présente guère que des intrigues et des crimes. Charles le Boiteux avait épousé une princesse hongroise : de ce mariage naquirent Charles-Martel, destiné, ainsi que son fils Charobert, à régner sur la Hongrie, et Robert le Sage ou le Savant, qui fut roi de Naples (1305-1343). Ce dernier se déclara le chef des Guelfes italiens, lorsque les empereurs Henri VII et Louis de Bavière essayèrent de rétablir la domination allemande dans la péninsule. Il laissa sa couronne à sa petite-fille *Jeanne Ire*, mariée à André de Hongrie, l'un des fils de Charobert. Jeanne avait le goût des lettres et des arts; elle se plaisait à entendre Pétrarque réciter ses sonnets, et Boccace lire ses nouvelles. Son époux, au contraire, avait les mœurs grossières de la Hongrie, et déplaisait aux Napolitains par sa sévérité : un complot fut tramé à la cour contre lui, et on le trouva étranglé (1345). La reine, tout au moins coupable d'avoir connu les projets des conjurés sans y mettre obstacle, eut l'impudeur d'épouser aussitôt un de ses cousins, Louis de Tarente. Attaquée par le roi Louis de Hongrie, frère d'André, elle s'enfuit en Provence (1348) ; mais les soldats hongrois, souffrant cruellement de la Peste Noire, durent retourner dans leur pays. Jeanne rentra dans ses États, et continua de mener la plus frivole conduite : à Louis de Tarente elle donna pour successeur Jacques d'Aragon, roi titulaire de Majorque, puis Othon de Brunswick. Enfin, un de ses cousins, *Charles de Durazzo*, se mit à la tête d'une insurrection ; Jeanne fut étouffée sous des matelas (1382). Elle avait fait un testament en faveur de *Louis d'Anjou*, l'un des oncles du roi de France Charles VI, lequel se hâta d'accourir avec quelques troupes : il en résulta une guerre dont les deux compétiteurs ne virent pas la fin, et qui se continua entre leurs fils *Louis II* et *Ladislas*. La victoire resta à ce dernier en 1410. — *Jeanne II*, sœur de Ladislas, eut un règne fort agité (1414-1435). Son époux, Jacques de Bourbon, comte de la Marche, voulant être roi de nom et de fait, la jeta en prison ; ses sujets indignés la délivrèrent. Menacée par *Louis III d'Anjou*, elle confia le soin de sa défense à un célèbre *condottiere* (1), Jacques Attendolo, surnommé Sforza (la vigueur). C'était un paysan de la Romagne. Quand on vint l'embaucher dans une compagnie, il jeta sa pioche dans un arbre, en disant : « Je pars, si elle ne retombe pas. » Une

---

(1) Nom dérivé de l'italien *condotta* (contrat de louage) ; on le donnait aux aventuriers qui vendaient leurs services.

branche retint la pioche, et il se fit coureur d'aventures. Il vainquit les troupes de Louis III, et fut récompensé par le titre de grand-connétable de Naples. Plus tard, par dépit de n'avoir pu renverser Caracciolo, favori de la reine, il passa dans le parti de la maison d'Anjou. Jeanne chercha alors un appui dans *Alphonse V le Magnanime*, roi d'Aragon et de Sicile, qu'elle reconnut pour héritier : mais, après la victoire, craignant sans doute l'ambition prématurée d'Alphonse, elle fit un autre testament en faveur de *René d'Anjou*, frère de Louis III. Après sa mort, les deux princes se firent la guerre jusqu'en 1442; les États napolitains restèrent définitivement au pouvoir de la maison d'Aragon.

DUCHÉ DE MILAN. — L'absence d'un pouvoir central en Italie après les guerres du Sacerdoce et de l'Empire rendit possible la formation d'un grand nombre de principautés. Certaines familles fondèrent leur puissance sur les ruines des républiques lombardes. Il en fut ainsi des *Gonzagues* à Mantoue, des *Carrares* à Padoue, des *Pics* à La Mirandole, des *Malatesti* à Rimini, des *Bentivogli* à Bologne, de la maison *Della Scala* à Vérone, de la maison d'*Este* à Ferrare, etc. Mais la plus importante des familles princières fut celle des *Visconti*, dans le Milanais.

Milan comptait, au milieu du XIIIe siècle, 200,000 habitants, et possédait de nombreuses fabriques d'armes, de harnais, de selles et de draps. A la tête du parti guelfe, ses habitants avaient étendu leur domination sur plusieurs villes voisines. Quand ils eurent été délivrés du joug des Allemands, ils furent déchirés par la guerre civile jusqu'en 1277. A cette époque, le parti démocratique, dirigé par les Torriani (maison Della Torre), ayant succombé, l'archevêque Othon Visconti resta maître du pouvoir, que sa famille eut l'art de rendre héréditaire. Othon obtint de l'empereur Adolphe de Nassau le titre de vicaire impérial. Son neveu, Matteo ou Mathieu Visconti (1295-1322), le reçut également de Henri VII, et constitua une principauté qui s'étendait de la Sesia à l'Oglio. Les Visconti ont été, en général, d'abominables tyrans; à cet égard on distingue surtout Barnabo Visconti (1354-1385). Frappé d'anathème par Urbain V, il contraignit les légats du pape de manger le parchemin des bulles d'excommunication. Animé d'une haine particulière contre les ecclésiastiques, il fit un jour promener dans les rues de Milan les envoyés du pontife habillés de blanc, au milieu des huées de la multitude; il ordonna de percer les oreilles à un religieux, et d'en rôtir un autre sur le gril. Pour empêcher les partis politiques de se ranimer, il faisait couper la langue à quiconque prononçait les noms de Guelfe ou de Gibelin. Il était défendu de sortir la nuit, quel qu'en fût le motif, sous peine de perdre un pied. Tout manant qui s'était approprié une pièce de gibier expirait dans les tourments; aucun officier de justice ne recevait son salaire qu'autant qu'il avait fait trancher la tête à un braconnier. Barnabo Visconti était cruel même envers ses serviteurs et jusques dans l'administration de la justice : par son ordre, on enferma deux de ses serviteurs dans une cage avec un sanglier ; un juge fut contraint d'arracher de sa main la langue à un délinquant; un bourgeois, pour n'avoir pas payé deux chapons achetés à une femme, périt au gibet; un prêtre, qui avait refusé d'inhumer un mort, fut enterré lui-même.

Jean-Galéas (1385-1402), neveu de Barnabo, maria sa fille Valentine au duc Louis d'Orléans, frère de Charles VI, acheta de l'empereur Wenceslas la souveraineté du Milanais et le titre de duc, et fit construire la Chartreuse de Pavie et la cathédrale de Milan. Son fils aîné, Jean-Marie (1402-1412), qui faisait la chasse aux hommes dans la ville et les livrait à des chiens, fut assassiné; son second fils, Philippe-Marie (1412-1447), fut constamment occupé à guerroyer contre les Vénitiens et les Génois. A sa mort, les Milanais rétablirent le gouvernement républicain ; mais, au bout de trois ans, François Sforza, fils du condottiere qui avait figuré dans l'histoire de Naples, et gendre de Philippe-Marie, s'empara de la souveraineté, et fut le chef d'une nouvelle maison ducale (1450).

Florence. — Florence échappa au sort commun

des cités guelfes ou gibelines, transformées en principautés; elle resta libre, au moins jusqu'au milieu du xv° siècle. Elle devait sa prospérité à la maison de Souabe; on n'y comptait pas moins de 80,000 habitants dans l'enceinte fortifiée, et autant au dehors. Trente mille ouvriers travaillaient la laine, et fabriquaient chaque année 80,000 pièces de drap. Tout en s'occupant activement d'industrie et de commerce, Florence fut passionnée pour les lettres et les beaux-arts; on la surnomma l'Athènes de l'Italie.

Après la mort de l'empereur Frédéric II (1250), les Florentins chassèrent la famille gibeline des Uberti, qui les gouvernait; ceux-ci, aidés par Manfred, roi des Deux-Siciles, battirent leurs ennemis sur les bords de l'Arbia, et rentrèrent dans la ville, mais pour en être expulsés définitivement après la victoire de Charles d'Anjou sur Manfred. Le parti guelfe ou républicain fit frapper, en mémoire de son triomphe, une monnaie d'or qu'on appela *florin*. D'après la constitution qui fut alors établie, la population de Florence forma trois classes : 1° les *Arts majeurs* (juges, notaires, banquiers, médecins, merciers, foureurs, drapiers), c'est-à-dire la grosse bourgeoisie, le *peuple gras*; 2° les *Arts mineurs* (teinturiers, cardeurs, laveurs, forgerons, tailleurs de pierre), ou la petite bourgeoisie, le peuple artisan, le *peuple maigre*; 3° les *Ciompi* ou compères, gens des métiers inférieurs, non organisés en corporations régulières. Quelques années plus tard (1282), les *Prieurs des Arts*, c'est-à-dire les chefs de chaque corporation, furent appelés à former la *Seigneurie*, conseil exécutif investi de la toute-puissance, mais qu'on renouvelait tous les deux ans. L'esprit démocratique était poussé si loin, que, sur la proposition de Jean della Bella (1292), les anciennes familles nobles furent soumises à des mesures exceptionnelles : un noble ne pouvait exercer une fonction publique, à moins de se faire admettre dans quelque corps de métier; il devait s'abstenir de paraître en public en cas de tumulte; il lui était interdit de posséder une maison près d'un pont ou d'une porte de la ville, d'interjeter appel des jugements criminels, de porter témoignage contre un bourgeois sans le consentement des Prieurs, etc.

Le triomphe de la démocratie ne donna pas la paix aux Florentins. Ils se partagèrent en factions nouvelles, les *Blancs* et les *Noirs*, qui entretinrent l'anarchie. Une réaction s'opéra : la Seigneurie fit appel à des condottieri qui, sous le nom de *capitaines du peuple*, exercèrent l'autorité militaire. Tel fut, en 1342, Gauthier de Brienne, qui, avec une troupe de Français avides de butin, excita par ses violences et ses exactions le mécontentement général. Le gouvernement de cet étranger fut bientôt abattu; de nouvelles discordes, interrompues à peine par la Peste Noire, qui enleva, dit-on, cent mille personnes

(1348), amenèrent au pouvoir un cardeur de laine, Michel Lando, soutenu par les Ciompi (1378). Lando, si pauvre qu'il était pieds nus et à peine vêtu au moment de son élévation, administra la république avec vigueur et honnêteté: il érigea en corporations les métiers inférieurs, leur donna, ainsi qu'aux Arts majeurs et aux Arts mineurs, le droit d'avoir des représentants dans la Seigneurie, et réprima les excès commis par ses propres partisans. Dirigée par la famille des Albizzi (1382-1434), Florence atteignit un haut degré de prospérité; elle étendit sa domination sur la Toscane entière, prit avec Pétrarque et Boccace la première place que Dante lui avait antérieurement conquise dans la littérature italienne, et s'embellit des œuvres des plus habiles artistes. L'autorité passa ensuite entre les mains des Médicis, riche famille de marchands. Cosme, chef de cette famille, avait toujours vécu avec simplicité, sans déployer le luxe qui provoque la cupidité ou l'envie, toujours bienfaisant envers ses concitoyens. Sans bouleverser la constitution et les lois, sans posséder ni titres ni fonctions déterminées, il fonda sa souveraineté par la volonté du peuple, en faisant bannir les citoyens qui le gênaient, et en obtenant les emplois pour ses amis. Il mérita par ses libéralités le titre de *Père de la Patrie*.

Pise et Gênes. — Les républiques maritimes de l'Italie furent très-florissantes au Moyen Age. Gênes et Pise se déclarèrent indépendantes après l'extinction des Carlovingiens, et tournèrent de bonne heure leur activité vers la Méditerranée. Au XIe siècle, elles réunirent leurs vaisseaux pour enlever la Sardaigne et la Corse aux Sarrasins ; mais la possession de ces îles devint un motif de discorde. L'appui de la maison de Souabe assura la victoire aux Pisans. La lutte recommença après la mort de Frédéric II, et aboutit à la bataille navale de la Méloria (1284), qui porta un coup funeste à Pise : onze mille habitants de cette ville furent emmenés en captivité par les vainqueurs, ce qui fit dire que, pour voir Pise, il fallait aller à Gênes. Dans cette extrémité, Pise confia le pouvoir à l'un de ses nobles, le comte Ugolin. Celui-ci, menacé par les habitants de Lucques et de Florence, leur livra lâchement quelques villes ; puis, afin d'étouffer les plaintes des Pisans, fit peser sur eux la plus dure tyrannie. Une insurrection éclata (1288) : Ugolin fut enfermé, avec ses fils et petits-fils, dans l'une des tours du château, dont l'archevêque Ruggieri jeta les clefs à la mer ; il y mourut de faim, après avoir commencé à dévorer les cadavres de ses compagnons. La ruine de Pise fut consommée deux ans après : les Génois détruisirent ses forces maritimes, et l'obligèrent de renoncer à ses droits sur la Sardaigne et la Corse. Florence devait compléter cet œuvre en 1406, en s'emparant de la ville, et en fermant le port avec des chaînes.

Gênes devint alors pour Venise une rivale redoutable en Orient. Elle avait aidé au rétablissement de l'Empire grec par les Paléologues (1261). Les profits qu'elle en retira pour son commerce furent considérables : toutefois, elle les perdit au xive siècle, à la suite de longues guerres contre les Vénitiens (1). — A l'intérieur, la discorde régna comme dans la plupart des cités italiennes. Il s'était formé une noblesse, dont la puissance reposait, non sur la propriété foncière, mais sur le commerce maritime. Quatre grandes familles se disputèrent le pouvoir, les Grimaldi et les Fieschi, soutenus par les marchands, les Doria et les Spinola, chefs du bas peuple. Pour mettre un terme à l'anarchie, on donna le titre de doge ou duc à Simon Boccanegra (1339). Ni ce personnage ni ses successeurs nommés à vie ne parvinrent à rétablir le calme. Les Génois offrirent le gouvernement de leur ville au roi de France Charles VI, qui les fit administrer par le maréchal de Boucicaut, puis aux marquis de Montferrat, aux Visconti de Milan et aux Florentins. Leur inconstance les découragea tous, et, lorsqu'au début des temps modernes, se tournant encore vers la France, une ambassade vint dire à Louis XI que Gênes se donnait à lui, ce prince répondit : « Eh bien ! moi, je la donne au diable. »

(1) Voyez plus loin, pages 410-412.

Venise. — Venise doit son origine à des habitants de la Vénétie, qui, fuyant devant l'invasion d'Attila (452), cherchèrent un refuge dans les lagunes et les îles de la mer Adriatique, entre l'embouchure de l'Adige et celle de la Piave. Cette population s'accrut de nouveaux fugitifs quand les Lombards entrèrent en Italie (568). Gouvernée d'abord par douze tribuns électifs et annuels, elle créa, en 697, un *doge* ou duc à vie, Paul-Luc Anafesto, qui fut investi d'une autorité fort étendue ; car ce magistrat était juge suprême, disposait de tous les emplois, et commandait les troupes. Il avait la puissance souveraine, moins le droit de faire des lois, qui appartenait à l'assemblée du peuple. Il formait, avec six conseillers également électifs, ce qu'on appelait la *Seigneurie*. Au commencement du ixe siècle, le siége du gouvernement fut établi dans l'île de Rialto, à laquelle 70 îlots voisins furent réunis par des ponts, et l'on alla chercher à Alexandrie les reliques de St Marc, adopté pour patron de la ville. Les doges firent peu à peu reconnaître leur domination sur le littoral de l'Adriatique, depuis Pola, en Istrie, jusqu'à Raguse, en Dalmatie. Venise, qui avait échappé à la conquête des Ostrogoths, des Lombards et des Francs, et reconnu seulement la souveraineté nominale de l'Empire grec, resta étrangère aux agitations de l'Italie après le démembrement de l'Empire carlovingien, ainsi qu'aux guerres des Papes et des empereurs d'Allemagne. Lorsque Frédéric Barberousse eut à Venise une entrevue avec Alexandre III pour traiter de la paix (1177), ce pontife donna au doge Sébastien Ziani un anneau, en lui disant : « Que la mer vous soit soumise comme l'épouse à l'époux, puisque, par vos victoires, vous en avez acquis la souveraineté. » De là vint la fête annuelle qui se célébrait à l'Ascension, où le doge allait, sur un navire appelé le Bucentaure, épouser la mer en jetant un anneau dans les flots. — Les Vénitiens, se considérant comme les maîtres de l'Adriatique, imposèrent un droit aux bâtiments marchands qui voulaient pénétrer jusqu'à eux, et interdirent l'entrée de la mer à tout navire de guerre étranger. Les Croisades donnèrent un grand essor à leur commerce et à leur puissance maritime : ils n'étaient pas poussés par la ferveur religieuse à y participer, mais songeaient à leurs intérêts mercantiles. La quatrième Croisade surtout contribua au développement de leurs établissements (1). Au XIIIe siècle, ils employaient 10,000 ouvriers à leurs constructions navales, entretenaient 350 bâtiments de guerre, montés par 25,000 marins, et comptaient un nombre double de navires marchands.

La chute de l'Empire latin porta un rude coup à Venise. Les Génois, à qui les Paléologues abandon-

(1) Voyez plus haut, page 275.

nèrent les faubourgs de Péra et de Galata à Constantinople, les îles de Scio, de Mételin et de Ténédos, les ports de Smyrne, de Caffa et d'Azow, devinrent des rivaux dangereux sur l'Archipel, la Propontide et la mer Noire. Il en résulta trois guerres successives. Dans la première, les Vénitiens, battus à Curzola (1293) et à Gallipoli (1294), furent amenés à signer un traité (1299) qui interdisait à leurs navires de guerre de paraître dans la mer Noire et sur les côtes de Syrie. La seconde, dite *guerre de Caffa* (1350-1355), leur fut également défavorable : vaincus à Gallipoli, puis victorieux en vue de Cagliari, ils durent abandonner, après une autre défaite à Sapienza, près de Modon, l'espoir de faire déchirer le honteux traité qu'ils avaient subi. La troisième *guerre*, dite *de Chiozza*, fut la plus terrible. Tandis que François Carrare, seigneur de Padoue, attaquait les Vénitiens dans le pays de Trévise, et que les Hongrois leur enlevaient la Dalmatie, l'amiral génois Lucien Doria pénétra dans l'Adriatique, et périt dans un combat où fut détruite la flotte de Victor Pisani en vue de Pola. Son successeur, Pierre Doria, s'avançant au milieu des lagunes, occupa la passe de Chiozza au sud de Venise et celle de Malamocco au nord. La ville se trouva ainsi bloquée (1378). L'ennemi était si près, qu'on défendit de sonner la cloche de St Marc pour convoquer les citoyens, afin qu'il ne pût pas entendre ce signal. Doria répondit aux envoyés qui lui demandèrent la paix : « Je n'écouterai aucune proposition, tant que je n'aurai pas mis le frein aux chevaux de S¹ Marc; » et comme on lui proposait de payer la rançon de quelques prisonniers génois, il ajouta : « Dans peu de jours, je les délivrerai sans bourse délier. » Les Vénitiens, réduits au désespoir, tirèrent de prison Pisani, qu'on avait voulu punir de son désastre; chacun s'imposa les plus grands sacrifices d'argent, et l'on équipa de nouveaux vaisseaux. Sur ces entrefaites, une escadre revenue du Levant ferma la passe de Chiozza derrière les Génois, en y coulant un navire chargé de pierres. Vaincus par Pisani, puis resserrés dans Chiozza, les Génois capitulèrent, et un traité signé à Turin (1381) rendit aux Vénitiens le droit de naviguer sur la mer Noire.

Dans les années suivantes, Venise recouvra ses possessions de la Dalmatie, Durazzo, Corfou, Napoli de Romanie. Mais ce fut surtout en Italie qu'elle chercha des compensations à ses pertes dans le Levant : durant la première moitié du xv⁰ siècle, elle s'empara de Trévise, de Vicence, de Vérone, de Padoue, de Feltre, de Bellune et d'Udine; toute la terre ferme au nord du Pô, entre le lac de Garde et l'Isonzo, reconnut sa domination, à l'exception du Mantouan. A la suite d'une guerre contre Philippe-Marie Visconti, duc de Milan, elle resta maîtresse de Bergame et de Brescia, et atteignit la limite de l'Adda. Un condottiere fameux, Carmagnola, qui avait commandé les troupes de la république pendant cette guerre, fut mal payé de ses services : on l'arrêta sous prétexte qu'il avait conspiré, et on le poignarda dans son cachot, sans qu'il eût comparu devant aucun tribunal.

Pendant ses luttes contre les ennemis du dehors, Venise traversa de nombreuses révolutions, qui lui donnèrent un gouvernement aristocratique. Plusieurs tentatives ayant été faites par des doges pour établir l'hérédité de leur pouvoir, il fut interdit, dès l'année 1032, de transmettre l'autorité ducale de père en fils. Le doge fut ensuite tenu, pour les affaires importantes, les cas nouveaux et sans précédents, ou en matière de crédit public et de commerce, de choisir quelques citoyens notables et de prendre leur avis : ceux-ci, dont le nombre fut progressivement porté à soixante, reçurent le nom de *Pregadi* (priés), parce qu'ils étaient comme priés de délibérer avec le doge. — En 1172, l'assemblée générale des citoyens fut dépouillée du droit d'élire le doge et la Seigneurie, au profit d'un *Grand-Conseil* de 480 membres. Ce conseil tendit à confisquer la souveraineté ; en 1179, il enleva au doge les fonctions judiciaires, et les confia à un tribunal de quarante membres, appelé la *Quarantie* ; en 1205, il plaça près du doge cinq *Correcteurs du serment*, chargés de rendre de jour en jour plus étroits les engagements de ce magistrat ;

en 1229, il établit, pour remplacer les Pregadi, un *Sénat* dont les membres, électifs et tirés annuellement de son sein, furent d'abord au nombre de soixante, et s'élevèrent plus tard à près de trois cents par l'adjonction de la Seigneurie, de la Quarantie et de divers fonctionnaires. Le Sénat délibéra sur la paix, la guerre, les traités, les finances, la police intérieure ; le Grand-Conseil, dont il était la représentation, conserva le droit d'établir les tarifs commerciaux et les impôts. Les doges perdirent ainsi toute puissance : souvent privés du commandement des troupes, toujours entourés d'espions, il leur fut interdit de sortir de Venise, de correspondre avec des étrangers, de posséder aucuns biens en dehors du territoire de la république. Trois *Inquisiteurs du doge défunt* furent chargés de juger la conduite des doges après la mort ; leur sentence pouvait entraîner la confiscation de biens.

A la fin du xiiie siècle, le peuple essaya de reprendre ses droits d'élection, et nomma un doge, Jacques Tiépolo. Le Grand-Conseil élut, de son côté, Pierre Gradénigo. Le parti de ce dernier l'ayant emporté, on prononça, en 1297, la *Clôture du Grand-Conseil*, c'est-à-dire qu'on enleva au peuple toute part à l'élection de ce Conseil, et qu'on restreignit l'éligibilité aux familles des conseillers alors en exercice. Ces familles formèrent un patriciat, une véritable noblesse. — Le peuple protesta par des conspirations :

la première, en 1299, eut pour chef Marino Bocconio, qui fut décapité avec ses complices ; la seconde, en 1310, fut organisée par Bajamonte Tiépolo, qui s'enfuit après une défaite de ses partisans sur la place St Marc et mourut en exil. L'aristocratie institua alors le *Conseil des Dix*, chargé de veiller à la sûreté de l'État, de prévenir les complots, de juger les crimes de haute trahison, et qui eut le pouvoir de disposer arbitrairement du trésor public, comme de la vie et des biens des citoyens. Ce tribunal recueillait les dénonciations déposées dans la gueule des lions qui décoraient la place St Marc ; sa procédure était mystérieuse, ses sentences rendues et exécutées en secret. Les suppliciés étaient jetés à l'eau, du haut du *Pont des soupirs* attenant au palais du doge. Sous la toiture en plomb de ce palais se trouvaient les *Plombs*, où les condamnés souffraient, par la chaleur du soleil, les plus cruelles douleurs. En 1315, les familles du Grand-Conseil furent inscrites au *Livre d'or*, et, quatre ans après, l'hérédité de ce Conseil fut décrétée.

La conspiration du doge Marino Faliéro, en 1355, donna une nouvelle preuve de la puissance de l'aristocratie vénitienne. Un jeune membre de la Quarantie, Michel Sténo, avait placé, sur la porte du palais du doge, une inscription portant atteinte à son honneur. Traduit devant le Conseil des Dix, il fut condamné à deux mois de prison. Cette peine sembla dérisoire à Faliéro, et, comme un homme du peuple venait lui demander justice, il lui répondit : « Je ne saurais te la faire, puisque je ne puis l'obtenir moi-même. » Il ourdit un complot avec les ouvriers de l'arsenal, dans le but de renverser l'aristocratie : dénoncé aux Dix, il fut décapité ; on pendit ou l'on noya ses complices. — Depuis cette époque, il n'y eut plus de conspirations. Le gouvernement devait prendre encore, en 1454, une nouvelle énergie, par la création des trois *Inquisiteurs d'État*, qui pouvaient frapper les membres mêmes du Conseil des Dix. Au reste, ce terrible tribunal, avec les moyens dont il disposait, était principalement au service des familles patriciennes contre les familles rivales qui auraient essayé de les déposséder : en général, le peuple pouvait se livrer paisiblement au commerce et à l'industrie ; il menait une vie libre et prospère.

§ II. *Espagne*.

LE CALIFAT DE CORDOUE (756-1031). — Le califat de Cordoue, fondé, en 756, par Abdérame, de la famille des Ommiades, atteignit pendant deux siècles un haut degré de splendeur. Les Arabes établis en Espagne ne furent pas divisés, comme ceux de l'Orient, en sectes politiques ou religieuses ; ils traitèrent les vaincus avec douceur, et l'on appela *Mozárabes*, c'est-à-dire Arabes mélangés ou étrangers, les nombreux chrétiens qui, tout en conservant leur religion et leurs mœurs, reconnurent la domination musulmane. Tous les arts de la paix fleurirent en Espagne, et, à aucune époque, la population de ce pays ne fut aussi considérable. — Mais, à partir du Xe siècle, les insurrections des émirs ou gouverneurs de provinces, la faiblesse et l'incapacité des califes, les attaques des chrétiens réfugiés au milieu des montagnes du Nord, préparèrent la ruine du califat. En 1031, le dernier des Ommiades fut déposé, et le territoire arabe forma les royaumes indépendants de Murcie, Badajoz, Grenade, Saragosse, Majorque, Valence, Tolède, Séville, Cordoue, etc.

Les États chrétiens. — Les chrétiens du Nord, qui avaient échappé à l'invasion arabe, ont fait, pour reconquérir la péninsule espagnole, une croisade de huit siècles, signalée, dit-on, par trois mille sept cents combats; leurs chefs mettaient cette guerre religieuse et nationale au premier rang de leurs devoirs, même avant l'obligation de rendre la justice.

Pélage, fondateur du royaume des *Asturies*, est un personnage légendaire. Les traditions le montrent longtemps caché dans la grotte de Cabadonga, puis repoussant une armée d'Infidèles en faisant rouler sur elle des quartiers de rochers. Ses premiers successeurs poussèrent leurs conquêtes au N. et à l'O. jusqu'à l'Océan, au S. jusqu'au Douro. La ville d'*Oriédo*, fondée en 760, devint la capitale du royaume, et lui donna son nom, qu'il devait encore changer en celui de *Léon*, quand le gouvernement fut transféré dans cette ville en 914. Les victoires de Logrono (846) et de Zamora (878) ouvrirent aux chrétiens le bassin du Tage, où, malgré des échecs à Simancas (938) et à San-Estevan de Gormas (940), ils parvinrent à se maintenir. Au milieu de ces luttes, on découvrit les reliques de St Jacques le Majeur, qui passait pour l'apôtre de l'Espagne : elles furent déposées à Compostelle, et tout propriétaire de terres ou de vignes fut tenu de payer, à titre d'offrande, une redevance annuelle à l'église de cette ville. Les légendes ne tardèrent pas à raconter que St Jacques, monté sur un cheval blanc, combattait à la tête des chrétiens, et il reçut le surnom de *Matamoros* (tueur de Maures).

Plus à l'Est, les Francs avaient fait aussi des progrès sur les Musulmans : Pépin le Bref leur avait pris la Septimanie (759), et Charlemagne le pays situé entre les Pyrénées et l'Èbre (778). Au siècle suivant, cette dernière région, connue sous le nom de Marche d'Espagne, fut détachée de l'Empire carlovingien : le comte Aznar, qui la gouvernait, se rendit indépendant, et son successeur, Garcias Ximénès, l'érigea en royaume de Navarre (856). Sanche le Grand mit un terme aux agressions des Arabes par une grande victoire à Calatanazor, près de Medina-Celi (998). A sa mort (1035), ses trois enfants se partagèrent le royaume, ce qui donna naissance à trois États, la *Navarre* proprement dite, l'*Aragon* et la *Castille*. Deux ans après, un mariage amena la réunion du royaume de Léon à la Castille.

Le Cid. — Ce fut la Castille qui accomplit l'œuvre principale de la croisade contre les Infidèles, et qui en eut les plus grands profits. Un héros s'illustra dans la lutte, Rodrigue Diaz, né au château de Bivar, près de Burgos : il fut surnommé le *Cid* ou seigneur, du titre que lui donnèrent les prisonniers arabes, et *Campeador*, parce qu'il était sans cesse en campagne. Il est presque impossible de distinguer ses exploits réels au milieu des légendes dont les chants populaires ont embelli sa vie. Le Cid paraît avoir fait ses premières armes sous le règne de Ferdinand Ier, fils de Sanche le Grand. Il aida ensuite Sanche le Fort, l'un des enfants de Ferdinand, à s'emparer du trône (1065). Sanche ayant péri assassiné (1072), le Cid fut chargé par les seigneurs castillans d'exiger du nouveau roi, Alphonse VI, le serment qu'il n'avait pas trempé dans le meurtre de son frère. Alphonse ne lui pardonna jamais cette hardiesse, et l'exila de sa cour. Mais le besoin qu'on eut de ses services pendant la guerre le fit rappeler, et il contribua à la conquête de Tolède (1085). Éloigné de nouveau, il se retira dans les montagnes voisines de Téruel, où une forteresse s'appelle encore la *roche du Cid*.

Invasion des Almoravides. — C'était le moment où les Arabes, alarmés des progrès des chrétiens et trop faibles pour les arrêter, appelaient du Maroc les Almoravides (1), secte d'origine récente, qui prétendrait ramener les Musulmans à la pureté de la foi et rendre ainsi toute sa force à la religion de Mahomet. Yousouf, chef des Almoravides, leur fit passer le détroit de Gibraltar, et, moyennant la cession de la province d'Algésiras, promit de défendre ses co-religionnaires d'Espagne : il devait agir, non en allié, mais en conquérant. Vainqueur d'Alphonse VI à Zélaka, près de Badajoz (1086), il interrompit la guerre contre les chrétiens pour renverser les rois arabes de Badajoz, de Cordoue, de Séville, de Grenade, de Murcie et des Baléares. Pendant ce temps, le Cid, réconcilié avec le roi de Castille, fit la conquête de Valence (1094) ; il y mourut cinq ans après, et, en 1102, sa veuve Chimène fut obligée de rendre la ville aux Almoravides.

Origine du royaume de Portugal. — A cette époque, la ferveur religieuse et l'ardeur guerrière de la société féodale enfantaient les Croisades. A l'appel d'Alphonse VI, un certain nombre de chevaliers français allèrent au-delà des Pyrénées pour combat-

(1) C'est-à-dire en arabe *religieux*.

tre les Infidèles : à leur tête figuraient deux princes de la Bourgogne, Raymond et Henri. Les Croisés ne purent préserver les Castillans d'une nouvelle défaite à Uclès, près de Tolède (1108), et, si les Almoravides ne tirèrent point avantage de leur succès, il faut l'attribuer à leurs dissensions intestines, au climat et aux mœurs de l'Espagne, qui affaiblirent leur énergie africaine. Raymond mérita par ses services la main d'une fille d'Alphonse VI, et sa postérité devait monter sur le trône de Castille. Henri fut récompensé par le don du territoire compris entre le Minho et le Douro, et dont on fit le comté de Porto-Callé ou de Portugal; son fils Alphonse Ier y ajouta la province de Tras-os-Montes, gagna sur cinq émirs musulmans, en 1139, la bataille d'Ourique, et, après avoir occupé le Beïra et l'Estramadure portugaise, se fit décerner, en 1143, le titre de roi par les Cortès réunis à Lamégo (1).

ORDRES RELIGIEUX ET MILITAIRES. — A l'exemple des Croisés établis en Palestine, les chrétiens d'Espagne instituèrent des Ordres religieux et militaires pour lutter contre les Infidèles. Ce furent ceux d'*Alcantara* (1156), de *Calatrava* (1158), et de *St Jacques de Compostelle* (1161) en Castille, et celui d'*Avis* (1162) en Portugal. On eut bientôt besoin de leurs

---

(1) *Cortès* signifie Cours ou Assemblées; c'est le nom de la représentation nationale en Portugal et en Espagne.

services : car une nouvelle secte arriva d'Afrique.

Invasion des Almohades. — Les Almohades (1), après avoir renversé la domination des Almoravides dans le Maroc, vinrent les attaquer en Espagne, sous la conduite de Yacoub, et leur enlevèrent Grenade, Valence, Alicante, Murcie et Carthagène. Tournant ensuite à l'Ouest, ils attaquèrent le nouveau royaume de Portugal. Vaincus par Alphonse Ier près de Santarem (1184), ils se rejetèrent vers la Castille, et remportèrent sur le roi Alphonse IX la victoire d'Alarcos (1195), en mémoire de laquelle fut bâtie la Giralda de Séville (2). Une attaque infructueuse contre Tolède les détermina à signer avec les chrétiens une trêve de douze ans. A l'expiration de cette trêve, un nouveau chef des Almohades, Mohammed-el-Naser, publia la guerre sainte sur la côte d'Afrique, et réunit une armée formidable. De son côté, le pape Innocent III fit prêcher une Croisade dans l'Europe occidentale, et put envoyer au-delà des Pyrénées un secours de 60,000 Français, Allemands et Italiens, qui combattirent sous les ordres d'Alphonse IX, roi de Castille, de Pierre II, roi d'Aragon, et de Sanche VII, roi de Navarre. Une bataille dé-

---

(1) Mot qui veut dire *Unitaires*.

(2) Tour surmontée d'un globe doré, que les chrétiens ont remplacé plus tard par une statue de la Foi, et dans laquelle on monte par une pente circulaire.

cisive s'engagea (1212) au pied de la Sierra Morena, dans les plaines (*las navas*) de Tolosa. Les Infidèles, afin de donner à leurs bataillons plus de consistance, s'étaient liés les uns aux autres par des chaînes de fer : Pierre II brisa ces chaînes à coups de hache, et les chrétiens, que précédaient les évêques de Narbonne et de Tolède portant la croix, pénétrèrent au milieu des ennemis, où ils firent un horrible carnage. Mohammed-el-Naser s'était placé sur une hauteur avec son pavillon rouge et sa garde, et tenait d'une main le Koran, de l'autre son épée ; en voyant les siens tomber par milliers, il s'écria : « Dieu seul est juste et puissant, le démon est perfide et menteur ; » et il s'enfuit de toute la vitesse de son cheval.

La bataille de Tolosa porta un coup fatal aux Almohades. Ferdinand III, fils d'Alphonse IX, leur enleva les royaumes de Cordoue (1236) et de Séville (1248), et son successeur Alphonse X fit la conquête de Murcie (1266). Pendant ce temps, Jacques Ier d'Aragon, successeur de Pierre II, s'empara des Baléares (1235) et de Valence (1238), et les rois de Portugal ajoutèrent à leurs possessions l'Alemtéjo et les Algarves. Il ne resta aux Infidèles que le royaume de Grenade.

Invasion des Mérinides. — Un dernier effort fut tenté en faveur de la domination musulmane par les Mérinides, tribu du Maroc. Cette tribu vainquit près d'Écija un corps de troupes castillanes (1275). Alphonse X, tout occupé alors de ses prétentions à la couronne d'Allemagne, laissa son second fils Sanche le Brave prendre la direction de la guerre. Ce prince fit lever le siége de Jaën, contraignit les Mérinides à repasser le détroit de Gibraltar, et fut proclamé par les Cortès héritier du trône, au détriment des infants de La Cerda, ses neveux. Ce fut pour soutenir ces derniers, nés d'une fille du roi de France Louis IX, que Philippe III le Hardi, successeur de ce prince, intervint par les armes en Castille, mais sans succès. Sanche, affermi sur le trône, continua la lutte contre les Mérinides, qui avaient reparu, et leur prit Tarifa (1292). Alphonse XI, l'un de ses successeurs, leur infligea une défaite définitive sur les bords du Salado (1340). C'en était fait de l'État musulman de Grenade, désormais privé de tout secours africain et déchiré par des discordes intestines, si les rois chrétiens n'eussent été distraits par d'autres préoccupations : la Navarre, la Castille et l'Aragon se mêlèrent aux affaires du reste de l'Europe, le Portugal se tourna vers les explorations maritimes.

Situation intérieure des États chrétiens. — I. *Navarre*. — Le royaume de Navarre, resserré par la France au nord, l'Aragon à l'est, et la Castille au sud, ne pouvait prendre une grande extension, et eut une existence assez obscure. La postérité de Sanche le Grand s'y éteignit en 1234 : la couronne passa à Thibaut IV, comte de Champagne, dont la mère était une princesse navarraise. Le mariage de Jeanne, petite-fille de Thibaut, fit passer la Navarre au roi de France Philippe le Bel (1284). Une autre Jeanne, fille de Louis le Hutin, la reçut comme royaume indépendant, et l'administra avec son époux, Philippe, comte d'Évreux. Elle eut pour successeur son fils Charles le Mauvais, qui fut mêlé aux troubles de la France pendant le règne de Jean le Bon, et que Charles V dépouilla du comté d'Évreux. La nouvelle dynastie s'éteignit en la personne de Charles le Noble (1425), dont la fille, Blanche, porta la Navarre à son époux Jean II d'Aragon.

II. *Castille.* — Le royaume de Castille, après la guerre contre les Maures, s'étendait d'une mer à l'autre et à travers toute la péninsule espagnole, depuis St-Sébastien jusqu'à Cadix : il comprenait la Galice, les Asturies, les pays Basques, la Vieille et la Nouvelle Castille, le pays de Murcie, l'Estramadure espagnole et une partie de l'Andalousie. Il avait reçu d'Alphonse X un code de lois, intitulé *Las siete partidas* (Les six parties); mais ce code fut impuissant à fonder un ordre politique durable, parce que les circonstances avaient donné à la Castille une autre constitution. Au milieu des guerres contre les Infidèles, la Féodalité s'était trop fortement organisée, pour que le pouvoir royal ne rencontrât pas d'obstacles : les seigneurs avaient partout élevé des forteresses, et le nombre en était si grand, que le pays en tira son nom (1) ; ils consentaient à servir à cheval, d'où vint leur nom de *caballeros*, mais, à titre d'indemnité, ils étaient exempts de charges. Les conquêtes faites sur l'ennemi n'ajoutaient rien à la force de la royauté : car les nobles s'attribuaient de vastes portions de territoire et des villes ; loin de rester dans la sujétion, ils renonçaient parfois à la fidélité envers le roi, et s'en allaient avec leurs vassaux guerroyer pour leur propre compte ou au service d'un autre prince, même contre leur patrie. On raconte que, dans les dernières années du XIV⁰ siècle, Henri III demanda, dans une réunion des principaux seigneurs, combien ils avaient connu de rois en Castille : « Trois, quatre, cinq, » répondirent-ils selon leur âge. « Trois, quatre, cinq rois ? reprit le roi. Que me dites-vous là ? Moi, tout jeune que je suis, j'ai vu, je vois vingt rois. Oui, vous êtes tous des rois, pour le malheur du royaume et pour ma propre honte. » Alors même qu'ils ne s'insurgeaient pas contre leur souverain, les nobles déchiraient le royaume par leurs discordes : ainsi, la rivalité des deux maisons de Haro et de Lara remplit tout le XIV⁰ siècle.

La royauté castillane fut encore limitée par les priviléges des villes. On n'avait pu réclamer sans cesse le concours des roturiers pour combattre l'Is-

---

(1) *Castille* vient du latin *castellum*, château-fort.

lamisme, sans leur inspirer le sentiment de leur dignité personnelle et leur faire des concessions. Les bourgeois des villes nommaient leurs magistrats; leurs députés furent appelés, pour la première fois en 1169, à faire partie des Cortès, aussi bien que la noblesse et le clergé; leurs terres payaient des impôts, mais la taxe ne pouvait être augmentée sans leur consentement. On appelait *Fueros* les chartes qui consacraient leurs droits. Enfin plusieurs villes formaient souvent une *hermandad* ou association armée, pour se protéger au besoin contre les violences des grands ou la tyrannie des rois.

La liste des rois de Castille après la guerre contre les Mérinides présente peu de noms qui intéressent l'histoire générale. On doit citer principalement : Pierre le Cruel (1350-1368), que son frère Henri de Transtamare renversa, avec le secours du roi de France Charles V; Jean Ier, qui essaya de s'emparer du Portugal et fut battu près d'Aldjubarotta (1385); Jean II (1406-1454), dont le favori, Alvaro de Luna, provoqua par son insolence une insurrection des seigneurs et fut envoyé par eux à l'échafaud.

III. *Aragon*. — Le royaume d'Aragon (capitale, Saragosse), qui ne comprenait dans l'origine que le pays enfermé entre la Navarre, l'Èbre et le Gallégo, s'était accru de la Catalogne en passant des descendants de Sanche le Grand aux comtes de Barcelone (1137). La guerre contre les Infidèles lui avait ensuite donné le royaume de Valence et les îles Baléares. Les rois de la maison de Barcelone, comme possesseurs du Roussillon, de la seigneurie de Montpellier et de la partie méridionale de la Provence, se trouvèrent plusieurs fois mêlés aux affaires de France : ainsi, Pierre II périt à la bataille de Muret (1213), en défendant les Albigeois. Jacques I*er*, par le traité qu'il conclut à Corbeil avec Louis IX (1258), affranchit le comté de Barcelone de l'hommage qu'il devait à la couronne de France. Possédant un vaste littoral sur la Méditerranée, l'Aragon créa une marine qui la rendit redoutable à ses voisins. Pierre III put alors accepter la Sicile, qui se donnait à lui après les Vêpres siciliennes (1282), et soutenir contre les princes angevins une guerre qui assura du moins la souveraineté de l'île à une branche de sa famille. Jacques II enleva la Sardaigne aux Pisans (1326). Jacques III vendit la seigneurie de Montpellier au roi de France Philippe VI de Valois (1349).

Le pouvoir royal en Aragon a été généralement très-restreint pendant le Moyen Age. Dès les premiers temps, le roi était assisté d'un conseil de douze anciens et sages hommes du pays. Jusqu'en 1094, il fut soumis, lors de son avènement, à une cérémonie humiliante : il devait jurer de respecter les lois, pendant qu'un noble lui tenait une épée dirigée vers le cœur. Après qu'on eut aboli cet usage, les seigneurs n'en continuèrent pas moins de prêter leur serment de fidélité en ces termes : « Nous qui séparément valons autant que toi, et qui tous ensemble valons mieux que toi, nous t'obéirons si tu observes les conditions qui te sont imposées; sinon, non. » Ils jouissaient du *droit d'union*, en vertu duquel ils pouvaient se confédérer entre eux et prendre les armes, chaque fois que le roi attentait à leurs priviléges. Les Cortès d'Aragon comprenaient quatre ordres (*brazos*, bras) : 1º les prélats et les commandeurs d'Ordres militaires; 2º les barons ou *ricos hombres* (riches hommes), c'est-à-dire la haute noblesse, l'élite de la nation, faisant remonter ses priviléges à des concessions de Charlemagne; 3º les *infanzones*, noblesse inférieure, composée de *mesnadores* (attachés à la *mesnada* ou maison royale), de *caballeros* (obligés de servir à cheval), et de simples *hidalgos* (1); 4º les *pecheros* ou contribuables, les députés des villes, appelés aux assemblées depuis l'année 1133. Chaque ordre délibérait à part, et aucune loi ne passait qu'à l'unanimité, une voix d'opposition suffisant pour la faire rejeter. On ne pouvait faire la guerre ou lever des impôts sans le consentement des Cortès. Nul vassal ne pouvait perdre son fief sans jugement, ni être contraint d'aller combattre hors du royaume. On pouvait en appeler des

---

(1) L'étymologie est *hijo de algo*, fils de quelque chose, fils de famille, l'opposé de *l'homme de rien*.

décisions du roi devant le *Justiza*. Ce magistrat, que le roi choisissait lui-même, mais qui ne pouvait ensuite être révoqué que par les Cortès et devait compte de sa conduite à cette assemblée seulement, fut la garantie la plus puissante du peuple contre l'oppression : on lui soumettait tous les doutes soulevés dans les tribunaux en matière de loi ; il avait le droit d'évoquer toute cause pendante devant une autre juridiction, d'assurer la liberté personnelle des prévenus en leur assignant un lieu de captivité, de censurer et de destituer les ministres du roi. — Les rois ne pouvaient triompher de l'esprit de résistance de leurs sujets, dont l'opiniâtreté était passée en proverbe : « Donnez, disait-on, un clou à l'Aragonais ; il l'enfoncera avec sa tête plutôt qu'avec un marteau. » Une parole caractéristique fut prononcée dans les Cortès aragonaises : « L'Aragon est un pays stérile et cependant rempli d'habitants ; s'il n'est pas abandonné par les Aragonais, c'est qu'il est la contrée la plus libre du monde. »

IV. *Portugal*. — Le Portugal avait atteint, dans la seconde moitié du XIII° siècle, les limites qu'il a conservées depuis, et il cessa de prendre part aux guerres contre les Musulmans. Une administration pacifique était nécessaire pour consolider la conquête. Denis le Libéral (1279-1325) développa l'agriculture et les lettres, fonda l'Université de Coïmbre en 1308, et mérita le surnom de Père du peuple. Le règne de son successeur, Alphonse IV, a fourni à la poésie une aventure tragique: l'héritier du trône, Pierre, avait secrètement épousé Inès de Castro, sa cousine; comme il refusa de contracter un autre mariage, Inès fut tuée (1355). Deux ans après, il devint roi: il ordonna d'arrêter les ministres qui avaient conseillé l'assassinat, et leur fit arracher le cœur en sa présence. La tradition ajoute que le cadavre d'Inès fut exhumé, placé sur un trône, et couronné en présence de toute la cour. C'est pour avoir vengé Inès que Pierre fut surnommé le Justicier.

La descendance directe d'Henri de Bourgogne s'éteignit en 1383. La maison régnante de Castille essaya de s'emparer du Portugal; mais la bataille d'Aldjubarotta (1385) assura l'indépendance de ce pays. Un grand-maître de l'Ordre d'Avis, fils naturel de Pierre le Justicier, commença alors, sous le nom de Jean Ier, une dynastie nouvelle. La maison d'Avis dirigea vers la mer l'activité des Portugais. Jean Ier fit la conquête de Ceuta, sur la côte du Maroc (1415). Son plus jeune fils, Henri, duc de Viseu, qui avait pris dans cette expédition le goût des voyages, établit à Sagres, près du cap St-Vincent, un collège naval, s'entoura de géographes habiles, et consacra des sommes considérables à des explorations lointaines. Longeant la côte occidentale de l'Afrique, des marins portugais doublèrent le cap Noun, qui avait été jusques-là le terme des navigations connues, et atteignirent celui de Bojador, qu'ils n'osèrent franchir à cause des écueils et des bancs de sable. Une nouvelle tentative fut faite par Jean-Gonzalès Zarco et Tristan Vaz-Texeira, mais sans plus de succès: une tempête les ayant poussés vers la pleine mer, ils découvrirent l'île de Puerto-Santo (1418). L'année suivante, Perestrello en reconnut une plus importante, qui n'était qu'une immense forêt, et qu'on appela pour cette raison Madère (1) : on mit le feu aux bois, et, après un incendie qui ne dura pas moins de sept ans, le prince Henri fit planter, dans le sol ainsi fertilisé, des vignes de Chypre et des cannes à sucre de Sicile.

Ces premiers succès excitèrent dans tout le Portugal un grand enthousiasme : les femmes refusaient d'épouser quiconque ne s'était pas signalé sur le rivage africain ; le clergé, voyant dans les découvertes des pays nouveaux autant de conquêtes pour l'Évangile, prêchait les expéditions maritimes comme des croisades ; le pape Martin V promit indulgence plénière à ceux qui y périraient, et accorda aux Portugais droit de souveraineté sur toutes les contrées où ils auraient abordé. En 1432, Gonzalo-Velho Cabral découvrit l'île Ste-Marie, l'une des Açores. En 1433, Gilianez doubla enfin le cap Bojador. En 1440, Antonio Gonzalès, étant allé plus loin encore à la pêche

(1) En portugais, *madeira* signifie pays boisé.

des phoques, ramena quelques Maures enlevés sur la côte d'Afrique; chargé par le prince Henri de les rendre à leur pays, il les échangea contre des esclaves nègres; ce fut le premier exemple de la traite. On arriva au cap Blanc en 1441. Denis Fernandez découvrit le cap Vert en 1446, et Antonio Noli les îles du cap Vert en 1450. Ainsi, à la fin du Moyen Age, les Portugais marchaient à l'une des grandes découvertes des temps modernes, celle de la route maritime qui conduit aux Indes. Toutefois, ils devaient s'arrêter pendant quelques années : s'apercevant, au-delà de l'embouchure du Sénégal, que tous les hommes étaient noirs, et attribuant cette coloration à l'ardeur du soleil dans ces régions, ils craignirent de devenir noirs eux-mêmes, et ne voulurent pas aller plus loin.

§ III. *États Scandinaves.*

ÉMIGRATIONS DES SCANDINAVES. — L'histoire primitive des États Scandinaves est fort obscure : on n'y trouve que des traditions sur Odin, représenté tantôt comme un Dieu, tantôt comme un conquérant venu de l'Asie. Les rois de race barbare qui gouvernèrent la Suède, la Norvége et le Danemark, pendant les temps mythologiques, prétendaient descendre d'Odin ; ils étaient à la fois pontifes, juges et chefs de guerre. Il faut arriver au IXe siècle de l'ère chrétienne pour trouver des faits qui présentent un peu de certitude et d'intérêt. C'est l'époque des migrations des Scandinaves. Poussés aux aventures par une religion toute guerrière, contraints d'abandonner une terre stérile ou trop pauvre pour nourrir tous ses enfants, ils allèrent chercher fortune dans les pays lointains.

Sans parler des invasions des Normands (1) dans l'Empire carlovingien et des Danois en Angleterre, on voit la tribu des Warègues partir de la Suède, en 862, sous la conduite de Rurik, débarquer sur la côte orientale de la mer Baltique, et, par l'occupation de la ville slave de Novogorod, jeter les fondements de l'Empire de Russie. — Du côté de l'Occident, des bandes sorties de la Norvége et du Danemark découvrirent, en 860, trente-cinq îles, qu'ils appelèrent Féroë, à cause des troupeaux de brebis (*faar*) qui en faisaient la richesse, et une île plus considérable à laquelle ils donnèrent le nom d'Islande (île de la glace). D'autres occupèrent les Hébrides, les Orcades et les Shetland. En 982, Éric le Roux, avec quelques compagnons, aborda sur une côte à laquelle l'herbe qui la couvrait fit donner le nom de Groënland (terre verte). Plus au Sud, les Scandinaves trouvèrent un continent, où il y avait des plantes

---

(1) *North-mann*, hommes du nord.

semblables à la vigne, et qu'ils nommèrent pour cette raison Winland; c'était vers l'embouchure du St-Laurent, en sorte que l'Amérique du Nord fut connue cinq siècles avant Christophe Colomb.

PROPAGATION DU CHRISTIANISME. — Les pays scandinaves ne commencèrent à se policer qu'à partir de l'introduction du christianisme. Quelques-uns des chefs de bandes, en pénétrant dans les régions du centre et du midi de l'Europe, y avaient acquis des notions sur le christianisme et parfois même reçu le baptême : sans professer à leur retour la croyance nouvelle, ils renonçaient à la polygamie, et s'abstenaient de la chair de cheval et d'oiseaux de proie, victimes offertes aux dieux scandinaves. Vers l'année 829, St Anschaire, sorti du monastère de Corbie, alla porter l'Évangile en Danemark et en Suède; mais les résultats de la prédication ne furent pas en rapport avec le zèle de l'apôtre, et ce fut seulement au siècle suivant qu'Harald, roi de Danemark, vaincu par Othon le Grand, consentit à se faire chrétien. La nouvelle religion fut imposée à la Norvége, aux iles Féroë, à l'Islande, par le roi Olaüs ou Olaf, dans les dernières années du Xe siècle, en même temps qu'un autre Olaf l'établissait en Suède. Le triomphe du christianisme fut complet sous Canut le Grand : ce prince, qui régna sur tous les pays scandinaves (1014-1036), se rendit en pèlerinage à Rome, à pied, la besace au cou et le bourdon à la main. L'abandon de la religion d'Odin et l'influence des principes de civilisation apportés par le christianisme eurent pour effet d'attacher les Scandinaves au sol et de mettre fin à leurs invasions.

Danemark. — Des trois royaumes scandinaves, celui de Danemark, dont la capitale était Roskild, dans l'île Seeland, fut le plus important au Moyen Age. Il dut sa grandeur à la famille des Waldemar. *Waldemar Ier le Grand* (1157-1182) entreprit de conquérir les côtes méridionales de la Baltique et d'en convertir les habitants au christianisme : il détruisit l'idole de Swantevit dans l'île de Rugen, saccagea les villes de Wollin et de Stettin dans la Poméranie, jeta les fondements de Dantzig, et prit Copenhague pour capitale. *Canut VI* (1182-1202) imposa sa suzeraineté au Holstein, au Mecklembourg, aux villes de Hambourg et de Lubeck. *Waldemar II le Victorieux* (1202-1241) soumit le Lauenbourg, poussa jusqu'à l'Esthonie, où il fonda Revel, mais d'où les chevaliers Teutoniques devaient expulser ses successeurs, et prit les titres de *roi des Vandales* ou *Slaves*, de *seigneur de Nordalbingie* (pays au nord de l'Elbe). Il donna aussi des lois à ses sujets.

Norvège. — Le royaume de Norvège (capitale Drontheim, puis Bergen), dont faisaient partie l'Islande et le Groënland, eut une existence très-agitée. La couronne, étant élective, excitait toutes les ambitions. Elle devint héréditaire en 1263.

Suède. — Le système électif, qui existait aussi en Suède, produisit les mêmes désordres. Parmi les rois de ce pays, on remarque, au milieu du XIIe siècle, *Éric le Saint*, apôtre et conquérant de la Finlande, où il fonda la ville d'Abo. Stockholm, qui remplaça Upsal comme capitale du royaume, fut fondée en 1254.

Union de Calmar. — A la fin du XIVe siècle, les royaumes scandinaves furent réunis en un seul État. Marguerite de Waldemar, proclamée reine de Danemark après la mort de son fils Olaüs V, et reine de Norvége après la mort de son époux Haquin VIII, aida les Suédois à se débarrasser de leur roi Albert de Mecklembourg, et signa avec eux l'union de Calmar (1397) : les trois royaumes devaient ne reconnaître qu'un seul souverain, tout en conservant leur administration et leurs lois particulières. — L'union de Calmar semblait présager aux États scandinaves une grande puissance ; mais, ébranlée par des révoltes contre Éric le Poméranien, successeur de Marguerite, elle fut dissoute, en 1448, à la mort de Christophe le Bavarois. Les Suédois se donnèrent pour roi Charles Canutson, maréchal du royaume, tandis que le Danemark et la Norvége reconnurent Christian Ier, comte d'Oldenbourg.

§ IV. *Etats Slaves.*

Croisade contre les païens de la Baltique. — Les armes de Charlemagne et d'Othon le Grand avaient imposé le christianisme aux peuplades slaves situées à l'O. de l'Oder. Sur la rive opposée de ce fleuve, les Poméraniens le reçurent au XI° siècle, et le monastère d'Oliva, près de Dantzig, devint une pépinière d'apôtres. Les pays situés le long de la Baltique, depuis la Vistule jusqu'au golfe de Finlande, et qu'on appelait Prusse, Courlande, Livonie et Esthonie, furent évangélisés pour la première fois par St Adalbert, évêque venu de Prague, qui trouva le martyre au milieu des idolâtres (997) : l'œuvre de leur conversion fut reprise en 1186 par un moine du Holstein, Maynard, qui fut le premier évêque de la Livonie, et dont le successeur, Berthold, périt en combattant les païens. Un chanoine de Brême, Albert, amena des renforts à la croisade entreprise par ses prédécesseurs, bâtit la ville de Riga, bientôt érigée en métropole chrétienne de ces régions, et forma, en 1201, l'ordre religieux et militaire des *Chevaliers du Christ*, que le pape Innocent III confirma : les chevaliers avaient sur leur manteau blanc une croix et une épée, ce qui leur valut le nom de *Porte-glaives*. Les Allemands enrôlés dans cet Ordre se partagèrent les terres conquises en Courlande, en Livonie et en Esthonie.

Quant aux barbares de la Prusse, ce fut Christian, abbé d'Oliva, qui entreprit leur conversion (vers 1215) : reconnaissant l'inutilité de ses efforts, il appela les *Chevaliers teutoniques*. Cet ordre voyait combien les luttes qu'il soutenait en Palestine étaient stériles ; le grand-maître Hermann de Salza, autorisé par l'empereur Frédéric II, envoya une partie des chevaliers s'établir à Culm (1226). Alors commença une guerre d'extermination contre les indigènes, qui trouvaient un refuge au milieu des marécages et des forêts dont leur pays était couvert; des colonies de croisés allemands fondèrent Thorn (1231), Kœnigsberg (1255), Marienbourg (1280), etc. L'arrivée des chevaliers teutoniques qui avaient abandonné la Terre Sainte donna une nouvelle impulsion à la conquête pendant le XIVe siècle. Ils occupèrent le territoire de Dantzig en 1308, et choisirent Marienbourg pour capitale en 1309. Cette guerre fut accompagnée de violences, qui firent détester les vainqueurs ; ils mettaient aussi beaucoup de perfidie dans leurs relations avec leurs sujets, ce qui fit dire à un marchand de Dantzig : « Je ne croirais point aux paroles d'un chevalier teutonique, quand même la charte qui les contiendrait serait faite avec sa peau, que son sang aurait servi pour l'écrire, et que son cœur en serait le sceau. » — La puissance des chevaliers déclina au XVe siècle. L'électorat de Brandebourg s'agrandit à leurs dépens ; bon nombre de villes se soulevèrent, et reconnurent la souveraineté de la Pologne ; la guerre avec ce pays éclata en 1409, et la bataille de Tanneberg (1410) coûta 40,000 hommes aux chevaliers. Des discordes éclatèrent aussi dans le sein de l'Ordre, où l'on distingua le parti aristocratique du *Vaisseau d'or* et le parti démocratique de la *Toison d'or*. Les Polonais en profitèrent pour compléter leur victoire, et, après une longue guerre, l'Ordre dut leur abandonner, en vertu du traité de Thorn (1466), la plupart de ses possessions, ne conserver que la Prusse orientale sous condition de vassalité, et transférer son siége de Marienbourg à Kœnigsberg.

POLOGNE. — Les vieilles traditions citaient, parmi les premiers chefs des Polonais, Lech, qui aurait fondé Gnesne et Posnan, et Cracus, à qui Cracovie devrait son origine. L'existence de ces deux personnages n'est rien moins que certaine. L'histoire de la Pologne ne commence véritablement qu'en 842, époque où un paysan nommé Piast prit le titre de duc, et régna entre la Wartha et la Vistule. Convertis au christianisme par St Adalbert en 966, les Polonais furent toujours ardents pour cette religion, et, afin de montrer qu'ils s'en constituaient les champions, ils adoptèrent l'usage de tirer leur épée à moitié du fourreau quand on lisait l'Évangile à l'église. La

Pologne subit la suzeraineté de l'Allemagne : un de ses rois, Boleslas Ier, surnommé Chrobri (l'intrépide), soumit la Silésie, la Lusace, la Gallicie, étendit sa domination de la chaîne des Riesengebirge au Dniester, et reçut de l'empereur Othon III le titre de roi, en l'an 1000. Des partages, des guerres civiles, l'invasion des Mongols au XIIIe siècle, affaiblirent le royaume. Il ne se releva que sous Casimir III le Grand, qui enleva, en 1349, la Podolie et la Wolhynie aux Lithuaniens. Avec Casimir s'éteignit la postérité de Piast (1370). Une révolution s'opéra alors dans le gouvernement au profit des palatins ou nobles : en déférant la couronne à Louis le Grand, roi de Hongrie, neveu de Casimir, ils lui imposèrent les *Pacta conventa*, le roi s'engageait à n'exiger d'eux aucune contribution, aucun subside, à ne les jamais emmener pour la guerre au-delà des frontières, à ne rien prendre sur leurs terres sans payer. Après la mort de Louis le Grand, les Polonais offrirent la main de sa fille Hedwige et le trône à Jagellon, grand-duc de Lithuanie; ainsi commença la dynastie des Jagellons (1386). L'annexion de la Lithuanie augmenta les forces de la Pologne, dont les limites furent reculées à l'E. jusqu'aux sources du Volga et du Dniéper, et lui permit de lutter avec succès du côté du Nord contre les chevaliers teutoniques.

Воне́ме. — Les tribus de Bohèmes qui occupaient la vallée supérieure de l'Elbe se réunirent en un seul État au viiie siècle, et reconnurent Przémysl pour duc héréditaire. A la fin du ixe siècle, le christianisme leur fut apporté par St Cyrille et Méthodius, venus de l'Empire grec. Vassal de l'Empire d'Allemagne, le duché de Bohème fut érigé en royaume par Henri IV en 1092. La royauté, d'abord élective, devint héréditaire en 1230. La Bohème fut convoitée de bonne heure par les Allemands : après Ottocar, célèbre par sa lutte contre Rodolphe de Habsbourg, l'Autriche essaya de s'en emparer ; mais des alliances de famille la portèrent à la maison de Luxembourg, qui en fut maîtresse jusqu'en 1437. La guerre des Hussites, née d'une querelle religieuse, eut le caractère d'une protestation de la race slave contre les empiètements de la race germanique.

HONGRIE. — Les Hongrois étaient devenus sédentaires, après avoir perdu contre l'empereur Othon le Grand la bataille d'Augsbourg (955). Vers l'an 1000, Waïc, descendant de leur premier duc Arpad, se convertit au christianisme, prit le nom d'Étienne, et reçut du pape Sylvestre II le titre de roi. Ses successeurs soumirent la Servie, la Transylvanie, la Valachie et la Moldavie. A l'extinction de la race d'Arpad (1302), les Hongrois appelèrent au trône Charobert, de la maison d'Anjou qui régnait à Naples. Louis le Grand, fils de ce prince, réunit à son royaume celui de Pologne (1370) ; mais, après lui, les deux couronnes furent séparées. L'une de ses filles,

Marie, porta celle de Hongrie à son époux Sigismond de Luxembourg, qui devint empereur d'Allemagne en 1411. A la mort de ce prince (1437), la Hongrie, comme la Bohême, échut à Albert II d'Autriche.

Russie. — *Rurik*, maître du pays où se trouvent les lacs Ilmen, Ladoga et Biélo, avait jeté les fondements de l'Empire russe (862), et créé l'aristocratie des *boïards* (1) en distribuant des terres à ses guerriers. Deux de ses compagnons, Askold et Dir, allèrent vers le Sud, et conquirent le pays de Kiew (875). Après la mort de Rurik (879), *Oleg*, tuteur de son fils Igor, fit périr Askold et Dir, et établit à Kiew le siège de l'Empire. Puis, ayant équipé des barques sur le Dniéper, il pénétra par la mer Noire jusqu'à Constantinople, dont les habitants lui payèrent tribut (904). *Igor*, devenu majeur, rejeta au-delà du Don la tribu des Khazares, et battit celle des Petchenègues, qui habitait le long de la mer Noire et de la mer d'Azow, entre le Danube et le Don. Son fils *Swiatoslaw* (945-973), surnommé l'Attila des Russes, détruisit la domination des Khazares, et, dans ses guerres contre les Bulgares et les Grecs, pénétra jusqu'à Andrinople ; il revenait dans ses États, quand il fut assailli par les Petchenègues, qui lui tranchèrent la tête et firent de son crâne une coupe. Sa mort fut suivie de sept années de guerre

(1) De *boï*, bataille.

entre ses trois fils : *Wladimir*, qui l'emporta, conquit au N.-O. la Russie rouge ou Gallicie et la Livonie, à l'E. le pays de Kazan, au S. les territoires de Caffa et de Kherson, et épousa Anne, princesse byzantine. Les Russes se convertirent au christianisme grec, adopté depuis quelques années par la mère de Wladimir, Olga, qu'on honore en Orient sous le nom de Ste Hélène. Leur conversion fut, d'ailleurs, l'œuvre de la force : on les amena par petites troupes sur les bords du Don, et ils durent recevoir le baptême, sous peine d'être décapités. On établit, à Kiew et à Novogorod, deux archevêques, relevant du patriarche de Constantinople. — La guerre civile désola de nouveau la Russie après la mort de Wladimir (1015-1019); celui de ses enfants à qui resta le pouvoir, *Iaroslaw*, maria sa fille au roi de France Henri Ier, fit traduire pour ses sujets un certain nombre de livres grecs, leur donna un code de lois intitulé *les Vérités russes*, et attira des artistes byzantins à Kiew.

Ces premiers développements de la civilisation en Russie furent arrêtés par plusieurs causes. Les grands-ducs de Kiew avaient soumis un grand nombre de Slaves, et les avaient réduits à l'état de colons et même de serfs ; ces Slaves saisirent toutes les occasions favorables de se soulever contre les Boïards, descendants des conquérants scandinaves. Or, Kiew n'était pas une bonne position pour une capitale :

elle était trop au midi de l'Empire, et l'on vit, sous les descendants d'Iaroslaw, une foule de principautés ou de républiques indépendantes se constituer dans les diverses parties de la Russie, à Novogorod, Pleskow, Twer, Wladimir, etc. D'ailleurs, l'ordre de succession dans la famille de Rurik était bizarre : ce n'était pas le fils qui héritait du pouvoir, mais le frère ; s'il y avait plusieurs frères appelés successivement au trône, on proclamait ensuite le fils aîné de l'ancien grand-duc. C'était une complication féconde en discordes ; les membres de la famille régnante en profitaient, aussi bien que les vaincus, pour saisir quelque portion de territoire.

Le seul fait important de l'histoire de Russie jusqu'au XIIIe siècle est la fondation de Moscou, en 1147. Cette ville succéda bientôt à Kiew comme capitale, et vers le même temps les grands-ducs de Moscovie prirent le titre de *czar* ou *tzar* (1). L'invasion des Mongols acheva d'abattre la puissance des Russes. Gengis-Khan avait envoyé vers l'Europe son fils aîné Touchi : ce chef de horde subjugua, en 1223, toute la Russie méridionale jusqu'au Dniéper. Batou, fils de Touchi, prit Moscou en 1237, saccagea Wladimir, Kaminiec, Kiew, pénétra en Pologne et en Hongrie, mais fut arrêté à Liegnitz, en 1244, par l'empereur Frédéric II, qui lui fit éprouver des

1 Corruption du mot *César*.

pertes considérables. Il n'en installa pas moins dans le Kaptchak, entre le Volga et l'Oural, sa bande de Tartares, connue sous le nom de *Horde d'or*. Le grand-duc Dmitri ou Démétrius III essaya de secouer le joug de cette horde, et remporta, en 1380, sur les bords du Don, une victoire qui lui valut le surnom de *Donski*; mais les Mongols vengèrent, dès l'année suivante, leur défaite, en égorgeant 24,000 habitants de Moscou et en détruisant cette ville. Les Russes devaient rester leurs tributaires jusqu'en 1463. Leur souverain apportait en personne son tribut d'argent, de fourrures et de troupeaux, et, se prosternant en présence du chef de la horde, lui offrait une coupe remplie de lait; s'il en tombait quelques gouttes, il était tenu de les lécher.

§ V. *Turcs Ottomans.*

CONQUÊTES DES TURCS EN ASIE-MINEURE. — La tribu des Turcs Ottomans ou Osmanlis, dont les invasions dans l'Europe orientale signalèrent la fin du Moyen Age, fit son apparition dans l'histoire au XIIIe siècle. Un certain Soliman, qui la commandait dans le Khoraçan, envoya son fils Ertogrul en Asie-Mineure, afin de secourir le sultan seldjoukide d'Iconium, menacé par les Mongols. Ertogrul obtint pour prix de ses services le territoire d'Ancyre (Angora). L'un de ses enfants, Othman ou Osman, dont le nom est resté à la tribu entière, y ajouta le pays de Karahissar, et reçut du sultan le titre de bey avec les insignes (un drapeau, un tambour, et une queue de cheval). Puis, profitant du partage de la sultanie entre plusieurs émirs, il s'empara d'Iconium (1299), de la Galatie et de la Phrygie. L'empereur de Constantinople, Andronic l'Ancien, lui opposa les *Almogavares*, troupe d'aventuriers Catalans, qui fut battue près de Nicomédie; après la défaite, son fils s'écria : « Alexandre se plaignait que son père ne lui laisserait rien à conquérir ; je crains que le mien ne me laisse rien à perdre. » Les États d'Othman s'étendirent vers l'O. jusqu'au fleuve Sangarius et au mont Olympe. Il prit les titres de *sultan* et de *padischah* (empereur). Ce fut de son temps que les Turcs Ottomans embrassèrent l'Islamisme.

Orkhan, successeur d'Othman, s'empara de Brousse (1326), dont il fit sa capitale, de Nicomédie (1328), de Nicée et du reste de la Bithynie (1333), de l'ancien pays de Pergame et de la Mysie (1335). Jean Cantacuzène, qui exerça la régence dans l'Empire grec au nom d'Andronic le Jeune et de Jean Paléologue, ne s'opposa pas à ses progrès, et lui donna même sa fille en mariage. Orkhan ajouta à la gloire du conquérant celle du législateur : il rédigea des lois, établit des *cadis* ou juges pour les appliquer, et fonda des établissements de bienfaisance et d'instruction. L'armée devint permanente : les fantassins reçurent des terres en guise de solde, à charge d'entretenir les chemins. Le corps des *Janissaires* (1) fut formé avec de jeunes chrétiens enlevés à leurs familles, et élevés ensuite dans la religion de Mahomet : composé de mille hommes à l'origine, il en compta plus tard jusqu'à quarante mille. Les Janissaires arboraient un étendard rouge, avec le croissant d'argent et l'épée à deux tranchants ; c'était autour de la marmite commune, rappelant, ainsi que la cuiller de bois attachée à leur turban, la fidélité due au chef qui les nourrissait, qu'ils se réunissaient pour tenir conseil ; renverser la marmite était le signal de la révolte.

Progrès dans l'Europe orientale. — En s'établissant à Gallipoli, dont un tremblement de terre venait de renverser les murailles (1357), Orkhan s'était rendu maître des deux rives de l'Hellespont. L'entrée de l'Europe s'ouvrait aux Turcs. Amurat Ier créa un nouvel instrument de conquête par l'organisation des *Sipahis* ou *Spahis* (2) : des lots de terre, appelés *timars*, étaient donnés en fief par le sultan, à la condition de fournir un homme à cheval. Disposant de grandes forces militaires, Amurat s'avança dans la Thrace sans approcher de Constantinople, prit Andrinople (1361), où il établit bientôt sa résidence ; vainquit une armée grecque sur les bords de la Ma-

1 *Iénitchéri*, troupes nouvelles ou jeunes.
2 Mot qui veut dire *cavaliers*.

ritza (1365), pénétra jusqu'à la chaîne des Balkans, et donna au pays le nom de Roumélie (pays des Romains). Plus tard, il envahit la Servie et la Bulgarie: les habitants de ces régions, momentanément soumis, se révoltèrent en 1389, et furent soutenus par ceux de la Bosnie, de l'Herzégowine et de l'Albanie. Amurat les tailla en pièces à Cassovie ou Cossova, mais fut mortellement frappé sur le champ de bataille par un Servien nommé Milosch, qui se dressa du milieu des cadavres.

Son fils Bajazet Ier, surnommé *Ilderim* (la Foudre, l'Éclair), à cause de la rapidité de ses conquêtes, se jeta sur la Moldavie et la Valachie, et menaça la Hongrie. Sigismond, roi de ce pays, implora le secours de toute l'Europe chrétienne : 60.000 croisés, parmi lesquels on remarquait un certain nombre de nobles français sous les ordres de Jean de Nevers, fils du duc de Bourgogne Philippe le Hardi, se réunirent à Vienne, et se dirigèrent vers l'ennemi. La bataille de Nicopolis (1396) leur fut fatale. Dix mille prisonniers, qui refusèrent d'abjurer leur foi, eurent la tête tranchée; d'autres furent envoyés à Brousse. Les princes chrétiens offrirent des présents au sultan pour obtenir le rachat des captifs; ainsi, le roi de France Charles VI donna des faucons de Norvége, des chevaux caparaçonnés en drap de Reims, des tapisseries d'Arras. Bajazet consentit, moyennant 200.000 ducats, à mettre en liberté les chevaliers français, entre autres le comte de Nevers. Il menaçait d'aller jusqu'à Rome, et de faire manger l'avoine à son cheval sur l'autel de St-Pierre ; l'empereur Manuel Paléologue s'attendait, de son côté, à être attaqué dans Constantinople, et, dans son dénûment, faisait vendre le plomb de ses palais pour se procurer quelque argent. Mais une diversion puissante du côté de l'Asie-Mineure arrêta les progrès des Turcs.

Deuxième empire des Mongols. — Un chef de Kalmoucks avait entrepris de relever l'empire des Mongols. Il s'appelait Timour, et une blessure qu'il avait reçue dans son enfance le fit surnommer *Lenk* (boiteux) ; de Timour-Lenk on a fait Tamerlan. Il recruta des compagnons dans la haute Asie, et s'empara de Samarkand (1362), dont il fit sa capitale. Les rives orientales de la mer Caspienne, l'Arménie, la Perse, furent ensuite subjuguées : après la prise d'Ispahan, Timour éleva une horrible pyramide avec les cadavres de 90,000 Persans ; les troncs servaient de pierres, le sang de mortier, et les têtes d'ornements. Bagdad et toutes les villes des bords du Tigre, la région de Kerman et le Laristan firent une prompte soumission. Provoqué par les Mongols du Kaptchak (1381), Timour se porta vers le Volga, et répandit pendant plusieurs années la terreur sur le territoire russe. En 1395, il réduisit en cendres Astrakhan et Azow. Puis, voulant conquérir l'Hindoustan, il franchit l'Indus (1398), ruina Delhi, et pénétra jusqu'à la vallée de Cachemire. Après avoir célébré ses victoires à Samarkand par des fêtes splendides, il se dirigea vers l'Occident, extermina la population chrétienne de Sébaste, et vainquit les Mamelouks d'Égypte près d'Alep et de Damas. Appelé par des émirs d'Asie-Mineure, que Bajazet avait dépouillés, il ne parlait qu'avec mépris de ce sultan des Turcs : « Vile fourmi, enorgueillie par quelques victoires remportées sur les chrétiens, comment ose-t-il irriter les éléphants et provoquer la foudre suspendue sur sa tête ? » Une grande bataille s'engagea près d'Ancyre (1402) entre les Turcs et les Mongols ; 400,000 hommes restèrent, dit-on, sur la place. Bajazet fut battu et pris ; comme il était borgne, il se mit à rire en présence de son vainqueur : « Je ris, répondit-il à Timour qui lui en demandait le motif, parce que l'empire du monde vient d'être disputé par un boiteux et un borgne. » Suivant une tradition qu'on a raison de suspecter, le chef mongol aurait traîné après lui son captif enfermé dans une cage de fer. L'empire ottoman aurait pu être étouffé à sa naissance, si Timour ne fût retourné à Samarkand pour entreprendre la conquête de la Chine. La mort l'empêcha de donner suite à ce dessein (1405), et son empire se démembra comme celui de Gengis-Khan.

Fin de l'Empire grec. — Bajazet Ier était mort en captivité ; après quelques années de discordes entre ses enfants, l'un d'eux, Mahomet Ier, resta maître du pouvoir (1413). Il réorganisa les forces ottomanes, et prépara les moyens de continuer les conquêtes en Europe. Son fils Amurat II attaqua Constantinople (1422), mais fut obligé de lever le siége par la révolte de l'un de ses frères à Brousse. Après avoir fait étrangler le rebelle, il ramena sous sa domination les régions de l'Asie-Mineure qui avaient repris leur indépendance au passage de Timour-Lenk. Revenant ensuite en Europe, il enleva Thessalonique aux Vénitiens (1430), soumit l'Albanie, accepta le tribut de la Valachie et de la Servie, et se dirigea vers le Danube, où des forces considérables s'accumulaient pour le combattre. Un héros d'origine valaque, Jean Hunyade, que les chrétiens surnommèrent *le soldat du Christ* et les Turcs *le grand Diable de Valachie*, avait reçu de Ladislas, roi de Pologne et de Hongrie, le gouvernement de la Transylvanie. Il repoussa les Turcs devant Belgrade (1435). Amurat reparut quelques années après, et, vaincu à Vasag et à Nissa, abdiqua par découragement en faveur de son fils Mahomet II. Les chrétiens en profitèrent: le cardinal Julien Cesarini, légat du pape Eugène IV, excita la Hongrie, la Pologne et la Bohème à la guerre sainte; Gênes et Venise armèrent des vaisseaux. Les Turcs, menacés d'être chassés de l'Europe, remirent Amurat à leur tête, et les chrétiens furent complètement défaits à Varna (1444): Ladislas et Cesarini restèrent sur le champ de bataille.

L'habileté de Jean Hunyade n'aurait peut-être pas suffi pour arrêter le péril qui menaçait les populations du Danube, si une révolte de l'Albanie n'eût détourné le sultan de la poursuite des chrétiens. Georges Castriot, fils de l'ancien despote ou souverain de l'Albanie, avait été livré en otage aux Turcs, et élevé dans la religion musulmane; ses exploits sous les ordres d'Amurat lui avaient mérité le surnom de *Scander-bey* (seigneur ou général Alexandre). Ayant contraint, un poignard sur la poitrine, le secrétaire du sultan de signer l'ordre de lui livrer Croïa, principale ville de l'Albanie, il s'enfuit du camp turc, et appela ses compatriotes à la révolte. Quatre armées envoyées contre lui furent successivement battues; Amurat, obligé de diviser ses forces pour tenir tête aux Hongrois, les défit à Cossova (1448), mais échoua dans une attaque contre Croïa (1450).

Il était réservé à Mahomet II d'anéantir enfin l'Empire grec. Une nuit, il fit appeler son vizir, qui, se croyant perdu, lui apporta un grand plat d'or. « Ce n'est pas de l'or, dit-il, que je te demande, c'est Constantinople. Vois-tu ces oreillers? Toute la nuit je les roule çà et là; je me suis levé, je me suis recouché, le sommeil n'est pas venu. Nous valons mieux que les Romains, et, avec l'aide de Dieu et du prophète, nous posséderons bientôt Constantinople. » Des préparatifs formidables furent faits.

Un château-fort fut construit sur la rive européenne du Bosphore, pour affamer Constantinople en l'isolant de la mer Noire. Une fonderie, établie à Andrinople sous la direction du Hongrois Orban, fabriqua d'énormes canons : l'une de ces pièces d'artillerie, que quatre cents hommes et soixante bœufs transportèrent à grand'peine en deux mois jusqu'à Constantinople, lançait des boulets de pierre de 1200 livres. Trois cent mille hommes et quatre cents navires furent employés au siège. A ces forces l'empereur Constantin Dragasès ne pouvait opposer que des remparts réparés à la hâte, six à sept mille soldats Grecs, Vénitiens, Génois, commandés par Giustiniani, et quatorze bâtiments. Il n'y avait rien à espérer des princes de l'Occident : la France et l'Angleterre sortaient épuisées de la guerre de Cent ans ; l'Espagne avait sa croisade particulière contre les Maures ; l'empereur Frédéric III avait une autorité trop mal affermie pour entraîner l'Allemagne ; l'Italie était condamnée par ses divisions à l'impuissance. Et d'ailleurs les États qui se rattachaient à l'Église romaine n'étaient pas disposés à secourir les Grecs schismatiques ; ceux-ci détestaient assez les Latins pour dire qu'ils aimaient mieux voir dans Constantinople le turban du sultan que le chapeau d'un cardinal.

Constantin, abandonné par les Occidentaux, honora du moins la fin de sa race par une héroïque défense. Bien qu'on n'osât employer les plus gros canons, dans la crainte de faire écrouler les murailles décrépites, deux assauts furent repoussés sur terre. La flotte ottomane ne put forcer les chaînes de fer, que les assiégés avaient tendues à l'entrée de leur port. Mahomet II eut alors recours à un audacieux expédient : c'était de faire passer ses vaisseaux par-dessus l'isthme qui formait un des côtés du port. En une seule nuit, il fit couvrir de planches de sapin une demi-lieue de chemin sur cet isthme ; on les enduisit de suif et de graisse, et, à l'aide de rouleaux, on traîna 80 galères. Les assiégés furent surpris de voir, le lendemain matin, cette flotte descendue de la terre dans leur port, et une batterie de canons établie sur un pont de bateaux. Une attaque générale fut décidée pour le 29 mai 1453. Les Turcs s'y préparèrent par le jeûne et les ablutions ; Mahomet II promit le gouvernement d'une province au premier qui atteindrait le sommet des murailles, et à tous les soldats une double paye, sans compter les prisonniers et les richesses du pillage. « Que les lâches redoutent ma colère, dit-il ; ils ne se sauveraient pas, eussent-ils des ailes d'oiseau. » Les assiégés, de leur côté, portèrent en procession la statue de la Vierge Marie, et communièrent tous ensemble dans l'église de Ste-Sophie. Constantinople fut prise d'assaut après plusieurs heures d'une lutte acharnée ; l'empereur, resté l'un des derniers sur la brèche, tomba sous le sabre d'un janissaire ; la ville subit le plus affreux pillage, et plus de 60,000 habitants, emmenés sur les vaisseaux turcs, furent vendus comme esclaves. A la vue des ruines accumulées par ses soldats, Mahomet II répéta ces paroles d'un poëte persan : « L'araignée a filé sa toile dans le palais des rois, et la chouette nocturne a chanté sur les tours son chant de deuil. »

Constantinople devint la capitale de l'Empire ottoman. Sa conquête n'agrandissait guère les possessions de Mahomet II, qui était déjà maître de la plupart des provinces grecques ; mais elle avait pour résultat d'implanter en Europe un État barbare. Une légende atteste que les chrétiens d'Orient conservèrent longtemps l'espoir de recouvrer Constantinople. Le jour où cette ville fut prise, dit une légende, une foule de vieillards, de femmes et d'enfants se pressait dans l'église de Ste-Sophie, autour d'un autel où le patriarche disait la messe. Tout à coup les portes furent forcées, et l'église envahie par les Turcs ; le patriarche prit les vases sacrés, et se dirigea vers la muraille, qui s'entr'ouvrit pour lui livrer passage et se referma derrière lui. Un jour il reviendra terminer sa messe, lorsque Constantinople sera reprise par les chrétiens, et que la croix aura remplacé le croissant sur les murs et sur le dôme de Ste-Sophie.

TABLE

	Pages.
Étendue et principales divisions de l'histoire du Moyen Age.	1
Le monde romain à la fin du IVe siècle.	5
Causes de la chute de l'Empire romain.	7
Influence de Rome sur les sociétés modernes.	18
Le Christianisme dans les premiers siècles.	21
Apologistes et hérésiarques.	29
Constitution de l'Église chrétienne.	32
Ce qu'on doit au christianisme.	37
Le monde Barbare au IVe siècle.	45
Race Tartare ou Scythique.	45
Race Slave ou Sarmatique.	47
Race Germanique ou Teutonique.	49
Mœurs des Germains.	50
Causes des invasions des Barbares.	59
Premier âge des invasions :	
Entrée des Huns en Europe.	60
Premiers mouvements des Wisigoths.	61
Théodose.	62
Alaric.	63
Radagaise.	65
Les Barbares en Gaule et en Espagne.	66

	Pages.
Nouvelle invasion des Wisigoths.	66
Les Vandales en Afrique.	69
Entrée des Francs dans la Gaule.	70
Attila.	71
Fin de l'Empire d'Occident.	74

Deuxième âge des invasions :

Les Saxons et les Angles en Grande-Bretagne.	76
Conquête de la Gaule par les Francs.	78
Les Hérules en Italie.	80
Invasion des Ostrogoths ; Théodoric.	81

Réaction byzantine contre les invasions :	84
Justinien.	86
Destruction du royaume des Vandales.	86
Destruction du royaume des Ostrogoths.	87
Administration de Justinien.	89
Invasion des Lombards en Italie.	91
Héraclius.	93

Décadence des États barbares :

Heptarchie anglo-saxonne.	95
Royaume des Wisigoths.	96
Royaume des Lombards.	97
Les Francs Mérovingiens.	98

Résultats des invasions :	104
État des personnes : Ahrimans, Leudes ; Convives du roi, Tributaires, Colons, Serfs.	105
État de la propriété : Alleux, Bénéfices, Terres censives.	107
Royauté.	109

Assemblées	111
Administration publique	112
Législation	114
L'Église dans les temps barbares	121
Rapports de l'Église et de l'État	122
Développement de la puissance papale	125
Progrès du christianisme	126
Les Bénédictins	128
Hérésies	130
L'Arabie avant Mahomet	132
Vie de Mahomet	135
Le Koran	140
Le Califat ; Sunnites et Chyites	147
Conquêtes des Arabes	148
Les Ommiades	153
L'Empire carlovingien. — Pépin le Bref	158
Charlemagne	159
Louis le Débonnaire	164
Partage de Verdun	166
Carlovingiens d'Italie	167
Carlovingiens de Germanie	168
Carlovingiens de France	169
État de la société dans les temps carlovingiens	173
L'an mil	176
Deuxième Empire arabe : les Abbassides	178
Haroun-al-Raschid	179
Causes de la décadence des Abbassides	180
Influence des Arabes sur la civilisation européenne	186
La Féodalité. — Ses origines	190

TABLE.

	Pages.
Description d'un château féodal.	194
Hiérarchie féodale : suzerains et vassaux.	196
Obligations des suzerains et des vassaux.	199
Droits des seigneurs.	204
Roturiers, Vilains, Manants, Serfs.	205
Résultats de la Féodalité.	209

Remèdes apportés aux abus féodaux :

Droit d'asile.	214
Trêve de Dieu.	214
Chevalerie.	215

Établissement de la Féodalité :

1º En France : Tableau de la France féodale. . . 226
        Les quatre premiers Capétiens. . . . 228

2º En Allemagne et dans l'Italie septentrionale :
    Conrad Ier. — Henri Ier l'Oiseleur. . . . 230
    Othon Ier le Grand 231
    Othon II 234
    Othon III, Henri II, Conrad II. . . . 235
    Henri III 236

3º Dans l'Italie méridionale et en Sicile :
    Expéditions des Normands. 237
    Robert Guiscard. 239
    Roger. 240

4º En Angleterre :
    Invasions danoises 241
    Alfred le Grand 242
    Domination des Danois. 244
    Guillaume le Conquérant 245
    Sa législation. 248

TABLE.

Les Croisades :

    Causes des Croisades 254
    Première Croisade. 255
    Royaume de Jérusalem. 260
    Ordres religieux et militaires. 261
    Seconde Croisade 263
    Saladin 266
    Troisième Croisade. 268
    Quatrième Croisade. 272
    Cinquième et sixième Croisades . . . 276
    Empire des Mongols. 277
    Septième Croisade. 278
    Révolutions en Orient. — Huitième Croisade . 282
    Résultats des Croisades. 284

Guerres du Sacerdoce et de l'Empire :

    État de l'Église au XIe siècle. 290
    Grégoire VII. 294
    Querelle des Investitures. 296
    Guelfes et Gibelins. 301
    Arnaud de Brescia 302
    Frédéric Barberousse et Alexandre III. . . 303
    Innocent III. 308
    Frédéric II 311

Décadence de l'Empire d'Allemagne :

    Grand Interrègne 318
    Avènement de la maison d'Autriche. . . 320
    Insurrection des Suisses contre l'Autriche . . 323
    Maison de Luxembourg. 326
    Bulle d'or. 330
    Guerre des Hussites. 332

TABLE.

Affaiblissement de la Papauté :

 Les Papes à Avignon. 335
 Rienzi. 336
 Grand schisme d'Occident. 339
 Conciles de Pise et de Constance 341
 Concile de Bâle. 343

Progrès de la bourgeoisie et de la royauté :

 1° France : 345
  Louis VI le Gros. — Louis VII le Jeune . . 346
  Philippe II Auguste 347
  Louis VIII le Lion. — Louis IX 349
  Philippe III le Hardi. — Philippe IV le Bel. . 351
  Louis X le Hutin. — Jean Ier. — Philippe V le Long. — Charles IV le Bel. . . . 353
  Philippe VI de Valois 354
  Jean II le Bon. 356
  Charles V. 358
  Charles VI 360
  Charles VII 363

 2° Angleterre : 366
  Guillaume II le Roux. 367
  Henri Ier Beauclerc 368
  Étienne de Blois. — Henri II 370
  Richard Cœur-de-Lion. 376
  Jean-sans-Terre 377
  Henri III 381
  Édouard Ier 383
  Édouard II 387
  Édouard III 388
  Richard II. 390

	Pages.
Henri IV.	394
Henri V. — Henri VI	395

Revue des États secondaires :

1° Italie : 396
    Royaume de Naples. 397
    Duché de Milan. 401
    Florence. 403
    Pise et Gênes. 406
    Venise. 409

2° Espagne :
    Le califat de Cordoue 416
    Les États chrétiens. 417
    Le Cid. 419
    Invasion des Almoravides. — Origine du royaume de Portugal. 420
    Ordres religieux et militaires 421
    Invasion des Almohades. 422
    Invasion des Mérinides. 423
    Situation intérieure des États chrétiens :
        Navarre. 424
        Castille. 425
        Aragon. 427
        Portugal. 430

3° États scandinaves :
    Émigrations des Scandinaves 433
    Propagation du christianisme 435
    Danemark. 436
    Norvége 436
    Suède. 437
    Union de Calmar. 437

4° États slaves :

    Croisade contre les païens de la Baltique . . 438
    Pologne 440
    Bohème 441
    Hongrie 442
    Russie 443

5° Turcs Ottomans :

    Conquêtes des Turcs en Asie-Mineure . . . 446
    Progrès dans l'Europe orientale 448
    Deuxième Empire des Mongols 450
    Fin de l'Empire grec 451

Meulan, imprimerie de A. Masson.

COURS D'HISTOIRE

A L'USAGE
DES ÉTABLISSEMENTS D'INSTRUCTION PUBLIQUE

Ouvrages publiés format grand in-18 jésus, imprimés avec soin en caractères neufs sur très-beau papier glacé et satiné, cartonnés ou brochés.

1° HISTOIRE ANCIENNE, GRECQUE ET ROMAINE, *classes de 6e, 5e et 4e*......... 1 vol.
2° HISTOIRE DU MOYEN AGE, *classe de 3e*.... 1 vol.
3° HISTOIRE DES TEMPS MODERNES, *classe de seconde*............... 1 vol.
4° HISTOIRE DE FRANCE, *rhétorique*....... 2 vol.
5° GÉOGRAPHIE GÉNÉRALE, *mathématique, physique, historique et politique à l'usage de toutes les classes*........ 1 vol.

Prix des ouvrages :

CHAQUE VOLUME IN-18 broché............ 3 fr.
CHAQUE VOLUME IN-18 cartonné, dos en toile. 3 fr. 50

Tous les volumes se vendent séparément.

Meulan, imprimerie de A. Masson.

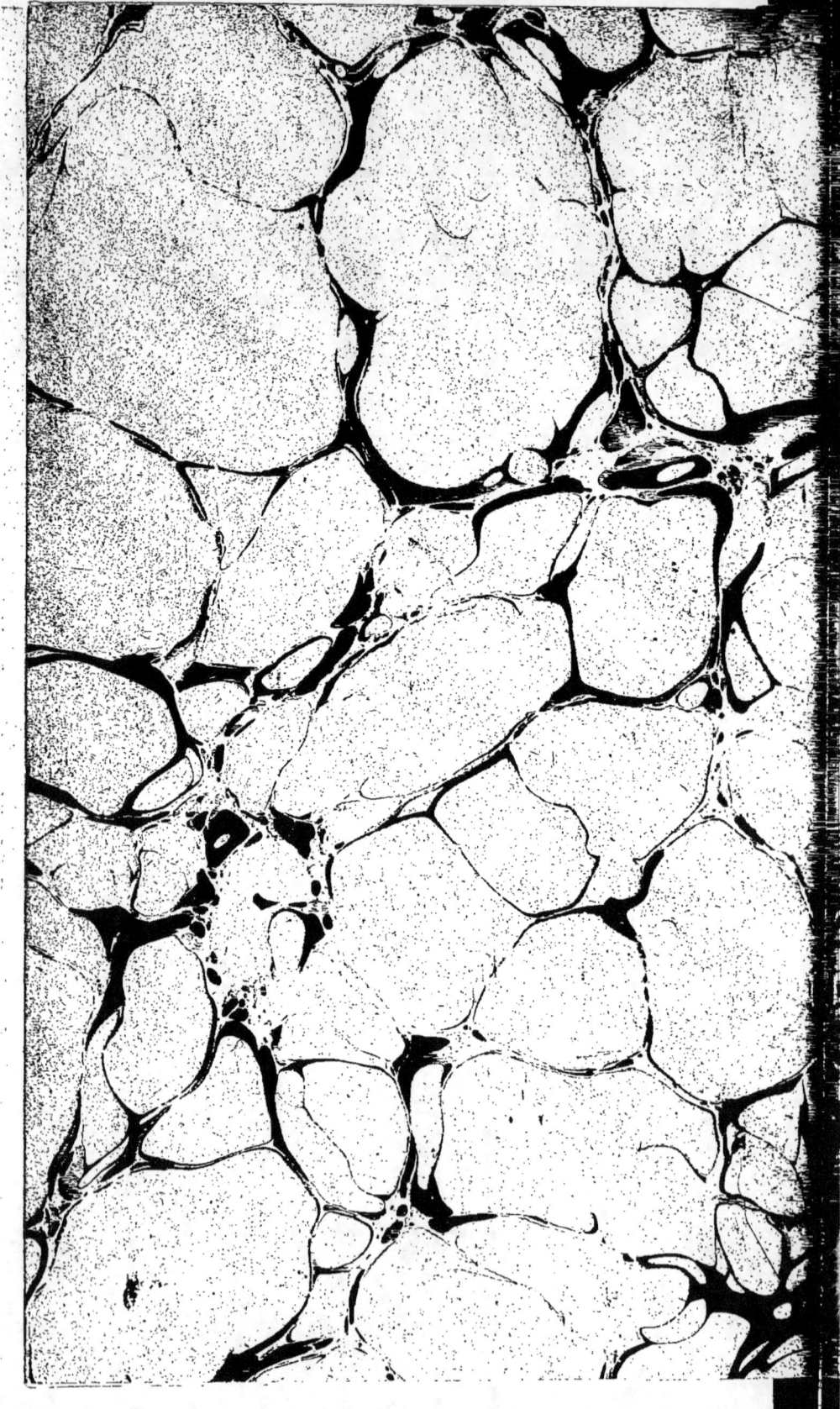

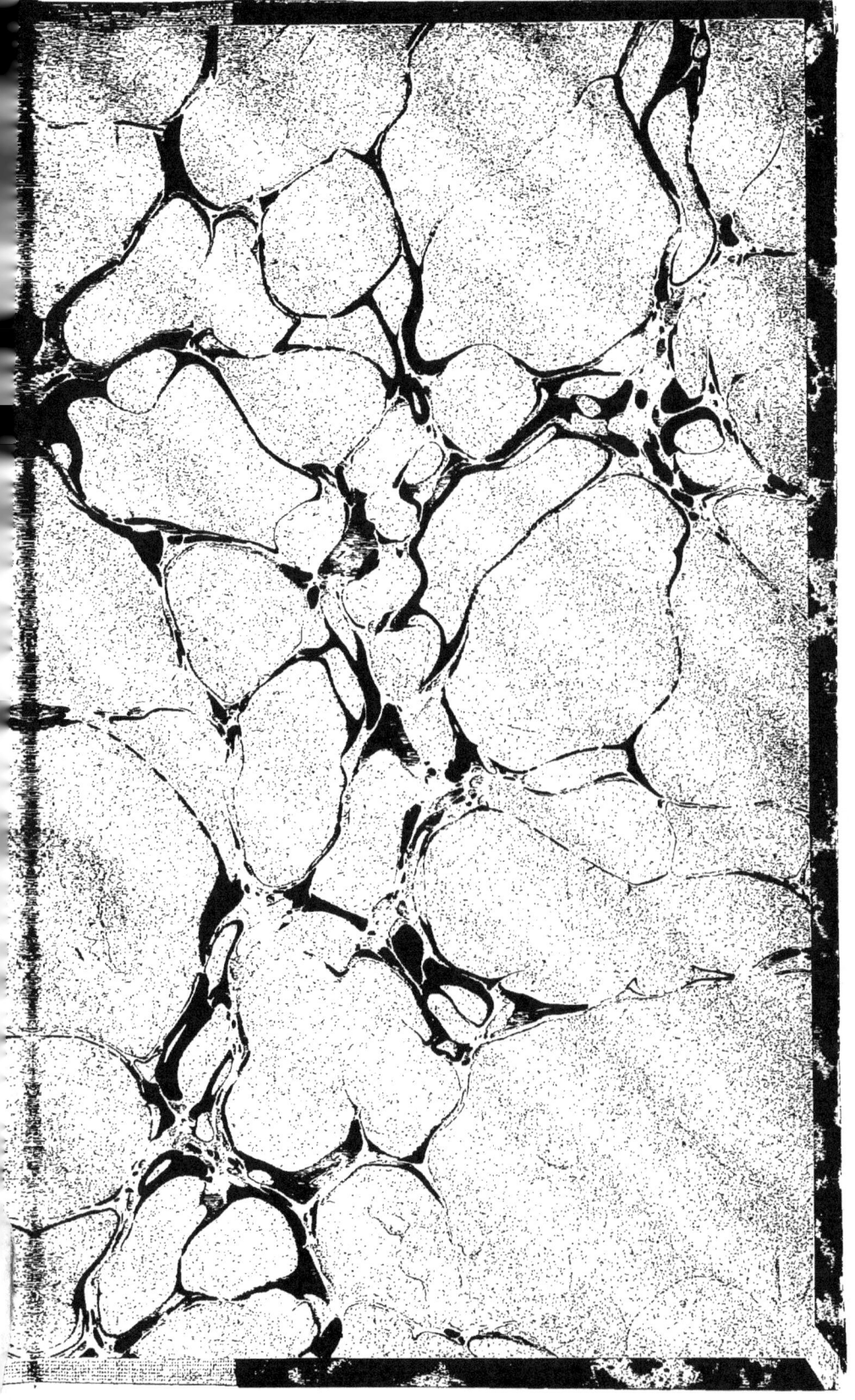

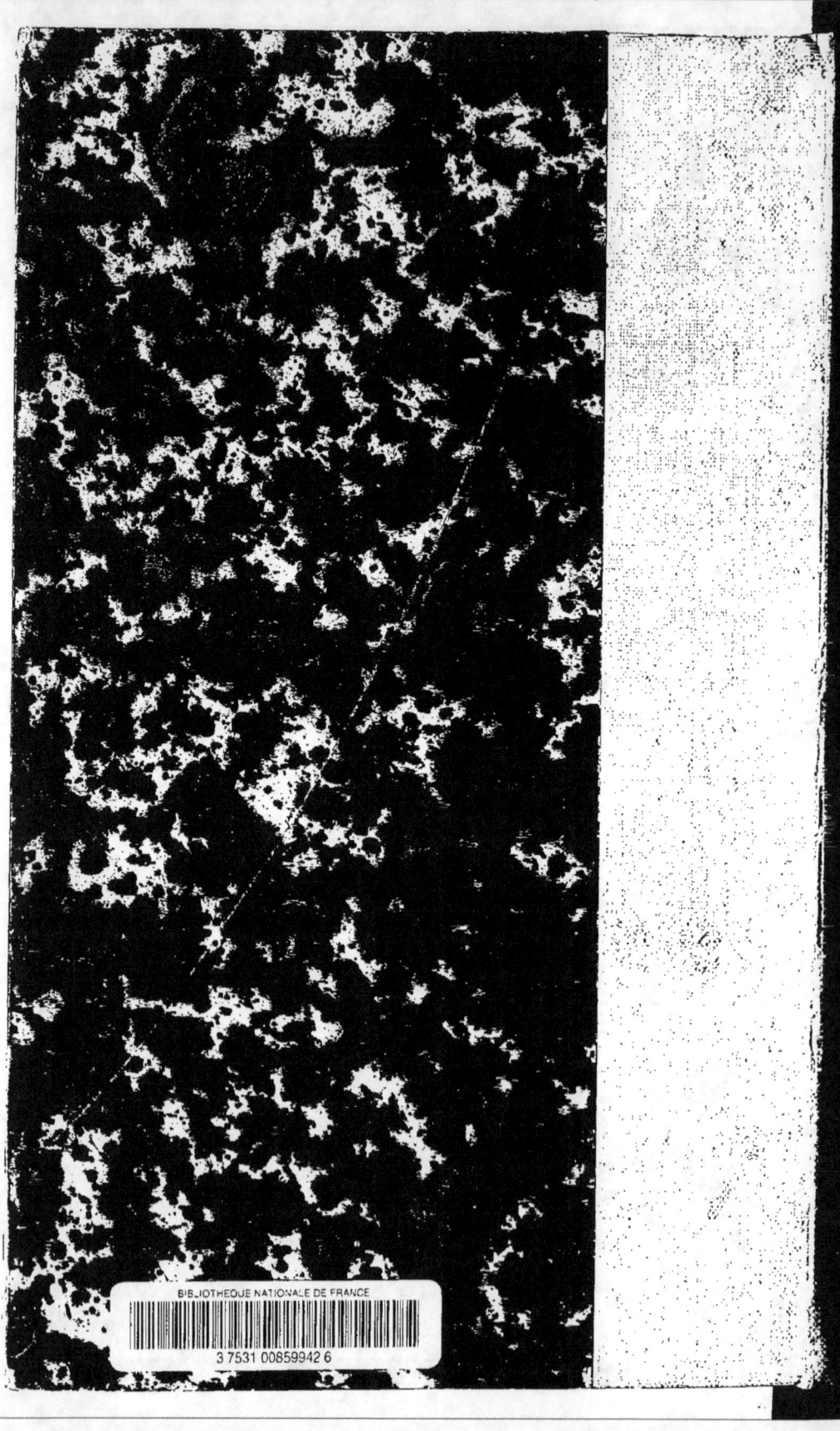

www.ingramcontent.com/pod-product-compliance
Lightning Source LLC
Chambersburg PA
CBHW052336230426
43664CB00041B/1850